Le Volum'

Techniques du secteur sanitaire et social

Coralie Gravier
Enseignante en sciences et techniques médico-sociales

Claude Campredon-Lutz
Enseignante en sciences et techniques médico-sociales

Corinne Tran
IA-IPR de sciences et techniques médico-sociales
et biotechnologies santé-environnement

FOUCHER

ISBN 978-2-216-12929-4 (Nouvelle édition)
ISBN 978-2-216-12426-8 (1er édition)

AVANT-PROPOS

Le titulaire du BTS Services et prestations du secteur sanitaire et social (SP3S) met ses compétences techniques au service de publics demandeurs de soins, de services ou de prestations sociales. Dans ce cadre, le technicien SP3S peut occuper des fonctions telles que gestionnaire dans des organismes de protection sociale, responsable de secteur dans des associations de services à la personne ou bien encore coordonnateur de secrétariats dans des structures médicales. Il procède ainsi à l'analyse des besoins du public, lui permet un accès aux droits ou lui propose des services. Il contribue également aux systèmes d'informations et assure un rôle de coordination et d'animation d'équipe. Pour ce faire, il doit mettre en œuvre différentes techniques professionnelles.

Cet ouvrage comporte cinq parties couvrant l'ensemble de ces techniques, à l'exception de celles relevant de la gestion administrative et financière :
- les techniques et outils de communication ;
- la circulation, le stockage et la protection de l'information ;
- les enquêtes ;
- la démarche de projet ;
- la démarche qualité.

Les différentes notions sont regroupées sous forme de fiches afin d'en faciliter leur acquisition ou leur révision dans le cadre de la préparation du BTS SP3S. Ces supports constituent également un outil efficace pour les étudiants des licences, professionnelles ou non, appartenant au champ de l'intervention sociale ou du management des organisations.
Les publics impliqués dans le processus de validation des acquis de l'expérience (VAE), notamment dans l'objectif d'obtenir un agrément, pourront utiliser cet ouvrage pour parfaire leurs connaissances dans des domaines spécifiques.

Nous tenons à adresser tous nos remerciements à l'ensemble des professionnels qui ont partagé leur expérience de terrain afin de nourrir cet ouvrage d'exemples concrets et actuels et plus particulièrement à :
- Docteur Peytour, directeur de ADOC 11 ;
- l'association Présence Verte ;
- l'association ATD Quart-Monde de Carcassonne ;
- le service de communication de la mairie de Carcassonne ;
- Madame Élodie Lagneaux, directrice au sein du Comité départemental d'éducation pour la santé de Carcassonne ;

– Monsieur Serge Esteban, directeur, et Monsieur Mohammed Méghabar, conseiller en insertion et chargé de projet au sein de la Mission locale de Carcassonne ;
– Madame Maryline Sylvestre, chargée de communication auprès du président du Conseil régional du Languedoc-Roussillon ;
– Madame Marie Soldano, responsable assurance qualité du centre hospitalier et de l'EHPAD de Castelnaudary ;
– Docteur Philippe Bergès, radiologue, et Madame Nathalie Montagné, référente qualité au sein du cabinet de radiologie du Dôme de Carcassonne ;
– Madame Françoise Saviana, responsable SMI (système de management intégré) au sein de la Caisse primaire d'assurance maladie de Carcassonne.

Les auteurs

SOMMAIRE

PARTIE 1 *Les techniques et les outils de communication*

PARTIE 2 La circulation, le stockage et la protection de l'information

LA GESTION DOCUMENTAIRE

LA CIRCULATION D'INFORMATIONS

LA PROTECTION DE L'INFORMATION

PARTIE 3 Les enquêtes

LES ENQUÊTES : CARACTÉRISTIQUES ET TECHNIQUES

LA RECHERCHE DOCUMENTAIRE

PARTIE 5 La démarche qualité

LA MÉTHODOLOGIE DE LA DÉMARCHE QUALITÉ

LES ÉTAPES DE LA DÉMARCHE QUALITÉ

LA DÉMARCHE QUALITÉ DANS LE SECTEUR SANITAIRE

LA DÉMARCHE QUALITÉ DANS LE SECTEUR DE LA PROTECTION SOCIALE

LA DÉMARCHE QUALITÉ DANS LE SECTEUR MÉDICO-SOCIAL

PARTIE 6 Carnet professionnel

Les techniques et les outils de communication

1

L'accueil physique

La notion d'accueil englobe l'ensemble des moyens humains, matériels et organisationnels mis en place pour accueillir une personne qui prend contact avec une structure ainsi que les techniques associées. L'accueil physique correspond à l'accueil du public (usagers, bénéficiaires, patients, etc.) lorsque celui-ci se rend dans l'institution.

1 Les moyens humains et les techniques de l'accueil

L'accueil est une phase primordiale au cours de laquelle se noue une relation qui va conditionner la suite de la communication et les relations de l'usager avec l'institution et les professionnels. La qualité de l'accueil contribue à l'image de l'institution et doit être conforme à celle que l'on veut donner d'elle.

A Les moyens humains : compétences requises

Un professionnel spécialement formé (secrétaire médicale, secrétaire sociale...) est en principe chargé de l'accueil des usagers dans les organismes sanitaires et sociaux. Afin de mener au mieux ce premier contact, le professionnel doit :
- **disposer d'un lieu spécifique** afin de recevoir la personne dans le respect de son intimité et de la confidentialité ;
- **être à l'écoute** pour renseigner et orienter au mieux. Pour cela, il est nécessaire de connaître le motif de la visite. Selon les organisations, il recueille des informations relatives à la situation individuelle pour comprendre la demande (formulée ou non formulée). Il apprécie aussi l'urgence de la demande et transmet l'information à un professionnel spécialisé (conseiller, accompagnant social, professionnel médical). Il peut également être amené à sélectionner les informations à transmettre au référent sur la situation de la personne. Cela nécessite de connaître le rôle et le fonctionnement de la structure comme ses domaines d'intervention et les dispositifs existants. Il peut ainsi apporter les premiers éléments de réponse adaptés permettant d'accéder aux différents services et dispositifs internes ou externes. Dans certains cas, le professionnel oriente l'usager vers l'interlocuteur pertinent. Dans d'autres cas, il l'orientera vers d'autres partenaires répondant mieux à la demande ;
- **accompagner l'usager**. Il aide les demandeurs à remplir des documents préalables à l'entretien ou s'assure de leur caractère exploitable. Il apporte aussi un appui au public dans l'utilisation d'outils et de documents (tableaux d'affichage, accès à Internet...) mis à disposition à l'accueil, et en assure également la gestion totalement ou en partie ;
- **faire patienter, éconduire**. Il peut être amené à gérer les situations difficiles, anticiper les conflits (tensions, comportements violents) ;
- **gérer** les flux et contrôler les mouvements du public dans la structure.

→ Tout professionnel peut être amené à accueillir dans le cadre de son activité. L'accueil est donc l'affaire de tous.

B Les techniques d'accueil

Plusieurs techniques sont à la disposition des professionnels pour assurer un accueil de qualité:
- **être courtois**: saluer, se présenter, remercier, prendre congé. L'accueillant doit tout particulièrement veiller à la qualité de son expression: correction, précision, clarté, adaptation au public;
- **mettre en place une écoute objective**: attitude qui ne porte pas de jugement de valeur, le but étant de comprendre ce qui est dit;
- **mettre en place une écoute active**: attitude permettant de rechercher le non-dit grâce à l'observation des attitudes et comportements de l'interlocuteur;
- **utiliser le questionnement de l'interlocuteur**: le but est de vérifier son interprétation, d'obtenir une explication supplémentaire, d'inciter la personne à donner son avis personnel;
- **utiliser la reformulation**: elle garantit la bonne compréhension du message. Elle peut se faire par une simple répétition sous une forme résumée, d'une nouvelle expression du message global qui traduit ce que le récepteur a compris au travers des mots, mais aussi des comportements et des sous-entendus.

2 Les moyens matériels de l'accueil

Ils influencent la relation entre l'accueillant et l'usager:
- **la signalisation**: elle facilite le repérage et se compose de panneaux indicateurs, fléchages, porte-noms, badges, plans, couleurs (voir fiche 19);
- **l'aménagement des locaux**: il doit faciliter l'accès à tout public, même en situation de handicap;
- **l'espace d'accueil**: aménagé avec soin et adapté au public reçu, il favorise la perception du lieu. Des couleurs chaudes, la clarté du local, sa propreté, une décoration soignée, des plantes vertes, des tableaux sont des éléments qui améliorent la prise en charge et l'image de l'organisation;
- **des éléments de confort**: sièges confortables, revues, documentation, toilettes disponibles rendent l'attente moins contraignante;
- **un espace de confidentialité**: délimité par une ligne de courtoisie matérialisée au sol, des panneaux ou des vitres, il préserve la discrétion, nécessaire dans toute situation d'accueil;
- **une ambiance sonore**: le calme favorise un échange de qualité et un dialogue plus confidentiel;
- **les moyens d'information à destination de l'usager**: panneaux d'affichage, livrets d'accueil, bornes d'information, plans des locaux sont essentiels pour renseigner l'usager;
- **les moyens d'information à disposition de l'accueillant**: tous les documents d'information de la structure comportant les noms et numéros d'appel des membres du personnel, leurs jours de permanences, leurs plannings de congés peuvent s'avérer très utiles pour éviter des attentes inutiles. D'autres outils sur les partenaires et leurs références sont également utilisables pour orienter un usager;
- **des documents à usage interne**: ils facilitent le suivi de l'activité de l'accueil (relevé de la fréquentation, type de demande, durée de l'échange) afin d'identifier d'éventuels dysfonctionnements. D'autres outils sont utilisés pour la transmission d'informations au professionnel concerné (ou intranet) afin de faciliter le suivi de l'usager (voir Carnet professionnel, la messagerie électronique).

3 Les moyens organisationnels

Une bonne planification des rendez-vous et du travail des professionnels chargés de l'accueil permet une meilleure disponibilité lors des périodes d'affluence, réduisant ainsi le temps d'attente des arrivants.

La gestion de l'attente par l'attribution de numéros de passage, l'information sur la durée de l'attente et autres renseignements adaptés limitent l'inquiétude et l'irritation des personnes.

La distribution des locaux, organisée de manière à faciliter l'accès aux zones publiques et réduire les déplacements dans les zones d'entretiens ou de traitement des dossiers, facilite le respect de la confidentialité.

4 La qualité de l'accueil et ses enjeux

Un accueil de qualité est un gage de sérieux et de compétence de l'organisme; aussi fait-il l'objet de démarches d'amélioration de la qualité qui peuvent mener jusqu'à l'obtention éventuelle d'une certification (gage de qualité).

En matière de qualité de l'accueil dans les services publics, plusieurs démarches d'amélioration cohabitent. Les plus répandues sont le label Marianne et les certifications ISO (voir fiche 78).

L'accueil peut faire l'objet de diagnostics internes ou d'enquêtes de satisfaction auprès des usagers, ainsi que l'évaluation externe permettant l'obtention d'un label ou d'une certification délivrée par un organisme extérieur (type LNE) (voir fiches 78 et 79).

La qualité de l'accueil fait aussi partie des points pris en compte pour la certification des établissements hospitaliers par la Haute autorité de santé (HAS) (voir fiches 80, 81 et 82).

Les professionnels de l'accueil se disent satisfaits des démarches qualité mises en place grâce auxquelles ils peuvent s'exprimer, améliorer leurs pratiques les conduisant dans certains cas à rédiger des procédures utiles à tous les personnels de l'accueil. L'accueil peut ainsi devenir le point de convergence des avancées de la structure où toutes les informations utiles doivent aboutir à une meilleure prise en charge des usagers.

Un exemple extrait du site du laboratoire national de métrologie et d'essais (LNE)

Label Marianne : la qualité de l'accueil public labellisée par le LNE

▶ *En demandant le label Marianne, vous:*

- améliorez l'accueil et l'écoute de vos usagers;
- apportez la preuve officielle de la qualité de l'accueil et du service rendu conformément au référentiel Marianne, défini par la Direction générale de la modernisation de l'État, et dans le calendrier fixé par le Conseil de modernisation de l'État;
- mobilisez votre personnel autour d'un projet fédérateur en améliorant ses conditions de travail;
- valorisez votre entité sur le territoire national en communiquant sur votre labellisation;
- franchissez une étape vers la certification ISO 9001, système de management de la qualité, dont l'un des objectifs repose sur la satisfaction des clients/usagers.

▶ *Vous vous engagez à:*

Améliorer la qualité des services rendus au public

- Accessibilité aux services et disponibilité.
- Qualité de l'accueil: écoute et courtoisie.

- Délais de réponse aux usagers : sous 15 jours aux courriers, et sous 5 jours aux courriels.
- Traitement des réclamations sous 15 jours.
- Mesures de satisfaction : enquêtes avec information sur les résultats.

Faire évoluer votre organisation et les moyens à mettre en œuvre

- Impliquer votre personnel dans l'amélioration de l'accueil.
- Organiser et mettre à jour votre documentation.
- Mesurer la performance avec une volonté d'amélioration continue.
- Évaluer régulièrement vos pratiques d'accueil.
- Réaliser un bilan annuel et lancer de nouvelles actions d'amélioration de l'accueil et des services rendus.

◗ ***L'offre LNE label Marianne s'adapte à vous en proposant :***

- La formation à la compréhension et à la mise en place du référentiel.
- Le diagnostic : réalisation d'un état des lieux avant de lancer la démarche.
- L'audit à blanc pour vous donner toutes les chances d'obtenir le label.
- L'audit de labellisation initial et l'audit de suivi.
- La délivrance du label, valable 3 ans. Le LNE vous fait la proposition la mieux adaptée à votre niveau d'engagement...

L'accueil téléphonique

L'accueil téléphonique, comme l'accueil physique, donne une image de l'organisation au public. S'agissant souvent du premier ou seul contact de l'usager avec l'institution, il doit être de qualité et faire l'objet d'une grande attention de la part des services concernés. Ce mode de communication possède toutefois des spécificités qui impliquent de respecter des procédures strictes et des règles de bonnes pratiques.

1 Les spécificités de l'accueil téléphonique

Les spécificités de l'accueil téléphonique sont liées à l'outil lui-même. En effet, le téléphone, outil banalisé, peut parfois empêcher un bon entretien, pour des raisons techniques ou en raison d'un environnement bruyant. Il permet en revanche une **rapidité de l'échange**.
Cet outil induit une communication uniquement verbale. Or, l'absence de signes non-verbaux (gestuelle, expression du visage) peut empêcher de savoir si l'interlocuteur a bien compris le message.
L'absence physique peut également engendrer des comportements particuliers, comme par exemple une certaine liberté, un sentiment de sécurité ou au contraire, une gêne.
Il s'agit ainsi pour le professionnel de faciliter l'expression ou au contraire d'être prêt à répondre sereinement à toutes sortes d'incivilité, de demandes ou de comportements. Selon l'institution concernée, l'accueil téléphonique transite par un standardiste, une personne chargée de l'accueil ou une plateforme téléphonique (cas de la CPAM). Il peut également aboutir directement dans un service par ligne directe.

2 Les étapes de la procédure à mettre en place

A Avant l'entretien

L'accueil téléphonique nécessite la même attention que l'accueil physique (voir fiche 1). Pour une meilleure efficacité, le professionnel a à sa disposition :
- **les consignes générales de la structure et du poste** permettant d'être conforme aux procédures imposées ;
- **des documents à jour** concernant tous les professionnels, leurs rôles, et leur numéro de poste ou de ligne servant à transférer l'appel ou à donner les coordonnées en cas d'absence ;
- **les agendas et plannings** pour les prises de rendez-vous.

B Au moment de l'appel

Le professionnel est prêt psychologiquement et doit, par exemple, selon les pratiques de son institution ou organisation :
- décrocher avant la troisième sonnerie ;
- se présenter systématiquement à chaque appel en déclinant le nom de l'organisation ainsi que son nom et prénom ;
- identifier chaque interlocuteur ;

- comprendre la nature de chaque appel;
- noter les éléments importants;
- mettre en pratique l'écoute active, reformuler systématiquement;
- renseigner les interlocuteurs avec précision et convivialité, dans le respect du secret professionnel;
- communiquer seulement les informations dont il est sûr;
- en cas de transfert de l'appel, demander l'accord du destinataire et présenter les interlocuteurs;
- transmettre les communications téléphoniques aux interlocuteurs demandés, ou en cas d'absence, proposer de rappeler, prendre les coordonnées précises et/ou le message à communiquer;
- en cas de mise en attente, en expliquer la raison, demander l'accord de l'appelant, proposer le cas échéant à l'appelant une ou plusieurs solutions, revenir en ligne régulièrement et meubler le temps d'attente (souvent, une musique est diffusée).

→ Un entretien téléphonique de qualité nécessite:
- une écoute active;
- un langage irréprochable et adapté aux interlocuteurs;
- une bonne intonation et une articulation soutenue;
- un débit de parole, ni trop lent, ni trop rapide;
- de ne pas couper la parole;
- de maintenir le contact.

C Après l'entretien

Le professionnel doit noter les éléments à mettre en œuvre ou à transmettre si nécessaire par mail et les faire parvenir à la personne concernée à l'aide par exemple d'une fiche téléphonique ou via intranet (voir Carnet professionnel).

3 Les bonnes pratiques

Comme pour l'accueil physique, la qualité de l'accueil téléphonique est un critère à évaluer pour les structures sanitaires et sociales dans le cadre des certifications.
Afin d'assurer la qualité de l'accueil, des chartes sont mises en place et sont régulièrement adaptées. Des appels mystères sont parfois utilisés pour tester l'application des règles et permettre l'amélioration de la qualité.
Une gestion des appels téléphoniques de qualité demande une organisation sans faille à tous les niveaux que ce soit à travers la maîtrise des fonctionnalités du standard téléphonique (mise en attente, transfert d'appel...), que dans la prise et la transmission rapide du message, le traitement prioritaire des appels, la gestion des appels difficiles et de la file d'attente, la maîtrise des techniques de communication.

→ Les postes d'accueil, qu'ils soient physiques ou téléphoniques, nécessitent une connaissance parfaite de l'organisation, de ses partenaires et des procédures.

La gestion des conflits en situation d'accueil

Lors de l'accueil, les conflits et l'agressivité peuvent survenir soudainement et sollicitent toutes les ressources du professionnel pour se protéger, gérer la situation et remplir sa mission.

1 Définition

Un conflit est une opposition d'intérêts entre deux ou plusieurs parties, qui se règle en général soit par des actes de violence, soit par la négociation, soit par l'appel à une tierce personne. C'est une **opposition momentanée ou durable** qui résulte d'une frustration ressentie par l'un des protagonistes à ce qui lui est apparu comme une agression.

2 La gestion des conflits dans les situations d'accueil

Dans les relations interpersonnelles, un conflit peut naître pour différentes raisons : un dossier en retard, une erreur de versement, une explication incomplète, un mot mal interprété… Gérer ou réguler des situations conflictuelles de ce type consiste à faire revenir à la normale un état qui est rendu chaotique et qui se manifeste par de l'agressivité ou de la violence.

A L'origine de l'agressivité

L'agressivité est induite par un sentiment d'injustice, d'isolement, d'humiliation ou de frustration. Certaines techniques de communication sont importantes à maîtriser afin de prévenir des situations d'agressivité et d'y faire face.

B Les techniques de prévention des conflits

Pour prévenir un conflit, il faut :
– **mettre en place une écoute objective et active** en peu de temps, (voir fiche 1). Il s'agit de prendre et de conserver l'initiative lors des entretiens, de poser des questions pour dialoguer, faire réagir et participer ;
– **utiliser la reformulation** pour donner confiance, renforcer la compréhension et apaiser ;
– **être congruent**, c'est-à-dire qu'il doit y avoir cohérence entre le message verbal et le message non-verbal. Par exemple, il ne faut ne pas dire en grimaçant que tout va très bien ;
– **s'appuyer sur des faits concrets et précis** plutôt que sur des généralités et des jugements ;
– **établir un « rapport » de synchronisation**. C'est une technique issue de l'observation de personnes en communication fluide : elle montre que ces personnes se synchronisent inconsciemment, c'est-à-dire qu'elles calquent leur comportement l'une sur l'autre (gestes, mimiques, rythmes, expressions, respiration, ton de voix…). On peut donc utiliser cette technique pour favoriser la communication. La synchronisation du discours se fera alors au travers de la reformulation. Elle oblige à tenir compte du point de vue de l'autre pour reprendre de façon synthétique son message. Cet accusé de réception permet à l'interlocuteur de développer ses arguments et de prendre conscience de sa communication par effet miroir.

➜ Comme dans toute situation de communication, le questionnement et les silences sont des éléments importants (voir fiche 1).

C Les techniques de gestion de conflits

1. La maîtrise du comportement

La personne qui exprime son agressivité manifeste son existence et veut qu'on l'écoute. Il faut donc amener la personne à se calmer. De ce fait, le professionnel ne doit pas relever les propos désagréables, doit rester calme et courtois, garder son sang froid. Il est toutefois indispensable, dès le premier silence, d'exprimer une phrase du type :
« M.... je vous propose de traiter immédiatement et avec votre aide, votre demande ».

2. L'accusé de réception et l'accompagnement (rétroaction)

La meilleure façon d'attirer l'attention de quelqu'un, c'est de lui accorder la sienne. Ainsi, en accusant réception, l'accueillant montre sa compréhension du message et l'accueilli se sent écouté. L'utilisation de formules du type :
« Je vois qu'il y a quelque chose qui ne vous convient pas », « Voulez-vous m'expliquer en détail ce qu'il s'est passé pour que nous puissions trouver ensemble une solution ? » ont pour but de montrer l'attention que l'on porte au discours de l'autre.

3. Le questionnement et la réponse

Pour calmer la personne, il faut lui poser des questions et écouter la réponse pour comprendre l'origine du problème et son contexte (situation de la personne). Le questionnement montre l'implication de l'accueillant dans la résolution du conflit.

4. La notion de territoire ou la proxémie

Chaque individu possède un territoire intérieur et extérieur. Dès qu'une limite de ce territoire est franchie, la personne déclenche une réaction de défense. Plus cette impression d'invasion est grande, plus la réaction est forte. Cependant, la taille du territoire et le degré à partir duquel on se sent envahi dépend de chacun (filtres culturels, sociaux, personnels...). Dès le départ, il est donc important que l'accueillant respecte son territoire et celui de l'accueilli, et vice versa.

D Les erreurs à éviter

Afin de ne pas envenimer une situation conflictuelle, des erreurs sont à éviter : comme donner des conseils (il vaut mieux transmettre une information ou parler de son expérience), recourir à des interprétations, des affirmations, des généralisations, des expressions : « non, mais... » et surtout « oui, mais... », des expressions négatives ou rabaissantes. L'utilisation de ces comportements entraîne automatiquement l'augmentation de l'agressivité.

E La sortie du conflit

Dans la majorité des cas, les techniques évoquées ici suffisent à désamorcer le conflit et à aborder une phase de négociation. Il existe cependant des situations qui ne peuvent pas se débloquer ainsi et qui se soldent par un recours à la violence verbale ou physique. Dans ce cas, il est nécessaire de faire appel à une autre personne du service pour qu'elle intervienne éventuellement de façon autoritaire pour mettre fin à l'entretien.

Les étapes d'organisation d'une réunion

Plusieurs types de réunions peuvent être envisagés en fonction de l'objectif visé : transmettre des informations de manière ponctuelle (réunion d'information) ou réunir régulièrement un groupe de travail dans le cadre de la mise en place d'un projet ou d'une démarche qualité au sein d'une organisation (réunion de résolution de problème ou bilan). Dans tous les cas, la méthodologie reste identique.

1 Les étapes de préparation de la réunion

A Définir les objectifs de la réunion

Il est préférable que l'animateur rédige clairement les objectifs à atteindre pour que le travail de groupe progresse convenablement. Les objectifs doivent être précis et compréhensibles par tous, adaptés au temps, formulés avec un verbe d'action et mesurables afin de vérifier leur atteinte.

B Composer le groupe de travail

Le choix du nombre de participants dépend des objectifs de la réunion ou du type de réunion :
- **une réunion d'information** peut réunir jusqu'à 40 personnes ;
- **une réunion de résolution de problème** est limitée à 10 ou 12 personnes, afin que chaque membre puisse se faire entendre, qu'il n'y ait pas besoin de sous-groupes et que l'animateur reste maître de la situation.

Le choix des participants s'établit en fonction de certains critères :
- **le niveau de compétence** par rapport au problème posé, notamment dans le cas de groupe de travail ;
- **le degré de motivation** : seules les personnes impliquées sont convoquées.

Une liste d'émargement est également prévue.

C Choisir le jour, l'heure et le lieu

Le choix du jour et de l'heure est important. Il faut éviter les veilles et les retours de congés et préférer le matin en tenant compte des temps de trajet pour permettre à chaque membre d'être présent. Il convient aussi de prévoir un temps de pause, après 1 h 30 d'échange.
À ce stade, selon les structures et le type de réunion, basée ou non sur le volontariat, il peut être nécessaire de demander l'avis sur le choix de l'heure et du jour aux participants par courrier, courriel ou téléphone. Dans ce cas, il faut ensuite collecter les réponses et arrêter une date définitive de réunion.

En général, le choix d'une date est fonction de la disponibilité de la salle prévue pour la réunion. L'animateur doit réserver la salle dès arrêt définitif de la date et de l'heure de la réunion.

D Planifier la progression du groupe

- **Dans le cas d'une réunion d'information**, la progression de la réunion se fait en fonction du plan prévu par l'animateur. Celle-ci est souvent illustrée par un support d'animation, comme un diaporama qui permet d'estimer le temps nécessaire à sa présentation et aux échanges qui suivront (voir fiche 12).
- **Dans le cas d'une réunion de résolution de problème**, une progression logique peut être proposée en donnant un fil conducteur mais le groupe doit être libre de trouver sa propre avancée, si cela est nécessaire. Chaque point du débat est évalué approximativement dans la durée, pour réguler la progression du groupe et estimer la durée totale de la réunion. Le groupe peut s'appuyer sur un dossier documentaire par exemple (fiche 43).

E Éditer les convocations

Une convocation est envoyée à chaque participant et comporte :
– le jour, l'heure et la durée de la réunion, le lieu, la liste des participants invités, l'ordre du jour, l'objectif de la réunion, le plan de travail prévu, un dossier préparatoire éventuellement.
– éventuellement un coupon-réponse. Il sera peut-être nécessaire de relancer certains participants qui auront oublié de répondre ou qui sont peu motivés.
Dans le cas de réunions programmées régulièrement, l'utilisation de courrier type (voir fiche 5) et la création de bases de données des adresses ou de listes de diffusion des différents collaborateurs ou partenaires représentent un gain de temps (voir Carnet professionnel, la messagerie électronique).

F Assurer l'organisation matérielle de la réunion

Il faut veiller à disposer des éléments nécessaires au bon déroulement de la réunion :
– le nombre de tables et de chaises en rapport avec le nombre maximal de participants prévus ;
– la disposition spatiale : en fer à cheval ou en cercle afin que tous les participants se voient et puissent communiquer entre eux ;
– le fléchage d'accès ;
– l'état de marche du matériel, tel que le vidéoprojecteur. La mise à disposition du matériel est de la responsabilité de l'animateur qui veille à sa bonne marche ainsi que la présence de paper board, feutres, etc. Des plaques d'identification sont à mettre en place au cas où les participants ne se connaissent pas ;
– selon le cas, prévoir des rafraîchissements et autres collations…

2 Le déroulement de la réunion

A L'ouverture de la réunion

- **Procéder à un tour de table** : il est nécessaire si les participants ne se connaissent pas. Il permet de connaître le statut de chaque participant, détend l'atmosphère, mais peut prendre beaucoup de temps selon le nombre de participants. Il faut donc l'anticiper pour ne pas dépasser le temps prévu.
- **Repérer des contraintes spécifiques** pour certains participants (train, autre rendez-vous…).
- **Définir le rôle de l'animateur et des participants**.

- **Présenter les objectifs de la réunion et le plan de travail** : l'animateur vérifie que l'ensemble du groupe perçoit l'objectif de la même façon et l'accepte sans réticence. Il s'appuie alors sur le support d'animation préparé au préalable.
- **Valider la durée de la réunion, les horaires** (pauses et heure de fin de la réunion) et les différentes étapes de la progression.
- **Distribuer les documents supports et la feuille d'émargement**.
- **Organiser la prise de notes** par un secrétaire de séance.

B Les échanges

Au cours des échanges, l'animateur met en œuvre différentes techniques d'animation de groupe (voir fiche 11). Il peut également être amené à gérer des conflits à l'intérieur du groupe (voir fiche 10).

C La clôture des débats

Il est nécessaire que le groupe se sépare sur des conclusions claires pour tous.
Dans le cas d'un groupe de travail, si certaines actions sont prévues, la réunion doit se terminer par la formalisation d'un plan d'action afin de définir les modalités pratiques d'application et les personnes en charge de ces actions.

3 Les étapes de suivi de la réunion

A La rédaction d'un document de synthèse

À l'issue d'une réunion d'information, une synthèse du contenu peut être adressée aux participants ou à une population plus large sous forme d'une note, d'information ou de service (voir fiche 7).
Pour les autres réunions, un compte rendu est rédigé (voir fiche 6). Avant sa diffusion, il doit être validé ou amendé par les participants ou la hiérarchie.

B L'évaluation de la réunion

Il est possible de proposer un questionnaire d'évaluation aux participants afin de connaître leur avis sur l'animation, la pertinence des objectifs, la méthode de travail, etc. (voir fiche 44).
L'ensemble de ces étapes peut être mené par une ou plusieurs personnes.

Les courriers professionnels standardisés

Les courriers professionnels standardisés, courrier type et circulaire, permettent un gain de temps car ils s'adaptent en fonction des situations particulières. Comme toute lettre professionnelle, ils comportent une présentation normalisée et des mentions obligatoires.

1 Le format et la mise en page

• **En matière de courrier**, la norme NF Z 11-001 établie par l'Association française de normalisation (Afnor, juillet 1982) s'applique dans le monde professionnel. La lettre professionnelle réalisée sur du papier de format A4 doit **respecter les contraintes techniques postales**. Sont également acceptés les formats A5 ou A5L.

• **Dans le domaine sanitaire et social**, une présentation plus ou moins éloignée de la norme et propre à chaque établissement ou service est admise, à condition de **respecter les mentions légales**. Elle compte en général une page et en excède rarement deux. Seule la première page contient l'en-tête pré-imprimé. Elle comporte aussi différentes rubriques obligatoires, appelées « zones ». Les marges sont au minimum de 20 mm.

2 Les mentions obligatoires

La lettre professionnelle est dactylographiée sur du papier à en-tête où figurent les mentions relatives à l'expéditeur, en particulier les numéros d'identification professionnels (fichiers d'identification des établissements sanitaires et sociaux (Finess) ou registres commerciaux pour les services privés à but lucratif (voir Carnet professionnel).

Elle comporte :

- obligatoirement, le nom et l'adresse du destinataire ;
- fréquemment, les références qui identifient le courrier reçu et envoyé ;
- l'objet qui rappelle en quelques mots l'événement à l'origine du courrier ;
- le rédacteur et le signataire, qui peuvent être différents ;
- la formule d'appel ;
- la mention « pièces jointes : (...) », ou « PJ : (...) » si des documents accompagnent la lettre ;
- la formule de conclusion ;
- la formule de politesse ;
- la signature accompagnée du nom et de la fonction du signataire.

3 Exemples de courrier professionnel standardisé : lettre type et lettre circulaire

Dans les établissements et services sanitaires et sociaux, les courriers standardisés sont en général utilisés pour la confirmation d'une prise de rendez-vous, la convocation à une réunion, etc.

A La lettre type

C'est un courrier réutilisable, établi à l'avance, avec un objet unique, qui est adressé au fur et à mesure des besoins. Cette lettre est utilisable pour plusieurs personnes, mais elle intègre à chaque fois des renseignements propres au correspondant (personne physique, association, établissement, etc.). La lettre type comprend donc des textes fixes valables dans toutes les situations, mais aussi des parties variables : lettres à choix multiples ou avec des variables à renseigner.

On distingue deux techniques de production pour cette lettre :

– **la technique manuelle** : la lettre est dactylographiée, puis reproduite par photocopie ou impression. Les zones à compléter (zone de repiquage) correspondent à des blancs ou à des pointillés. Les renseignements variables sont complétés à la main. Par exemple, lors de visites à domicile, en l'absence du bénéficiaire, un travailleur social peut laisser une lettre type indiquant un autre rendez-vous ;

– **la technique informatique** : la lettre type est établie à l'aide d'un logiciel de traitement de texte, puis modélisée et mémorisée. Ce canevas est complété par saisie directe au clavier ou par introduction automatique de variables à partir d'un fichier : technique du publipostage ou mailing (voir Carnet professionnel).

B La lettre circulaire

Cette lettre a pour but de communiquer une même information à un grand nombre de personnes. Elle est envoyée par courrier, distribuée ou mise à disposition des usagers dans un service. Un seul texte anonyme est rédigé et complété avec les coordonnées de chaque destinataire. Ce courrier est utilisé pour inviter à une réunion toute la population d'un quartier, par exemple.

Contrairement à la lettre type, aucun blanc n'apparaît dans le texte. Seuls sont indiqués, au moment de l'envoi :

– le titre de civilité, le nom et l'adresse du destinataire si la lettre est nominative (sinon seule la civilité « Madame, Monsieur, » est indiquée) ;

– la signature, parfois la date, les références et/ou formule d'appel.

6 LES TECHNIQUES D'ORGANISATION DE RÉUNION

Le compte rendu

Le compte rendu est un document professionnel qui relate des faits, des activités ou des échanges, de façon plus ou moins détaillée, mais fidèlement et objectivement. On trouve des comptes rendus de réunion, des comptes rendus médicaux, des comptes rendus d'accident...

1 Le compte rendu de réunion

A Le fond et la rédaction

- Le compte rendu est un **aide-mémoire** pour les personnes qui ont participé à une réunion et **une information** pour les absents sur les décisions prises et les échanges réalisés.
- **L'émetteur** est une personne ou un service, indiqué dans l'en-tête.
- **Le rédacteur** est un membre de ce service, désigné pour cette occasion ou dont c'est la fonction. L'émetteur et le rédacteur peuvent être des personnes différentes.
- **Le contenu** du compte rendu comprend plusieurs parties :

– **un exposé bref** qui précise l'objet, les circonstances de temps, le lieu, les personnes concernées, présentes et excusées ;
– **une introduction** qui précise l'heure de début de la réunion et l'ordre du jour détaillé ;
– **un développement** qui expose les faits et les échanges. Il se présente de façon analytique ou de façon synthétique :
  – le **développement analytique** relate les propos dans l'ordre chronologique en citant le nom de chaque intervenant de manière plus ou moins exhaustive,
  – le **développement synthétique** résume les échanges ; le plan est souvent organisé par thèmes et structuré par des sous-titres ;
– **une conclusion** qui indique les décisions prises, l'heure de fin de la réunion et éventuellement la date de la prochaine réunion.

→ Le rédacteur doit retranscrire fidèlement, avec neutralité et objectivité, les faits ou les propos qu'il a vus ou entendus. Il ne s'exprime jamais en son nom propre. La forme passive est donc le plus souvent utilisée.

B La présentation

Il n'y a pas de norme de présentation du compte rendu. Certaines mentions doivent toutefois y figurer :
– l'en-tête ;
– la date de rédaction ;
– le titre du document « compte rendu du... » ;
– l'objet ou l'ordre du jour ;
– le nom et la fonction du signataire ;
– les noms et les fonctions des personnes présentes, absentes et excusées ;

– les heures de début et de fin de réunion ;
– la date, l'heure et le lieu de la prochaine réunion si elle est fixée.

2 Le compte rendu médical

Comme pour le compte rendu de réunion, il s'agit de relater objectivement des faits observés. Le fond varie en fonction du type de compte rendu (d'hospitalisation, opératoire, etc.) mais il possède les mêmes caractéristiques que celles énoncées ci-dessus.

A Le fond et la rédaction

- Le compte rendu médical, compte rendu d'hospitalisation ou opératoire, permet d'informer le médecin traitant des éléments importants concernant un patient traité à l'hôpital.
- **L'émetteur** est le médecin hospitalier ou le chirurgien.
- Le **destinataire** est le médecin traitant du patient.
- Le **contenu** du compte rendu comprend toujours plusieurs parties :

– un exposé ou une introduction qui précise le nom de la personne concernée, les raisons de l'hospitalisation, les dates et les circonstances ;
– un développement précisant les actes réalisés et les suites à donner ;
– une conclusion qui prévoit un éventuel rendez-vous.

B La présentation

Comme pour le compte rendu de réunion, certaines mentions doivent y figurer :
– l'en-tête ;
– la date et le lieu de rédaction ;
– le titre du document « compte rendu d'hospitalisation » ;
– le nom du patient concerné ;
– le nom et la fonction du signataire ;
– pas de titre de civilité ni de formule de politesse.

7 LES TECHNIQUES D'ORGANISATION DE RÉUNION

La note de service et la note d'information

Les notes sont des documents écrits internes composés principalement des notes de service et des notes d'information.

1 La note de service

A Le fond et la rédaction

- La note de service est utilisée pour communiquer **une information officielle** auprès de destinataires qui sont généralement les membres d'un service.
- Elle exprime principalement **un ordre de la part d'un supérieur hiérarchique** à l'attention d'une ou plusieurs personnes d'un même service ou d'une même catégorie professionnelle. Elle peut également transmettre une directive, une décision, parfois rappeler des faits, mais aussi demander une information.
- Cet écrit est **archivé** et devient **un texte de référence** au cours de la vie de l'établissement.
- La note de service ne comporte pas de préambule, elle est courte et traite d'un seul sujet par note. Le style est concis, direct et personnalisé, le ton est ferme (souvent impératif), le vocabulaire est clair et précis.

B La présentation

Le document fait impérativement apparaître :
- la nature du document (exemple : **Note de service**, à inscrire en titre) ;
- un **numéro** de référencement figurant dans le titre, qui permet son archivage ;
- l'**émetteur** en en-tête réduit, avec l'indication du service émetteur ;
- le ou les **destinataires** (exemple : « à l'attention de... » ; ou destinataires : « ... ») ;
- la **date** de création ;
- le **lieu** de création ;
- le **titre** et /ou **l'objet** ;
- la **signature** de l'émetteur accompagné du nom et de la fonction du signataire ;
- des paragraphes ;
- la conclusion.

Elle peut comporter :
- la **fonction** des destinataires ;
- des précisions sur **l'objet de la diffusion** qui varie en fonction des destinataires (« pour attribution », « pour information », pour affichage »).

→ **Elle ne comporte pas de titre de civilité, ni de formule de politesse.**

2 La note d'information

A Le fond et la rédaction

• Ce document est utilisé pour diffuser une information auprès d'une ou plusieurs personnes au sein d'un service ou d'un établissement.

• À la différence de la note de service, cette information n'a pas le même type d'importance et n'est pas forcément archivée.

• Cette communication émane d'un supérieur hiérarchique ou d'une personne d'un même niveau hiérarchique. Elle est destinée à une ou plusieurs personnes d'un même service ou d'un même établissement.

• Sa longueur est variable selon le sujet traité. Le ton est neutre et impersonnel. La forme passive est souvent utilisée.

B La présentation

Le document doit faire apparaître :

- la nature du document : (exemple : **Note d'information**, à inscrire en titre) ;
- l'**émetteur** en en-tête réduit, avec l'indication du service émetteur ;
- le ou les **destinataires**, (exemple : « à l'attention de… » ; ou destinataires : « … ») ;
- la **date** de création ;
- le **lieu** de création ;
- le **titre** et /ou **l'objet** ;
- des paragraphes ;
- la conclusion ;
- la **signature** de l'émetteur accompagnée du nom et de la fonction du signataire.

→ Comme pour la note de service, elle ne comporte pas de titre de civilité, ni de formule de politesse.

8 LES TECHNIQUES D'ORGANISATION DE RÉUNION

La comparaison des écrits professionnels

Les écrits professionnels sont des documents plus ou moins standardisés dont le choix dépend de l'objectif et du type de communication visés.

1 Les critères de choix

Critères de choix	Lettre type, lettre circulaire	Compte rendu de réunion	Note d'information, note de service
Objectif	**Invitation** à un événement ou **convocation** ou informations générales ou spécifiques à un groupe ou une personne.	**Retranscription** de **faits ou des propos**	**Communication** d'une **information** officielle
Type de communication	Écrit professionnel à circulation **externe**	Écrit professionnel à circulation **interne et externe**	Écrits professionnels à circulation **interne**

2 Les critères de forme

Critères de forme	Lettre type, lettre circulaire	Compte rendu de réunion	Note d'information, note de service
Format A4	Norme NF Z 11-001	Pas de norme imposée	Pas de norme imposée
Nombre de pages	1 ou 2 maximum	Au moins une page	Une page ou plus si nécessaire
Présentation	• Différentes rubriques obligatoires : zones • Marges minimum de 20 mm	• Facilité de lecture • Mise en valeur des points importants	L'essentiel est directement accessible, différents paragraphes
Mentions obligatoires	• Papier à en-tête avec nom de la structure, adresse, téléphone et numéros d'identification professionnels • Lieu et date de création • Nom et adresse du destinataire, • Références du courrier reçu et envoyé • Objet • Formule d'appel • Pièces jointes • Conclusion • Formule de politesse • La signature avec nom et fonction du signataire	• En-tête réduite • Présence éventuelle du nom du rédacteur • Date de rédaction • Titre « compte rendu de… »	• En-tête réduite et service émetteur • En titre : note de service ou d'information et son numéro • Destinataire(s) : « à l'attention de… » • Date et lieu de création • Objet et précision du type « pour attribution », « pour information », pour affichage »… • Signature de l'émetteur accompagnée du nom et de la fonction du signataire • Conclusion • Pas de titre de civilité, ni de formule de politesse

La dynamique et la gestion de groupe

Le groupe est souvent constitué autour d'objectifs communs. Cependant, la personnalité des membres influence la dynamique du groupe. Le rôle de l'animateur consiste d'abord à identifier les rôles et attentes des membres du groupe pour pouvoir adapter ses propres attitudes.

1 La dynamique de groupe

L'autorité est conférée par le groupe à une personne pour une forme de pouvoir qu'on lui reconnaît. Pour l'animateur, il est indispensable d'identifier des leaders car ce sont eux qui entraînent le reste du groupe. Au leadership de l'animateur s'ajoute donc le leadership des participants.

A Identifier les rôles et attitudes des membres du groupe

- Au sein d'un groupe, il y a toujours des personnalités différentes avec des compétences, des motivations et des intérêts divergents. Différents auteurs identifient des « types » de personnalités caractéristiques d'un groupe : le passif, le timide, le démissionnaire, l'agressif, le dominateur, le trop dynamique, etc. L'animateur adapte son attitude en fonction des personnalités. Ce type de classification comporte le risque d'enfermer les personnes dans des rôles.
- Par opposition, le psychosociologue américain Robert F. Bales propose une analyse centrée sur les attitudes de chacun à un moment donné de la vie du groupe. Cette méthode permet d'identifier si un participant est plutôt centré sur la tâche ou bien sur le groupe.

Les attitudes d'un **participant centré sur la tâche** peuvent être de :
- donner des suggestions, des idées tout en respectant les idées des autres ;
- demander des orientations, informer, clarifier, chercher des confirmations, faire répéter.

Pour celles d'un **participant centré sur le groupe**, il s'agit plutôt de :
- soulager les tensions, créer de la détente, plaisanter, rire, montrer de la satisfaction ;
- montrer du désaccord, rejeter, mettre en doute, ne pas comprendre, retirer tout soutien.

B Prendre en compte les besoins identitaires des membres du groupe

Dans un groupe, plusieurs besoins identitaires s'observent :
- le **besoin d'existence et de considération** : être visible aux yeux d'autrui, être connu par son nom, être pris en compte, être respecté ;
- le **besoin d'intégration** : être inclus dans un groupe, y avoir une place reconnue, être considéré comme égal aux autres ;
- le **besoin de valorisation** : être jugé positivement, donner une bonne image de soi, être apprécié ;
- le **besoin de contrôle** : pouvoir maîtriser l'expression et l'image que l'on donne de soi, gérer l'accès d'autrui à sa sphère d'intimité ;
- le **besoin d'individuation** : être distingué des autres, affirmer sa personnalité propre, pouvoir être soi-même et être accepté comme tel.

C Analyser les tensions au sein du groupe

Dans un groupe, les tensions sont normales et inévitables. Il est impossible que le groupe progresse sans qu'il y ait des oppositions et des confrontations. Cependant, un animateur impuissant ou imposant des règles trop strictes risque d'induire des conflits plus nombreux ou plus importants.

La tension s'exprime par une inhibition, le choix d'un bouc émissaire ou le conflit de leadership. Un soulagement momentané du malaise du groupe peut être réalisé par **une décharge de la tension** comme par exemple un fou rire général, le ralliement de tous à une solution de fuite, une agitation générale, l'agression d'un bouc émissaire, une colère inopinée sur un point accessoire, etc.

La « décharge de tension » ne résout pas forcément la tension. La résolution véritable ne se réalise que par le passage du latent au réfléchi, c'est-à-dire par la prise de conscience des causes déterminantes du malaise, afin de les traiter méthodiquement.

Par une sorte de réflexe de défense telle que la peur de l'explosion et des risques qu'elle fait courir au groupe, ce dernier cherche spontanément à nier la tension et à la décharger plutôt qu'à l'élucider.

2 La gestion du groupe : attitudes de l'animateur

- **Dans la conduite de la réunion** :

- annoncer clairement au groupe les objectifs et les modalités de travail prévues ;
- stimuler l'intérêt en permanence en changeant de forme de communication.

- **Dans le positionnement par rapport au groupe** :

- ne pas impliquer une personne en particulier ;
- ne pas prendre parti dans un conflit entre les sous-groupes ;
- ne pas se laisser envahir par un excès d'empathie ou d'antipathie pour une personne ;
- ne pas être exaspéré par une manière d'agir du groupe, etc. ;
- ne pas interpréter ce qui se passe et se « projeter » sur le groupe. Ne pas se croire a priori personnellement concerné. Les remarques, attitudes du groupe s'adressent le plus souvent à la fonction (animateur) plutôt qu'à la personne.

- **Dans la gestion de l'opposition et de l'agressivité du groupe** :

- tolérer dans une certaine mesure, les attitudes opposantes. Le groupe teste parfois les aptitudes de l'animateur à contenir l'agressivité ou à la diriger. Si l'animateur se positionne contre le groupe, ce dernier fera corps ;
- ne pas faire face à l'agressivité par l'agressivité ou la remise en cause. Il est important de répondre avec une voix douce, plus grave, de prendre le temps, de choisir la reformulation. L'idéal est d'avoir une attention positive inconditionnelle pour chaque membre du groupe c'est-à-dire une attitude chaleureuse, positive et réceptive.

- **Dans la mise en œuvre d'empathie et de congruence** :

- **être en empathie** permet de percevoir l'état dans lequel est l'autre, sans pour autant se sentir envahi par ses propres émotions. Pour ne pas être dépassé par ses émotions, il convient de les repérer et d'être au clair avec ses représentations du groupe et avec ses attentes vis-à-vis de lui ;
- **la congruence** est comme l'empathie, un concept développé par le psychologue américain Carl R. Rogers, qui prône une correspondance entre ses états intérieurs et sa façon de s'exprimer.

La gestion des conflits dans le groupe

Un conflit tend à paraître lorsque les intérêts des individus constituant le groupe s'avèrent incompatibles ou exclusifs les uns des autres: conflit d'intérêts, de compétences, de rôles, d'opinions, de convictions ou de croyances.

1 Les types de conflits

Les conflits les plus fréquents dans un groupe de travail sont:
- **les conflits liés à un problème de communication**: les causes sont liées à la circulation de l'information, sa forme et son interprétation. Ils sont en général faciles à résoudre (exemple : une information non transmise);
- **les conflits nés d'un problème de structure**: les causes sont décelables dans l'analyse de l'organisation, du service (exemple : un système hiérarchique trop rigide);
- **les conflits nés d'un problème relationnel**: les causes trouvent leur source dans des oppositions psychologiques, la concurrence, la jalousie, le niveau de compétence;
- **les conflits nés de l'individu**: dans ce cas, il faut recadrer la personne ou vérifier son niveau d'intégration. Ce sont les conflits les plus difficiles à résoudre.

2 Les attitudes dans les conflits

Face à un conflit, l'individu peut adopter différents comportements:
- ignorer le conflit ou faire semblant de l'ignorer: c'est **l'évitement**;
- nier les faits: c'est la **dénégation**;
- tenter de séduire ou de faire culpabiliser: c'est la **manipulation**;
- avoir une approche non violente: c'est la **collaboration** ou le **compromis**;
- s'accommoder de la situation: c'est une sorte de **soumission**;
- devenir violent: c'est la **confrontation** par une réponse autoritaire ou oppressive;
- démissionner: c'est la **fuite**.

3 La résolution des conflits

Il existe différentes méthodes de résolutions des conflits. Le choix doit être effectué en fonction de son importance et de la volonté des acteurs de le résoudre.

A Le recours hiérarchique

Il permet de résoudre un problème rapidement et sans discussion.
Un supérieur hiérarchique tranche de manière autoritaire (avec ou sans parti pris) et définitive. Ce type de résolution de conflit est nécessaire dans des situations d'urgence mais pose le problème de la durée de son effet. La plupart du temps, ces recours hiérarchiques imposent une solution sans résoudre le problème de l'animosité entre les individus. Souvent, un conflit latent en découle.

B L'arbitrage

Il implique les parties qui choisissent chacune un arbitre. Généralement, les arbitres désignent eux-mêmes un troisième arbitre. Dans ce cas, les parties se trouvent impliquées dans la résolution du problème et le conflit peut trouver une fin apaisée sans rebondissement. Néanmoins, cette solution nécessite que le conflit ne soit pas trop avancé car les parties doivent donner leur consentement ce qui est en soi un premier pas vers la « réconciliation ».

C La médiation

L'intervenant extérieur désigné par les deux parties est unique, ce qui nécessite une véritable volonté de négociation dès le départ. Dans ce cas, le médiateur n'est qu'un « relais » qui facilite la discussion, guide la conversation ou la provoque.

D La négociation

La négociation est la prise en charge du conflit ; c'est une solution pour concilier les points de vue opposés.

- La négociation peut être **conflictuelle (gagnant/perdant)**. C'est le cas lorsque des préjugés concernant l'un ou l'autre des individus existent ou lorsque les intérêts semblent totalement opposés.
- La négociation peut être **coopérative (gagnant/gagnant)**. C'est le cas lorsque l'on assiste à un consensus (adhésion commune à une solution satisfaisant les deux personnes), une concession (renoncement à une partie de ses prétentions par l'une des personnes) ou un compromis (concession réciproque des personnes).

4 La prévention des conflits

- Prévenir les conflits consiste à former les personnes à des approches de sensibilisation aux différents modes de fonctionnement humain. Les méthodes sont très variées. Leur but principal est de doter les participants d'un référentiel culturel commun. Ces formations ont pour but la transmission de comportements de contrôle de soi et de compréhension des autres.
- Le supérieur hiérarchique doit être attentif à tout changement d'attitude ou de comportement d'un collaborateur. Il doit toujours pratiquer une écoute active et favoriser les discussions de groupe lors des pauses par exemple, afin de donner l'occasion aux collaborateurs d'extérioriser les éventuelles incompréhensions et les petites tensions. Ces dernières, si elles ne sont pas évacuées rapidement, sont susceptibles de s'accumuler et de constituer des conflits larvés qui se manifesteront tôt ou tard de manière violente. Parmi les solutions pratiques qui contribuent à apaiser le climat social au sein d'une organisation, il existe la boîte à suggestions. Très simple à mettre en place, tous les professionnels peuvent y consigner leurs remarques, critiques et suggestions, dont devra tenir compte le responsable hiérarchique.

→ Le règlement de l'organisation et la législation en vigueur doivent être connus de tous et appliqués sans faille. Ces conditions permettent de suivre le même objectif et de dépasser les intérêts individuels.

11 LES TECHNIQUES D'ANIMATION DE GROUPE

L'animation de groupe

L'animateur doit faciliter et orienter les discussions vers l'objectif qu'il cherche à atteindre : la production d'idées, de solutions, ou bien la prise de décisions. Selon l'objectif visé et le type de réunion, l'attitude de l'animateur et les techniques utilisées sont différentes.

1 Les styles d'animation

Style d'animation	Attitude de l'animateur	Type de réunion
Directif	Il intervient seul pour apporter les informations.	**Réunion dite « descendante »** pour transmettre des messages de la hiérarchie vers la base. **Exemple** : réunion de service, réunion d'information.
Non directif	Il distribue la parole pour recueillir des informations.	**Réunion dite « ascendante »** pour transmettre des informations de la base vers la hiérarchie. **Exemple** : réunion de travail sur un problème précis.
Collaboratif	Tous les participants sont sur un pied d'égalité. Ils peuvent s'exprimer librement et participer au débat.	**Réunion dite « de discussion »** où l'objectif prioritaire est de favoriser les échanges entre participants. **Exemple** : réunion dans le cadre d'un projet.

2 Les techniques d'animation

A Les techniques directives

- Les animations directives prennent appui sur un **support de communication** afin de capter l'attention du groupe sur l'information à transmettre. Le diaporama correspond au support le plus courant.
- L'orateur est souvent un chef de service qui bénéficie déjà d'une certaine autorité hiérarchique auprès de son auditoire. Il obtient ainsi l'écoute nécessaire à ce style de communication.
- Ce type de réunions sert à **transmettre des informations importantes** qui ont une suite (application de nouvelles directives, point de départ de projets, accueil de nouveaux collaborateurs, etc.). Les professionnels présents doivent être attentifs pour mener à bien leur activité courante et prennent des notes pour mettre en œuvre les nouvelles directives. Des questions sont possibles après la présentation orale ou pendant celle-ci selon les consignes de l'orateur.
- Cette technique est aussi utilisée lors de conférences qui s'adressent à un grand nombre de personnes. L'orateur, dans ce cas, est un spécialiste qui sait intéresser son public par des anecdotes et des exemples de terrain, et qui utilise un support adapté.

B Les techniques non directives

- Elles sont utilisées afin d'**identifier les causes ou les solutions d'un problème**, notamment dans la mise en place d'un projet ou d'une démarche qualité.

- Le rôle de l'animateur est de préciser la durée, de présenter le sujet, de l'expliquer et de s'assurer que tout le monde ait compris en faisant reformuler à un membre du groupe.
- Il rappelle également les conditions de réussite correspondant à la méthode CQFD :
  - **C** : pas de censure ;
  - **Q** : de la quantité avant tout ;
  - **F** : même en cas d'idée « farfelue », ne pas commenter, ni critiquer ;
  - **D** : démultiplier les idées des autres.
- L'animateur présente au tableau toutes les idées produites et pousse les participants à être précis et synthétiques. Enfin, il exploite les idées en les regroupant et en les classant par thèmes.

1. Le tour de table

Chaque participant répond à tour de rôle à une question précise. Il n'y a pas d'interaction programmée entre les arguments des uns et des autres. L'animateur prend des notes sur un support (tableau, *paperboard)* au fur et à mesure des réponses.

2. Le brainstorming ou remue-méninges

Il sert à recueillir le plus grand nombre d'idées en favorisant la créativité. Il n'y a pas d'ordre dans la prise de parole des participants. L'animateur prend aussi note des réponses.

3. Le métaplan ou méthode des post-it

Cette méthode offre aux participants la possibilité de s'exprimer sans la pression du groupe. L'animateur demande aux participants d'inscrire leurs idées sur les post-it à leur disposition, en donnant une idée par papier sur 2 à 3 lignes maximum. Il affiche ensuite les post-it au fur et à mesure sur un support.

C Les techniques collaboratives

Les techniques collaboratives amènent le groupe de travail à **produire des solutions ou à prendre des décisions**. Ce choix peut être fait de façon autoritaire par la personne responsable hiérarchique, par négociation dans le groupe jusqu'à l'obtention d'un consensus ou par vote.

1. Le débat

Cette technique permet d'élaborer des solutions collectives grâce à l'interaction des arguments entre participants.
Le rôle de l'animateur consiste à présenter le contexte, à écrire la question ou thème sur un support et à conduire les échanges en régulant le temps de parole, en reformulant, en questionnant et en apportant des précisions. Le débat sera d'autant plus fructueux qu'il aura été préparé par les protagonistes.

2. La discussion en panel

Elle correspond à un échange entre spécialistes ayant des points de vue différents sur un sujet précis, en présence du groupe qui peut intervenir en leur posant des questions.
Le rôle de l'animateur se limite à choisir le thème, à désigner les spécialistes et à organiser le débat entre les spécialistes et les échanges avec le reste du groupe.
La discussion en panel se distingue du débat car elle permet l'étude d'un thème particulier en petit groupe pour ensuite le « rapporter » à l'ensemble du groupe, tout en laissant la possibilité au groupe d'intervenir.

12 LES TECHNIQUES D'ANIMATION DE GROUPE

Le diaporama : un outil d'animation

L'animation de réunion et de travaux de groupe nécessite l'utilisation de supports visuels attractifs et clairs, qui viennent en appui du discours. Grâce aux logiciels de présentation assistée par ordinateur (Impress, Powerpoint) qui rend sa conception aisée, le diaporama est l'outil le plus répandu. Il a pour objectif de personnaliser le discours, de mettre en évidence des mots clés pour mettre en avant des idées, de dynamiser le message et de maintenir l'attention.

1 La conception d'un diaporama

Chaque diapositive correspond à une unité d'information. La rédaction se limite aux éléments importants et aux mots clés. La page peut contenir des illustrations telles que des images, des graphiques, des tableaux.

La conception obéit à **quatre règles principales** :

– **1.** Décomposer le plan de l'intervention en autant de diapositives que d'idées principales.

– **2.** Préparer la maquette de chaque page, zone titre, zone de texte, zone d'inclusion d'objet, nature de l'objet, rédaction...

– **3.** Choisir un modèle qui sera appliqué à l'ensemble du diaporama.

– **4.** Définir le type de caractère (police, taille) pour chaque zone et les couleurs, ce qui correspond à la charte graphique. La charte graphique peut être commune à toutes les présentations d'une structure (voir Carnet professionnel).

2 Les règles d'écriture

A Les polices

Il est déconseillé d'utiliser plus de trois polices de caractère différentes dans une même présentation. De plus, certaines polices sont difficiles à lire comme :

Bauhaus93, ALGERIAN, BlackadderITC, Bodoni MT Poster Compressed, *Brush script MT*.

Il est préférable de choisir des polices type Arial, Times New Roman, ou Garamond (police qui utilise moins d'encre en impression).

B La taille des caractères

- choisir un corps 44 pour les titres
- choisir un corps 30 pour les puces de niveau
- ne pas utiliser un corps inférieur à 26 pour le texte

C Les interlignes

Un interlignage (espacement entre les lignes) trop étroit entraîne une confusion visuelle alors que s'il est trop important, il provoque un effet de bande.
Un même espacement est appliqué sur toutes les diapositives et plus généralement une même forme est appliquée à l'ensemble des diapositives grâce au « masque » ou à l'arrière-plan.

D La lisibilité

Les lignes d'écriture sont courtes : 15 mots maximum. La page est aérée avec un maximum de 12 lignes, interlignes compris.

E Les illustrations

Prévoir des illustrations, telles que des schémas, des graphiques, des photos pour les pages comportant principalement du texte. Une seule illustration par page suffit. Les visuels peuvent remplacer le texte, à condition qu'un titre soit présent.

F Les animations

Elles servent à relancer l'intérêt, comme par exemple des bulles explicatives. Il ne faut pas en abuser au risque de distraire et fatiguer l'auditoire.

Créer un diaporama avec PowerPoint 2007

Utiliser une mise en page automatique

Une diapositive vierge est affichée comportant deux zones de texte qui constituent une mise en page automatique. Il est alors possible de choisir un autre modèle en allant dans le menu accueil. Il faut cliquer sur le bouton « nouvelle diapositive », puis cliquer sur la flèche de liste pour faire apparaître différents modèles.

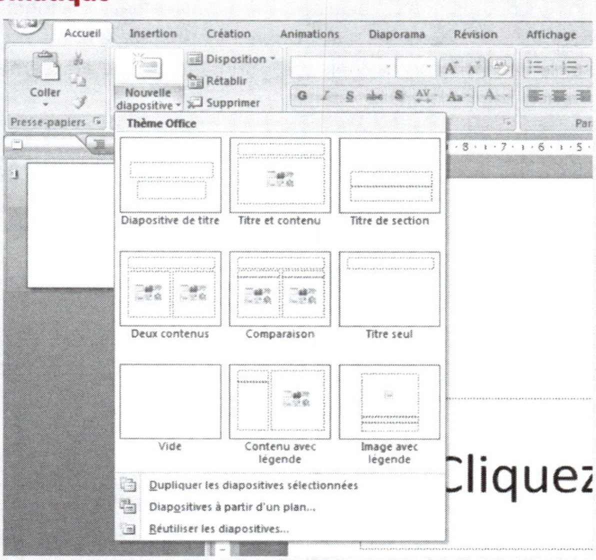

Ajouter une nouvelle diapositive

Sur la gauche de l'écran, les diapositives en cours de création s'affichent en miniature. Pour ajouter une nouvelle diapositive, il suffit de cliquer sur le bouton droit de la souris, dans cet espace. Il est également possible de les supprimer et de les déplacer par un clic droit.

Appliquer un thème

Un thème est un ensemble d'éléments graphiques, de couleurs, de mise en page identifié par un nom.

Cliquer sur l'onglet **Création**, choisir un thème, par exemple «oriel», ou «solstice». Pour atteindre tous les thèmes, cliquer sur la barre de défilement de la zone **Thèmes**, afin de faire apparaître les thèmes proposés.

Pour appliquer le thème à toutes les diapositives créées, cliquer sur l'onglet diapositives en dessous de l'onglet accueil. Appuyez simultanément sur les touches contrôle + A, le thème s'étend aux diapositives créées et qui seront ajoutées.

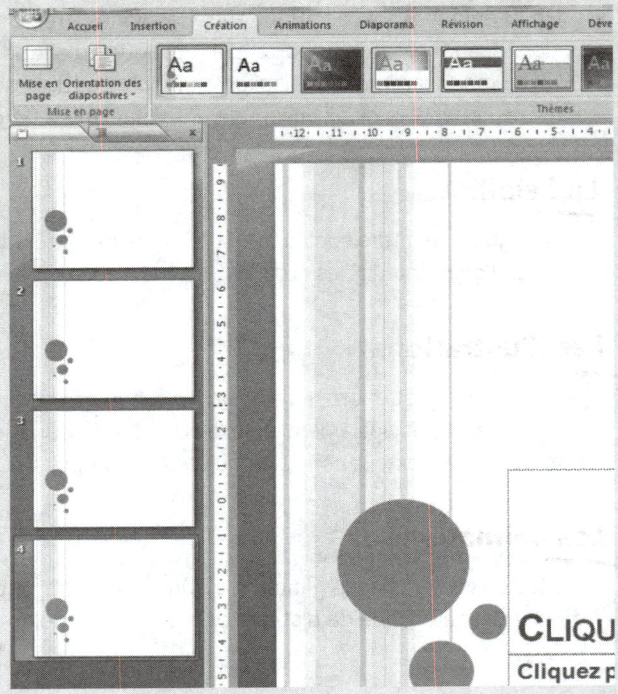

Insérer un graphique

Cliquer sur l'onglet **insertion**, puis le bouton **Graphique**. Choisir le graphique voulu, comme «secteurs» et cliquer sur le bouton OK. Compléter la feuille de calcul avec les données attendues. Fermer la feuille de calcul. Pour faire apparaître les pourcentages dans le graphique, placer le pointeur sur le graphique à secteur, appuyer sur le bouton droit de la souris et choisir «Ajouter des étiquettes de données». Les données apparaissent. Placer le pointeur sur le graphique, appuyer sur le bouton droit et choisir la commande **Mise en forme des étiquettes** de données, cocher la case pourcentage.

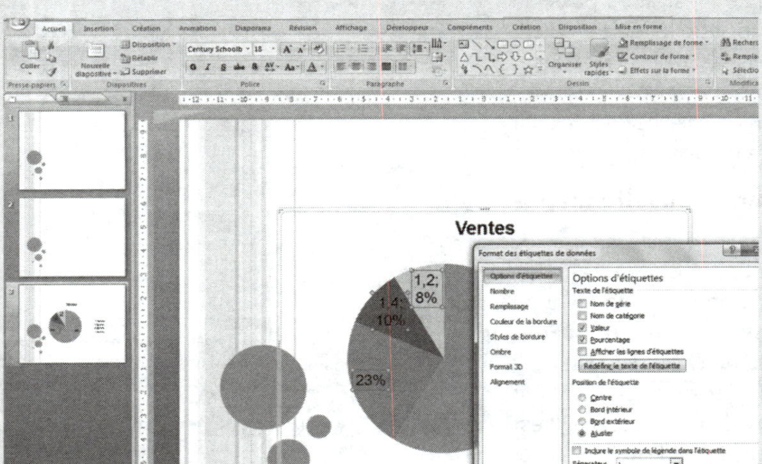

Animer une diapositive

Une animation correspond à la manière de faire apparaître un texte, une image ou un graphique dans une diapositive et la définition du moment de l'arrivée de l'information sur l'écran.
Une diapositive peut être affichée en trois temps :
- une diapositive avec le titre seul ;
- puis une diapositive avec le titre et les textes ;
- enfin, une diapositive avec l'ensemble des données : titre, texte et graphique par exemple.

Ce type de présentation permet de contrôler l'arrivée de l'information sur l'écran.
Cliquer sur le cadre où l'animation doit se situer, cliquer sur l'onglet « animation », choisir le bouton « animation personnalisée », puis le bouton « ajouter un effet ». Choisir le bouton « ouverture » et l'effet souhaité, comme damier ou losange par exemple.

Créer une transition

La transition est le moyen de faire apparaître une diapositive. Cliquer sur l'onglet **animation**, puis sur l'un des boutons de transition. Choisir une vitesse de transition, lente, moyenne ou rapide, et une durée.
Cliquer sur le bouton **Diaporama**, puis sur « configurer le diaporama », les options apparaissent. Choisir « présenter par un présentateur », option « exécuter en continu toutes les diapositives » et accepter en cliquant sur OK.

Exécuter le diaporama

Cliquer sur l'onglet diaporama, puis sur le bouton « à partir du début ». Pour sortir du diaporama, appuyer sur la touche Echap du clavier. Autre possibilité, en bas de la page, trois icônes permettent de se positionner en mode normal, trieuse de diapositives ou diaporama.

La fiche de poste : un outil pour l'entretien de recrutement

La gestion des ressources humaines est un enjeu important pour toutes les organisations du secteur sanitaire et social, qu'elles soient publiques ou privées. La fiche de poste est ainsi un outil indispensable dans le cadre de la gestion prévisionnelle des emplois, lors de l'apparition de nouveaux besoins ou à l'occasion d'une réflexion approfondie qui fait suite à l'actualisation du projet d'établissement ou à une réorganisation des services.

1 La fiche de poste et la fiche de fonction

- La **fiche de fonction** est un document qui définit chaque famille d'emplois ou de métiers, telle que le personnel de soins, le personnel administratif et technique. Elle comprend un libellé, le rattachement hiérarchique et fonctionnel, les tâches, les critères de performance... Sa rédaction doit définir de façon exhaustive toutes les missions, activités et tâches que l'on est en droit d'attendre d'un collaborateur titulaire de cette fonction, tout contexte confondu.
- La **fiche de poste** est la personnalisation de la fiche de fonction, qui précise les missions et les tâches adaptées au contexte spécifique dans lequel le titulaire aura à exercer sa fonction. Elle sélectionne donc dans la fiche de fonction les missions et les tâches correspondant au poste à pourvoir.

Les éléments suivants doivent y figurer :

- **l'identification du poste** : par exemple, responsable de secteur ;
- **la finalité de l'emploi** : dans le cas d'un(e) responsable de secteur, l'organisation des plans d'aide aux bénéficiaires et la coordination des intervenants ;
- **les domaines d'activité ou d'intervention** : analyse du besoin, gestion administrative et budgétaire.

La fiche de poste peut être modifiée en fonction de l'évolution de l'entreprise ou des capacités de la personne occupant le poste.

FICHE DE POSTE	
RESPONSABLE DE SECTEUR	
SITUATION DANS L'ORGANIGRAMME	
LIENS HIÉRARCHIQUES ASCENDANTS	Direction, Cadres du siège
LIENS HIÉRARCHIQUES DESCENDANTS	Aides à domicile
RELATIONS PROFESSIONNELLES	
RELATIONS FONCTIONNELLES INTERNES	Fonctions supports
RELATIONS EXTERNES	Clients et entourage proche - Acteurs institutionnels - Caisses et mutuelles
MISSIONS PRINCIPALES	

MISSION PRINCIPALE :
Organise sur son secteur les plans d'aide à domicile en tenant compte de la situation du bénéficiaire et de son évolution future, coordonne l'intervention d'acteurs multiples.

CHAMPS D'INTERVENTION :

Analyse du besoin :
- Réceptionne les demandes des bénéficiaires
- Évalue sur place le besoin des bénéficiaires

Gestion administrative et budgétaire :
- Informe le bénéficiaire du nombre d'heures finançables par les organismes sociaux ainsi que le coût restant à sa charge
- Rédige les demandes ou aide le bénéficiaire à faire ses démarches
- Constitue le dossier de prise en charge initial et de renouvellement et le transmet au service facturation
- Prépare le contrat d'intervention

Organisation des interventions et la gestion du planning :
- Présente l'aide à domicile au bénéficiaire et éventuellement sa remplaçante
- Organise les interventions des aides à domicile dans le respect des obligations légales
- Assure la continuité de la prestation : organise les remplacements de l'aide à domicile (maladie, congés, formation,...)
- Recherche les salariés disponibles pour intervenir au domicile en tenant compte des heures accordées sur la prise en charge
- Suit la modulation du temps de travail en faisant les réajustements nécessaires en collaboration avec le cadre en charge de la modulation du temps de travail

Gestion du personnel :
- Assure le recrutement des intervenants en collaboration avec le service RH
- Anime les équipes d'aide à domicile
- Traite, en collaboration avec le service du personnel tous les aspects du suivi des intervenants à domicile
- Assure sur le terrain, le suivi de la prévention liée aux risques professionnels et détecte les situations sensibles pour en avertir le service RH
- Réalise un entretien annuel d'évaluation et fixe les axes de progression pour les salariés

Suivi de la qualité :
- Valide avec l'aide à domicile et le bénéficiaire les modalités d'intervention
- Visite les bénéficiaires : évalue le degré de satisfaction et la qualité des prestations
- Met en place les actions correctives

Source : Présence verte service

Figure 13.1 Exemple de fiche de poste.

2 Sa finalité

Au même titre que la fiche de fonction mais de manière plus personnalisée, la fiche de poste est:

- **un outil au service de la gestion collective** permettant de:
  - définir les ressources humaines qui répondent aux besoins de l'institution et de relier les objectifs individuels avec ceux de l'entité;
  - d'optimiser l'organisation, d'affecter au mieux les compétences et peut-être de faciliter la mobilité sociale;
  - de définir, faire évoluer ou aménager le poste si nécessaire afin d'y adapter le personnel le plus rapidement;
  - de mieux communiquer sur et au sein de son organisation.
- **un outil de recrutement, qui a pour rôle de faciliter l'embauche**. La fiche de poste sert de base à l'entretien individuel, elle fournit un cadre de référence à partir duquel sont formalisés les objectifs individuels et le bilan d'activités.
- **un outil de clarification des responsabilités de chacun** sur des missions explicites mais aussi de clarification **du mode d'organisation** nécessaire pour une meilleure déclinaison des missions du service.
- **un outil de dialogue** qui offre la possibilité d'un échange personnalisé entre le salarié, qui expose comment il comprend le poste et le responsable hiérarchique, qui indique ce qu'il attend du poste.
- **un outil d'amélioration du travail**. Parler ensemble du travail, à partir du cadre qu'est la fiche de poste, permet de faire un bilan de l'activité, de voir apparaître des difficultés et de définir des objectifs d'amélioration.

L'entretien de recrutement

Pour une entreprise, trouver la personne qui convient ne signifie pas simplement recruter quelqu'un sur un simple intitulé (assistante du directeur, responsable de secteur, coordinatrice de secrétariats médico-sociaux...). Un employeur recherche avant tout des compétences, des savoir-faire, une personnalité qui saura s'adapter à un cadre de travail particulier. L'entretien de recrutement permet surtout d'obtenir des éléments qui ne figurent pas sur un *curriculum vitæ*.

1 Les objectifs de l'entretien

L'entretien sert à affiner le choix effectué lors de la première sélection des candidatures reçues. Il a pour but de :
- valider les informations contenues dans le CV ;
- les compléter éventuellement en abordant des expériences plus anciennes ou extra-professionnelles, en précisant la nature exacte des savoir-faire et des connaissances, en illustrant par des exemples concrets ;
- découvrir la personnalité du candidat en situation de travail ;
- mesurer un potentiel en évaluant les qualités du candidat en fonction des caractéristiques du poste ;
- apprécier la motivation du candidat pour le poste ;
- donner des précisions sur le poste : tâches à accomplir, missions, équipe, conditions de travail. Pour cela, l'employeur peut s'appuyer sur une fiche de poste (voir fiche 13).

2 Les différentes formes d'entretien

La forme choisie dépend à la fois du type de structure (présence ou non d'un pôle gestion et ressources humaines – GRH) et du type de poste proposé.
Le responsable des ressources humaines, le directeur de la structure et le chef de service, responsable direct, ont le choix de mener :
- **un entretien interpersonnel** qui correspond à un face-à-face entre le recruteur et le candidat. Le recruteur, unique, peut être choisi en fonction de ses disponibilités et/ou du niveau de responsabilité du poste pour lequel le candidat est recruté. Cet entretien direct offre la possibilité d'échanger avec le candidat durant un temps défini ;
- **des entretiens successifs** qui permettent de rencontrer le candidat de manière individuelle (soit plusieurs personnes successivement, soit plusieurs entretiens avec la même personne pour affiner la sélection) ;
- **un entretien de groupe**, qui réunit plusieurs candidats, pour débattre d'un thème ou analyser un projet. Pour certains postes à dominante relationnelle, ou lorsque l'esprit d'équipe est primordial dans un poste, l'entreprise cherche à mesurer l'aptitude des candidats à s'imposer, la manière dont ils défendent un point de vue, la façon dont ils se comportent en groupe ;

– **un entretien informel** qui se déroule hors contexte de recrutement suite à une candidature spontanée ou d'une mise en relation directe. Dans ce cas, l'employeur évalue la candidature, vérifie qu'elle puisse convenir à un futur emploi et fait appel au candidat lorsqu'un poste se libère.

Une réunion d'information peut précéder les entretiens individuels en présentant les attentes liées au poste et à l'établissement.

3 Les attentes du recruteur

Le recruteur attend du candidat une bonne préparation à l'entretien afin qu'il puisse faire un inventaire précis et exhaustif de son parcours :

– **de formation** : mise en adéquation des diplômes obtenus et du niveau du poste ;

– **professionnel** : précision sur les conditions de travail des autres postes occupés (tâches précises effectuées, cadre et rythme de travail, responsabilité d'équipes, etc.) ainsi que sur les compétences et connaissances acquises (utilisation d'outils bureautiques, maîtrise de langues étrangères, etc.). Cette partie peut être illustrée par des réalisations et des résultats obtenus présentés sous la forme d'un press book.

Le candidat est susceptible de devoir répondre à des questions sur sa personnalité du type :

– comment s'est-il adapté à des situations imprévues ou difficiles ?

– quelles sont ses qualités et ses défauts ?

– quels sont ses centres d'intérêt ?

– quelles sont ses satisfactions par rapport à son parcours professionnel ?

– qu'est-ce qui est important dans le travail ?

– quels sont ses souhaits en matière d'évolution professionnelle ?

Cette partie de l'entretien de recrutement intègre aussi des éléments non verbaux tels que la ponctualité, la présentation vestimentaire, la courtoisie.

Tous ces éléments permettent au recruteur d'évaluer la capacité du candidat à occuper le poste proposé et à évoluer au sein de la structure.

Enfin, le recruteur peut apprécier la motivation du candidat en appréciant :

– **sa connaissance de la structure**, ses missions par rapport au type de public accueilli, etc. ;

– **sa connaissance du poste à pourvoir** au travers des informations données dans l'annonce, mais également par la rencontre de personnes occupant un poste similaire dans cette structure ou une autre ;

– **les questions posées** lors du rendez-vous (les personnes de l'équipe, les horaires, le salaire, les possibilités d'évolution, la suite du processus de recrutement) qui témoignent d'une réelle projection du candidat sur le poste (voir Carnet professionnel).

La conception des outils de communication

Les différents outils de communication tels que le dépliant, l'affiche, le tract, possèdent des règles spécifiques de présentation. Cependant, la démarche mise en œuvre lors de leur conception est souvent identique.

1 Analyser la situation

A Quel est l'objectif à atteindre ?

Il peut s'agir pour l'organisation :
- **d'informer de la tenue d'un événement** qu'elle organise ;
- **d'informer sur les prestations et les services** ;
- **de convaincre le public** de modifier son comportement (comme dans le cas d'une campagne de prévention par exemple).

B Quel est le public cible ?

Un outil de communication peut avoir différents destinataires :
- **une personne, un groupe de personnes ou une masse d'individus**. L'importance de la population cible sera un paramètre dans le choix de l'outil de communication ;
- **un membre de l'organisation** (communication interne) ou en dehors de celle-ci (communication externe). Ce paramètre est à prendre en compte dans le choix du mode de diffusion de l'outil de communication ;
- **un public ciblé**. Dans ce cas, il convient de prendre en compte le statut social ou l'âge, mais également sa connaissance du sujet et son besoin d'information afin d'adapter le contenu de l'outil, tant au niveau des informations présentées que du niveau de langage utilisé.

→ Ce temps d'analyse préalable permet de retenir le support le plus adapté et de définir le contenu ainsi que le plan du document.

2 Réaliser le support

- **Le contenu**

- utiliser un mode d'expression clair et précis. Préférer la voix active ;
- privilégier des phrases courtes (15 à 25 mots) avec une sémantique adaptée au public cible et au type de document choisi ;
- construire chaque paragraphe autour d'une seule idée.

- **La forme**

Le lecteur doit pouvoir repérer et retenir la hiérarchie et la logique des informations par une structure simple du texte : double-interligne entre les paragraphes et espaces plus importants entre les parties.

L'organisation des idées doit être simple, rigoureuse et cohérente. Il faut mettre en valeur l'information importante. De plus, les mêmes signes, puces ou numéros sont utilisés pour des informations de même importance.

- **La mise en page**

L'identité visuelle de l'organisation doit être respectée. Pour cela, il convient d'appliquer les normes de mise en page et de dispositions, respecter les règles d'écriture (typographie), utiliser les guides de procédure de l'organisation ainsi que la charte graphique (voir Carnet professionnel).

Dans le domaine professionnel, beaucoup d'outils de communication écrite et visuelle sont utilisés. En interne, l'information est transmise par des plannings, des fiches, des notes de service ou d'information, par mail, comptes rendus, panneaux électroniques ou encore sur un portail commun intranet ou logiciel interne. En externe, l'information destinée au public prend la forme de dépliant, de tract, d'affiche, de communiqué de presse, de carte com. On peut aussi utiliser les sites internet ou les réseaux sociaux. À destination d'un partenaire, la forme sera plus « stricte » : la lettre, les dossiers, les rapports, les synthèses et compte rendus ou le mail seront privilégiés. L'information des organisations a changé les pratiques. De plus en plus de documents écrits et visuels sont informatisés et transmis par voie informatique (voir Carnet professionnel).

Le dépliant

Le dépliant est un document d'information, faisant partie des outils de communication écrite. Il présente un message illustré par des photos ou des schémas. Le support est compact pour permettre une utilisation facile et il se déplie. Il est destiné à une population ciblée et de ce fait, il appartient aux outils de communication de groupe ou de masse.

1 La rédaction du dépliant

Le dépliant est largement utilisé dans le domaine sanitaire et social. Très attractif par sa forme, il **traite une information précise** comme les différentes allocations de la Caisse d'allocations familiales, l'éducation thérapeutique du patient en milieu hospitalier, etc.

A Le message du dépliant

L'écrit est court et doit amener l'information argumentée de façon progressive :
- l'objet du dépliant se trouve sur le premier feuillet pour provoquer la curiosité par une accroche incitative ;
- l'information essentielle est traitée au début ;
- l'exposé des idées est organisé de façon structurée en utilisant un feuillet par idée principale, selon un ordre chronologique ou logique ;
- les consignes et les informations pratiques se trouvent sur le dernier feuillet.

B Le style du dépliant

Ce support nécessite :
- des phrases et des paragraphes courts ;
- un style direct, parfois télégraphique ;
- un texte réduit pour laisser de la place aux illustrations (dessins, photos, schémas, plans) ;
- des tournures de phrases variées : formes exclamative, interrogative ou déclarative ;
- un vocabulaire simple et précis ;
- un mode d'expression directe : le lecteur peut être interpellé par l'utilisation du « vous » ou du « tu » ;
- des phrases commençant le plus souvent par un sujet ou un verbe actif.

2 La mise en page du dépliant

• Le dépliant est composé :
- d'un titre qui indique l'objet ;
- d'une introduction qui précise le public visé et l'objet ;
- de l'identification de l'émetteur et ses coordonnées ;
- parfois de la date de rédaction et les références de l'imprimeur.

- La présentation est conçue sur plusieurs feuillets, au minimum quatre, en principe six, obtenus par pliage d'une page de format A4.
- Le format final du document est un format A5 ou inférieur. Certains documents pliés ont le format d'une carte bancaire.
- Le dépliant donne une impression de clarté et incite à la lecture car les informations essentielles sont mises en évidence (gras, italique, souligné, encadré) mais sans surabondance.

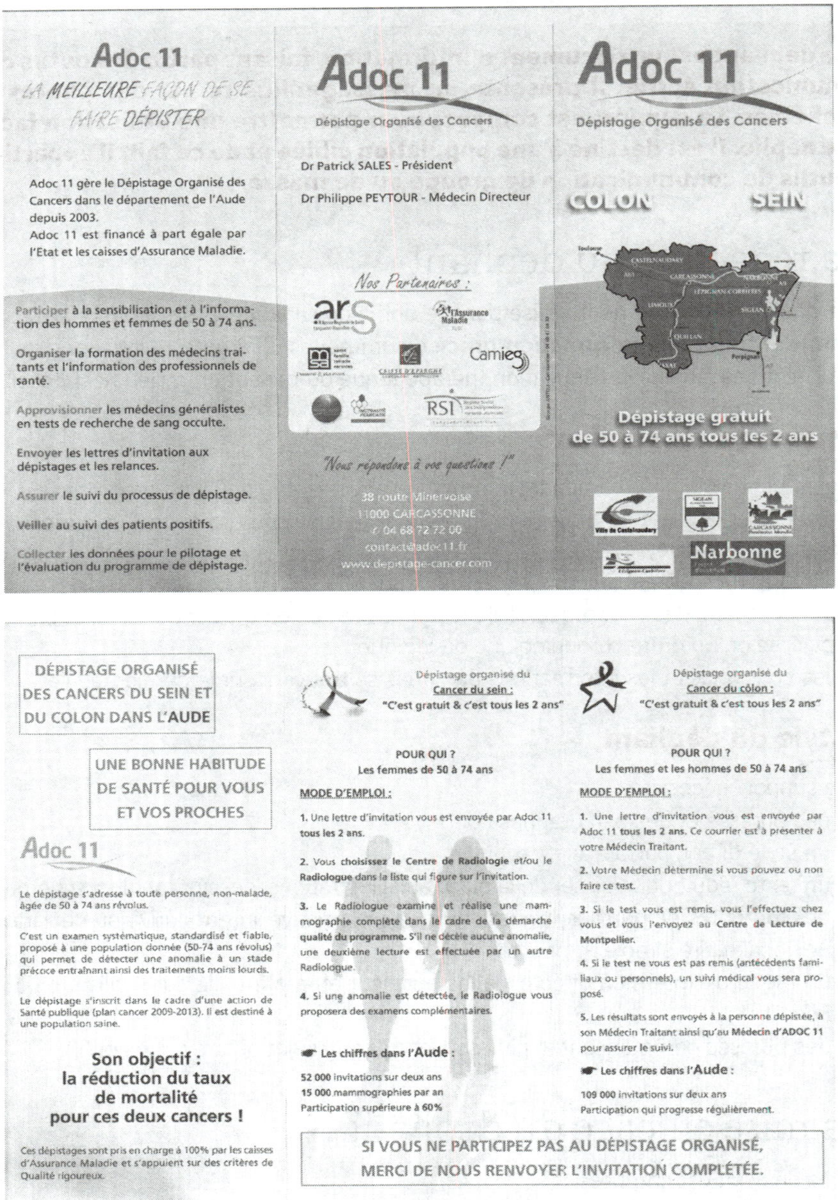

Adoc 11

LA MEILLEURE FAÇON DE SE FAIRE DÉPISTER

Adoc 11 gère le Dépistage Organisé des Cancers dans le département de l'Aude depuis 2003.
Adoc 11 est financé à part égale par l'Etat et les caisses d'Assurance Maladie.

Participer à la sensibilisation et à l'information des hommes et femmes de 50 à 74 ans.

Organiser la formation des médecins traitants et l'information des professionnels de santé.

Approvisionner les médecins généralistes en tests de recherche de sang occulte.

Envoyer les lettres d'invitation aux dépistages et les relances.

Assurer le suivi du processus de dépistage.

Veiller au suivi des patients positifs.

Collecter les données pour le pilotage et l'évaluation du programme de dépistage.

Adoc 11

Dépistage Organisé des Cancers

Dr Patrick SALES - Président
Dr Philippe PEYTOUR - Médecin Directeur

Nos Partenaires :

"Nous répondons à vos questions !"

38 route Minervoise
11000 CARCASSONNE
✆ 04 68 72 72 00
contact@adoc11.fr
www.depistage-cancer.com

Adoc 11

Dépistage Organisé des Cancers

COLON SEIN

Dépistage gratuit
de 50 à 74 ans tous les 2 ans

Narbonne

DÉPISTAGE ORGANISÉ DES CANCERS DU SEIN ET DU COLON DANS L'**AUDE**

UNE BONNE HABITUDE DE SANTÉ POUR VOUS ET VOS PROCHES

Adoc 11

Le dépistage s'adresse à toute personne, non-malade, âgée de 50 à 74 ans révolus.

C'est un examen systématique, standardisé et fiable, proposé à une population donnée (50-74 ans révolus) qui permet de détecter une anomalie à un stade précoce entraînant ainsi des traitements moins lourds.

Le dépistage s'inscrit dans le cadre d'une action de Santé publique (plan cancer 2009-2013). Il est destiné à une population saine.

Son objectif : la réduction du taux de mortalité pour ces deux cancers !

Ces dépistages sont pris en charge à 100% par les caisses d'Assurance Maladie et s'appuient sur des critères de Qualité rigoureux.

Dépistage organisé du Cancer du sein :
"C'est gratuit & c'est tous les 2 ans"

POUR QUI ?
Les femmes de 50 à 74 ans

MODE D'EMPLOI :

1. Une lettre d'invitation vous est envoyée par Adoc 11 **tous les 2 ans.**

2. Vous **choisissez le Centre de Radiologie** et/ou le **Radiologue** dans la liste qui figure sur l'invitation.

3. Le Radiologue examine et réalise une mammographie complète dans le cadre de la démarche **qualité du programme.** S'il ne décèle aucune anomalie, une deuxième lecture est effectuée par un autre Radiologue.

4. Si une anomalie est détectée, le Radiologue vous proposera des examens complémentaires.

Les chiffres dans l'Aude :

52 000 invitations sur deux ans
15 000 mammographies par an
Participation supérieure à **60%**

Dépistage organisé du Cancer du côlon :
"C'est gratuit & c'est tous les 2 ans"

POUR QUI ?
Les femmes et les hommes de 50 à 74 ans

MODE D'EMPLOI :

1. Une lettre d'invitation vous est envoyée par Adoc 11 **tous les 2 ans.** Ce courrier est à présenter à votre Médecin Traitant.

2. Votre Médecin détermine si vous pouvez ou non faire ce test.

3. Si le test vous est remis, vous l'effectuez chez vous et vous l'envoyez au **Centre de Lecture de Montpellier.**

4. Si le test ne vous est pas remis (antécédents familiaux ou personnels), un suivi médical vous sera proposé.

5. Les résultats sont envoyés à la personne dépistée, à son Médecin Traitant ainsi qu'au **Médecin d'ADOC 11** pour assurer le suivi.

Les chiffres dans l'Aude :

109 000 invitations sur deux ans
Participation qui progresse régulièrement.

SI VOUS NE PARTICIPEZ PAS AU DÉPISTAGE ORGANISÉ, MERCI DE NOUS RENVOYER L'INVITATION COMPLÉTÉE.

Source : Adoc 11

Figure 16.1 Exemple de dépliant.

3 La diffusion du dépliant

Le dépliant peut être distribué lors d'entretiens directs ou mis à disposition dans des institutions sanitaires et sociales selon le sujet traité :
- dépliant appuyant les campagnes de prévention contre le sida (peut être distribué) ;
- dépliant présentant les prestations des organismes sociaux… (mis à disposition du public sur un présentoir).

Les 6 étapes pour réaliser un dépliant d'éducation théapeutique

1. L'identification des besoins d'information auprès du public visé : consulter les intervenants impliqués auprès du public, consulter la clientèle et sa famille par un questionnaire permettant de recueillir ses attentes, rédiger les objectifs d'apprentissage…
2. La rédaction du contenu basé sur la meilleure pratique dans le domaine choisi : recherche documentaire, informations les plus récentes dans le domaine choisi, rédaction par rapport aux objectifs d'apprentissage fixés.
3. La révision : obtenir un consensus interdisciplinaire sur le contenu et s'assurer que le contenu correspond aux objectifs d'apprentissage.
4. L'approbation : soumettre pour approbation, spécifier les besoins relatifs à la mise en page.
5. La validation auprès du public : mettre à l'essai auprès de la clientèle et de la famille, apporter les correctifs nécessaires s'il y a lieu.
6. La mise à jour régulière tous les trois ans.

Un document réalisé selon cette méthodologie sert de support à l'éducation thérapeutique du patient dans le service de pédiatrie du CHU Sainte-Justine de Montréal.

17 LES OUTILS DE COMMUNICATION ÉCRITE ET VISUELLE

Le tract

Le tract est un outil de communication écrite. Il est diffusé à un public plus ou moins large et ciblé afin d'agir sur son opinion ou son comportement. Il s'insère souvent dans une campagne de communication plus large comportant des affiches et des messages audiovisuels.

1 La rédaction du tract

A Le message du tract

Cet imprimé est destiné à mobiliser rapidement et fortement l'attention du public sur une information précise : invitation à une soirée-débat, annonce de l'ouverture d'un nouveau service ou événement, campagne de vaccination suite à une épidémie. Il sert à favoriser la prise de conscience et à susciter l'action. Il doit être accrocheur, maniable et informatif.

B La rédaction du tract

Le tract est court et précis. Il présente :
- une situation ou des faits marquants ;
- le public visé ;
- des propositions d'interventions, d'actions ;
- des propos motivant le public concerné ;
- des consignes et des informations pratiques (date, lieu, plan d'accès).

Le vocabulaire est clair et compréhensible par le plus grand nombre. La connivence avec le public est marquée par l'utilisation de « nous ». Les impératifs, les phrases exclamatives et de fausses interrogations sont utilisées pour impliquer le lecteur.
Après une accroche claire, vive et précise, les arguments sont présentés par ordre croissant ou décroissant. On fait appel aux sentiments, à la logique et au bon sens du lecteur.

2 La mise en forme du tract

- Le tract a pour but d'attirer l'attention du destinataire. La typographie et la mise en page sont utilisées dans ce but.
- L'information est hiérarchisée et commence par la plus percutante. Les éléments importants sont soulignés ou encadrés pour être plus visibles.
- Les titres et sous-titres contribuent à clarifier l'information.
- Des images et des couleurs permettent de rendre l'information encore plus apparente.
- Tous les autres procédés de mise en forme sont utilisés si nécessaire : gras, souligné, italiques…
- Des mentions obligatoires comme l'identification de l'émetteur et les références de l'imprimeur y figurent impérativement.
- Le format habituel est celui de la feuille A5 ou A6, parfois A4.
- Le papier utilisé est un papier léger car le tract n'est pas destiné à être conservé au-delà de la date de réalisation de l'événement, sa fabrication doit donc être économique.

3 La diffusion du tract

Sa diffusion s'effectue la plupart du temps de la main à la main. Elle peut s'inscrire dans un plan de communication utilisant d'autres outils de communication : affiche, communiqué, conférence de presse, réunion d'information, annonce radio…
Le tract est parfois mis à la disposition du public sur une banque d'accueil, dans une salle d'attente, sur un présentoir. Parfois, ils sont envoyés en nombre par voie postale.

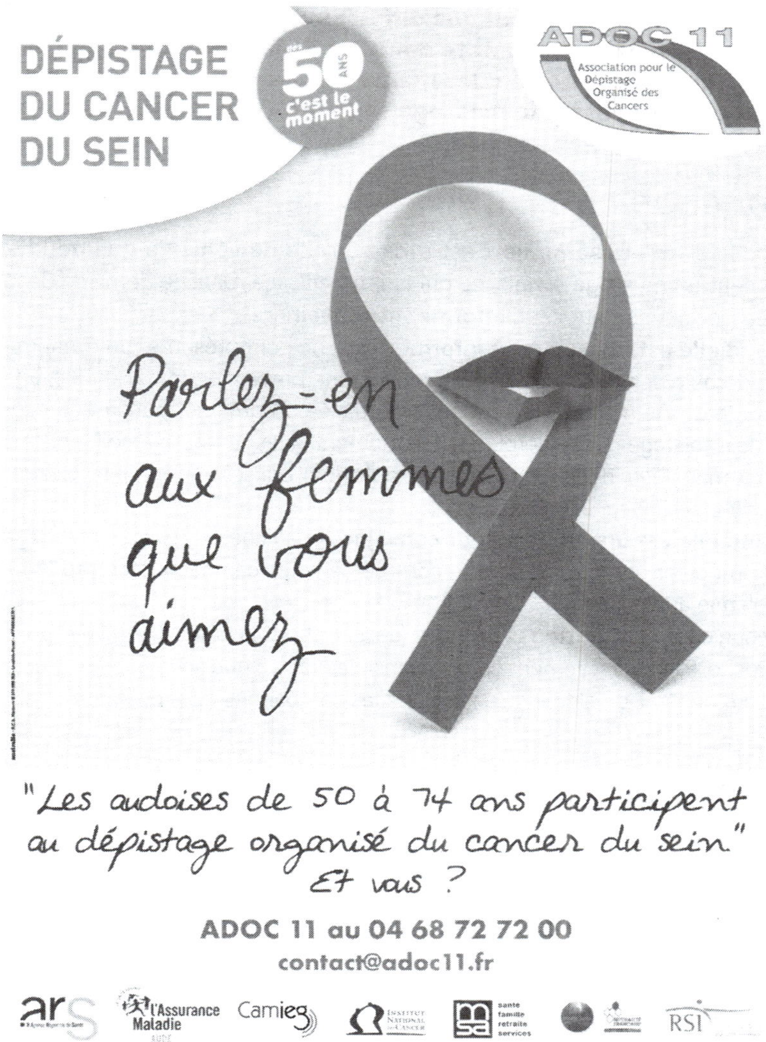

Source : Adoc 11

Figure 17.1 Campagne de dépistage du cancer du sein dans le département de l'Aude.

18 LES OUTILS DE COMMUNICATION ÉCRITE ET VISUELLE

L'affiche

L'affiche est un outil de communication qui capte l'attention du public par le visuel. Elle est utilisée pour une diffusion de masse dans le secteur sanitaire et social, en particulier dans le domaine de la promotion de la santé. Clarté, lisibilité et attractivité sont les maîtres-mots du succès d'une affiche dont le but est de faire passer le message souhaité.

1 Sa fonction

• L'affiche est **monosémique**, c'est-à-dire qu'**elle ne véhicule qu'une idée**. Elle porte également un message simple, ce qui la rend efficace. Dans le domaine de la prévention médico-sociale, son but est d'**informer et convaincre**.

• **Quand elle est utilisée pour informer**, l'affiche peut présenter un événement ponctuel qui se déroule dans le cadre d'une campagne de prévention (par exemple, une journée de dépistage des cancers). Elle est souvent utilisée comme support à une campagne plus large de dépistage qui se déroule à des moments clés : octobre rose (dépistage du cancer du sein), mars bleu (dépistage du cancer du côlon), qui sont des actions entreprises dans le cadre du plan Cancer 2014-2019 ;

• **Quand elle est un support pour convaincre**, l'affiche véhicule un message ayant pour but de modifier un comportement, comme dans les campagnes contre le tabagisme ou l'alcoolémie au volant.

• L'affiche **capte l'attention** par l'image (dessin, photo, schéma, graphique...) afin de susciter la curiosité. Elle est facilement compréhensible grâce à une accroche qui précise le sens du visuel. En général, un slogan accompagne les campagnes de prévention.

2 Sa composition : des images et des mots

Le sens de lecture s'effectue habituellement de haut en bas et de gauche à droite. L'affiche peut être construite en différents blocs. Les conclusions se trouvent en général en bas à droite. Cette construction doit être intelligible pour le lecteur. Pour cela, il faut que l'ordre de lecture de l'affiche soit très clair.

Le bas de l'affiche est réservé aux informations secondaires : coordonnées, contact, programme, logos des partenaires...

A Les visuels, les illustrations

L'affiche contient un ou plusieurs visuels tels que des photos, des dessins, des montages d'images variées, créés pour l'occasion grâce à des logiciels spécialisés, et par des graphistes. Elle propose des mises en situation entraînant l'identification du lecteur. Les éléments visuels permettent de connaître le contenu du message et sont présentés dans différents contextes :

– **l'exagération** qui rend plus attirant l'univers illustré par l'affiche (proportions des personnages, accentuation de défauts, etc) ;

– **la réserve** qui valorise le thème de la campagne (présentations sobres des objets, personnages ou paysages) ;
– **le détournement de sens** qui crée la surprise et favorise la mémorisation (mise en scène originale ou inhabituelle).

Au moins 50 % de l'affiche doit être constituée d'images afin d'éviter une surcharge d'information et d'accentuer son côté attractif. Le langage de l'image utilise des codes spécifiques conformes à la technique utilisée (photographie, dessin) et des codes culturels liés à un contexte social déterminé. L'image sans texte est polysémique, c'est-à-dire qu'elle peut être interprétée de différentes façons et conduire à de la connotation.

Les éléments importants se trouvent au premier plan, les éléments secondaires en arrière-plan. Les couleurs chaudes ou froides sont utilisées pour donner l'atmosphère recherchée. Les lignes et l'éclairage sont importants ainsi que le cadrage et l'angle de vue des personnages.

Vocabulaire de l'image

Dénotation : sens premier de l'image, admis de tous. Il correspond à ce que l'on voit.
Connotation : sens second, suggéré, implicite et subjectif. Variable selon les contextes et les individus. Il correspond à ce que l'on ressent.
Polysémie : l'image seule comporte plusieurs significations. À la vue d'une image, chacun a sa propre interprétation. Le texte est là pour guider le lecteur dans la compréhension voulue par l'auteur du document.

B Le titre

Le titre se trouve au centre ou en haut de l'affiche, le regard s'y pose directement. Une couleur spécifique distingue le titre du reste du texte.

Le titre est succinct et accrocheur afin de résumer le cœur du message. Un slogan sous forme de phrase simple et compréhensible de tous est souvent utilisé. Une forme interrogative ou un propos provocateur crée cet effet.

C Les textes

Les textes sont courts et accessibles au public visé et précisent le sens du visuel et du titre. Utilisant la dénotation, le texte apporte le contenu notionnel et permet de préciser le sens exact de l'affiche.

- Les phrases utilisées sont :

– **interrogatives** pour rechercher l'adhésion du lecteur ;
– **exclamatives** pour exprimer un sentiment ;
– **impératives** pour promouvoir un comportement à adopter ;
– **énonciatives** pour décrire, raconter, expliquer un événement ou une situation. Plus le texte est compact, plus l'affiche sera lue. Deux ou trois phrases maximum suffisent.

- Pour une meilleure visibilité et lisibilité :

– une police sans empattement et un grand caractère sont préconisés ;
– les lignes du texte sont espacées ;
– la couleur de police du texte est différente de celle du titre ; une couleur foncée améliore la lisibilité ;
– la signature permet d'identifier l'organisme qui a conçu le document ;
– les logos présentent les promoteurs de la campagne.

3 La conception de l'affiche

L'utilisation de l'affiche relève des techniques publicitaires et s'inscrit en principe dans une stratégie plus globale de communication de l'établissement ou du réseau concerné. La campagne peut s'accompagner de films publicitaires, mais aussi d'autres supports écrits.

La création de l'affiche respecte **quatre axes publicitaires** définis par :

- **l'objectif**, qui correspond à la réponse que doit apporter la campagne au problème posé ;
- **l'idée forte**, qui est le message communiqué ;
- **l'évocation**, qui est la concrétisation et la matérialisation du message, le procédé utilisé par l'illustrateur ;
- **la cible**, qui est le public à qui le message va s'adresser précisément.

Le respect de ces axes est nécessaire pour atteindre le but fixé.

Source : ATD Quart-monde - Service Communication de la ville de Carcassonne en collaboration avec la section locale d'ATD, 2014.

Figure 18.1 Exemple d'affiche.

Lecture de l'image

L'image est composée selon une structure suivie par le regard en fonction de certaines caractéristiques.

Les points forts

Ce sont les éléments perçus comme significatifs. L'accroche est le premier point fort.

Les lignes

Elles ont une valeur suggestive particulière :
- la ligne horizontale suggère la stabilité ;
- la ligne verticale indique la hauteur, la chaleur, l'activité ;
- la ligne oblique propose la chute, une direction à suivre ;
- la courbe donne la souplesse, l'élégance, le mouvement ;
- la ligne de force est liée à l'observation et fait percevoir la structure interne de la composition ;
- la ligne d'horizon se situe au niveau du regard du spectateur et donne une certaine profondeur.

Ce sont les lignes parallèles qui jouent ce rôle car elles convergent vers un point commun, le point de fuite qui se situe sur la ligne d'horizon.

Les formes géométriques

Elles ont une signification particulière :
- les triangles : posés sur leur base, ils évoquent la stabilité, le calme, la sérénité. S'ils reposent sur une pointe, ils donnent une impression de déséquilibre ;
- les carrés et les rectangles : ils servent de contrepoint, d'équilibre, de stabilité ;
- le cercle : il donne une impression d'aisance et de perfection.

Les couleurs

Elles peuvent reprendre la charte graphique de l'organisation ou correspondent au thème de l'affiche (voir Carnet professionnel, la charte graphqiue) :
- blanc : évoque la pureté, l'hygiène ;
- bleu : selon la nuance du bleu, il peut être le symbole d'apaisement et de calme (bleu clair) ou de douleur/violence (le bleu foncé tirant vers le noir) ;
- rose : c'est une couleur qui rappelle l'enfance, la mère ;
- rouge : selon le contexte, cette couleur représente le danger, la passion ou l'urgence ;
- jaune et orange : couleurs vives et gaies qui indiquent la joie, la chaleur, l'activité ;
- vert : symbolise l'apaisement, le calme, l'espoir mais aussi la nature ;
- les nuances de noir et de gris sont des couleurs tristes, suggérant la violence, la tristesse, la déprime...

Évidemment, la nuance de la couleur (pastel ou plus vive) accentue plus ou moins la symbolique.
Dans une affiche, il faut respecter l'objet et l'objectif principal afin de ne pas multiplier les effets qui peuvent perturber la compréhension. Par exemple, il est préférable d'utiliser 2 couleurs dominantes maximum.

La signalétique

« Accès à tout pour tous » est l'une des phrases clés de la loi du 11 février 2005 sur l'égalité des droits et des chances, la participation et la citoyenneté des personnes handicapées. Elle résume ce que doit apporter la signalétique à l'usager : des informations ciblées lui donnant la possibilité d'être autonome pour s'orienter.

1 La signalisation des bâtiments

Les établissements importants comme les hôpitaux sont signalés sur les axes routiers et aux intersections. Des totems permettent de repérer les bâtiments de loin.
L'architecture des lieux mène directement à l'entrée principale du bâtiment et au guichet d'accueil. Un dallage au sol aide les personnes malvoyantes à se diriger vers l'accueil. Le panneau de l'accueil comporte une écriture simple en majuscules et un pictogramme.

2 La signalétique au sein des bâtiments

La présentation de l'information est conçue de façon uniforme partout dans le bâtiment en ce qui concerne son emplacement, sa forme, ses symboles, ses lettrages, sa couleur et sa taille selon la charte graphique choisie (voir Carnet professionnel).

A L'emplacement de la signalisation

1. L'information d'orientation

Elle correspond au plan de l'ensemble du bâtiment et se situe aux entrées, à proximité des cages d'escalier ou d'ascenseur. Le plan peut être placé sur une surface verticale ou sur un poteau. Il est nécessaire qu'aucun obstacle ne gêne l'accès au panneau.

2. L'information de direction

- Elle permet par exemple de se rendre dans un service. Elle se retrouve à tout endroit stratégique, comme aux changements de direction ou paliers, en face de la porte des ascenseurs ou en rappel régulier sur de longs parcours, perpendiculairement à la ligne de déplacement.
- Les flèches sont utilisées de façon systématique et sont accompagnées d'un message écrit en cas d'ambiguïté.
- Il faut éviter d'aligner des panneaux d'informations accompagnés de flèches indiquant des directions différentes. Il en est de même pour les pictogrammes associés à des flèches qui induisent la confusion. Les longues listes sont aussi à proscrire, trois désignations par groupe sont suffisantes.
- La hauteur la mieux adaptée d'un panneau mural est de 140 à 150 cm. La zone qui fait face au panneau doit être dégagée pour que le lecteur adapte sa vision.

3. L'information d'identification

Tout local ou bureau est identifié par un numéro ou un nom. La signalétique se situe toujours du côté poignée par rapport aux portes et à une hauteur accessible de maximum 150 cm correspondant à la hauteur de la vue.

4. L'information générale

Elle renseigne sur les horaires, les consignes de sécurité, etc. Elle permet de fournir à l'usager toute information nécessaire.

B La police

- Une police simple, uniforme et unie ayant un espacement large entre les caractères offre la meilleure lisibilité. Il est d'usage d'utiliser les caractères majuscules pour un mot et pour un groupe de mots, mais non pour un texte plus dense.
- La grandeur du lettrage est prévue en fonction de la distance de lecture. Il est nécessaire que le rapport entre la taille et les épaisseurs des caractères soit proportionnel. Pour les grands lettrages, la fonction gras est donc employée.
- Certaines informations nécessitent l'accompagnement d'un pictogramme afin d'aider les personnes ayant des difficultés de compréhension (personnes parlant une langue étrangère, analphabètes...).

C La couleur

- **La couleur des caractères** doit être contrastée par rapport à celle des panneaux de fond. Par exemple, une écriture jaune sur fond bleu foncé ou une écriture orange sur fond noir sont les contrastes les plus visibles pour des personnes malvoyantes.
- **La couleur du panneau** doit aussi trancher avec celle du mur ou avoir des bordures visibles. Un matériel mat permet que la lumière ne réfléchisse pas. Il est recommandé de mettre en place un éclairage suffisant et uniforme, sans contre-jour, sans ombrage ou éblouissement.
- Certaines couleurs sont associées à une information particulière :
  - bleu pour les parkings ;
  - vert pour les issues et la sécurité ;
  - jaune pour les risques ;
  - rouge pour les urgences.
- Les couleurs rouge, verte, bleue et jaune sont aussi plus généralement reconnues comme signifiant respectivement l'interdiction, la permission, l'obligation ou le danger. Le code couleur est toujours identique et doit être utilisé comme une aide continue au repérage.

→ **Il faut cependant proscrire l'utilisation inutile de la couleur et éviter une utilisation abusive qui pourrait prêter à confusion.**

D Les pictogrammes

Pour l'Agence française de normalisation (Afnor), le pictogramme est « un symbole graphique conçu pour fournir une information au grand public et dont la compréhension ne dépend pas normalement des connaissances relevant de spécialistes ou de professionnels ».
Même s'il n'y a pas à proprement parler de normalisation des pictogrammes, le critère commun reconnu est une représentation visuelle épurée, qui permet la généralisation et l'abstraction à partir de situations. Il existe différents types de pictogrammes :
- figuratifs : ils représentent la réalité ;
- schématiques : les formes utilisées suggèrent la chose, l'objet ;
- abstraits : ils nécessitent la connaissance du code ou de la convention pour celui-ci.

Les pictogrammes sont cependant très variés, car si l'Afnor donne des recommandations sur le contenu graphique (forme, couleur, épaisseur du trait), elle n'impose pas le contenu qui reste la liberté du concepteur.

→ **Il est nécessaire de bien choisir les pictogrammes pour la compréhension de tous.**

3 Les panneaux directionnels depuis l'accueil vers les services

Au niveau de l'accueil d'un hôpital par exemple, seuls les principaux services tels que les urgences, les consultations et les hospitalisations sont signalés. Au fur et à mesure que l'usager avance, il découvre les informations nécessaires pour accéder aux différents bureaux. Cette hiérarchisation permet de ne pas induire les usagers en erreur avec trop d'informations au niveau de l'accueil.

En arrivant dans le service recherché, l'usager doit à nouveau être guidé vers l'accueil de celui-ci. Le nom du service sera donc clairement nommé, accompagné d'un pictogramme pour l'accueil ou le guichet administratif.

Pour les personnes malvoyantes, toutes les informations peuvent être accompagnées par des panneaux tactiles ou des annonces sonores comme dans les ascenseurs notamment.

→ **POUR EN SAVOIR PLUS**

Consulter le carnet de recommandations de la Commission nationale culture et handicap.

La circulation, le stockage et la protection de l'information

2

20 LA GESTION DOCUMENTAIRE

Les composantes de la gestion documentaire

Toute organisation doit connaître les modifications réglementaires en lien avec ses missions. De fait, cela l'oblige d'une part à trouver les informations pertinentes et actuelles, et d'autre part, à les diffuser aux personnes concernées. La structure doit également diffuser et conserver des documents internes tels que les dossiers professionnels. L'ensemble de ce dispositif constitue la gestion documentaire.

1 Les étapes de la gestion documentaire

A Recenser des informations pertinentes et actuelles

1. Le recensement des sources documentaires existantes

Une organisation doit être capable de **définir l'univers documentaire qu'elle exploite**, l'information étant la plupart du temps disponible sur des supports différents: disques physiques, bases de données, Web (Intranet, Extranet…). Il est donc nécessaire d'**avoir accès à tous ces supports de stockage** pour pouvoir prendre en compte la totalité des documents. Cet inventaire est **indispensable à la définition des bases d'une indexation et d'un classement** et éventuellement à l'**utilisation d'un outil de gestion documentaire**.

2. La veille documentaire

La veille documentaire est un dispositif qui permet d'obtenir une information actuelle grâce à un système d'alerte documentaire. La veille documentaire est primordiale au sein d'une organisation afin de tenir à jour l'ensemble des réglementations (voir fiche 21).

B Référencer les documents

Afin d'utiliser correctement les documents, les professionnels doivent pouvoir les retrouver facilement. Pour cela, il est nécessaire de répertorier les documents dans un annuaire papier ou informatique, appelé «**référentiel documentaire**». Ce référencement permet d'éviter la présence de documents inutiles ou redondants dans le fond documentaire.

1. L'indexation et le classement

L'indexation consiste à **repérer et extraire certains mots ou expressions particulièrement significatifs**, appelés «termes», et à créer un lien entre ces termes et le texte original. L'utilisateur doit attribuer à chaque document des termes distinctifs, renseignant avec pertinence sur le contenu, en vue de son classement. L'indexation peut porter également sur le type de documents et non sur son contenu (exemple: lettre, compte rendu…) (voir fiche 22). Le plan de classement se définit à partir de l'ensemble des mots clés ou du regroupement de mots clés.

2. L'archivage

Les documents qui ne sont plus utilisés régulièrement sont stockés dans un lieu sécurisé appelé « **archivage** ». L'archivage répond à une législation et une réglementation précise, notamment dans le domaine sanitaire et social (voir fiche 23).

2 La gestion électronique de documents (GED)

La GED permet **d'acquérir, de classer et de stocker des documents électroniques** vivants, c'est-à-dire utilisés régulièrement. Elle facilite leur exploitation et leur organisation. Elle est réservée à la gestion quotidienne de documents numérisés ou d'origine numérique qui peuvent être modifiés à plusieurs reprises et qui circulent dans plusieurs services. Un document peut alors être traité par différents intervenants en même temps.
Par exemple, le dossier de prestations d'un usager à la CAF peut être complété à l'accueil et traité en même temps par le service prestation.
Les documents sont disponibles facilement, immédiatement, dans leur dernière version et sans confusion possible, auprès des personnes autorisées. Ils sont accessibles à tout moment et en tout lieu. Grâce à une circulation immédiate, **les processus et le travail collaboratif sont optimisés dans des proportions considérables**. Les utilisateurs ne perdent plus de temps à retrouver les documents, à les diffuser, à vérifier qu'ils ont bien été validés et qu'ils disposent de la dernière version.

→ La GED est un outil intéressant pour les organisations qui ont un volume important de documents à gérer et qui souhaitent gagner en rapidité d'exécution et en qualité. La gestion de la documentation est un des critères qui est évalué au cours des audits externes, notamment pour obtenir une certification ISO 9001. En effet, une traçabilité de l'information assure un travail de qualité et une rapidité de prise en charge de l'usager.

3 La formalisation du circuit des documents

Le chemin emprunté par les documents peut être visualisé de deux façons.

- Si l'organisation fonctionne avec une gestion électronique des documents (GED), chaque utilisation de documents (pour une saisie, un traitement, un classement) est visible par la connexion informatique du professionnel, qui doit s'identifier. Le circuit du document est facilement traçable et le responsable peut identifier les dysfonctionnements dans le circuit et y remédier. Il est en mesure d'évaluer la charge de travail de chaque professionnel en visualisant ses connexions par rapport à une procédure, et ainsi repérer les personnes référentes. Il peut également se servir de ces informations pour mieux répartir la charge de travail entre les professionnels.
- Dans le cas d'une structure qui utilise des documents papier, il est plus difficile de suivre le parcours d'un document. Néanmoins, un ensemble de procédures peuvent être mises en place et complétées par un **schéma poste-document**. Ce schéma présente, sous forme d'un tableau à double entrée, l'ensemble des documents utilisés par les professionnels, dans le cadre d'une procédure.

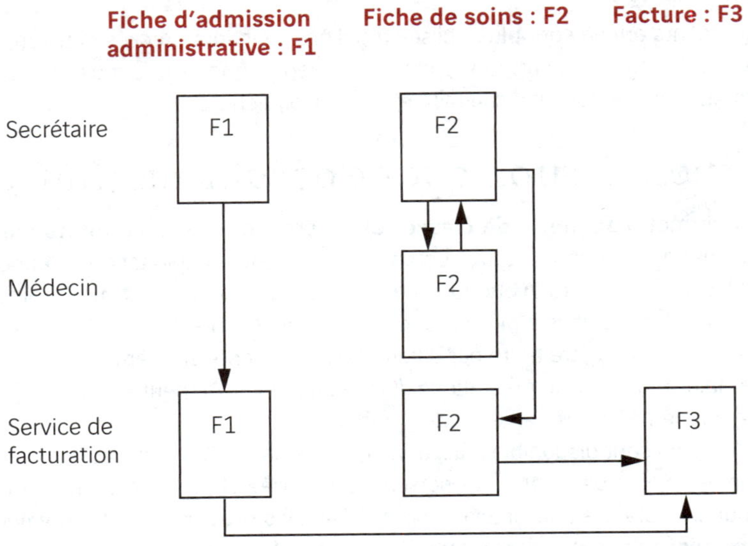

Source : Coralie Gravier

Figure 20.1 Le schéma poste-document.

En abscisse sont notés les documents et en ordonnée les professionnels (ou poste de travail) impliqués dans la procédure. Les documents sont souvent symbolisés par des dessins évocateurs. Les liaisons figurent sous forme de flèches, éventuellement numérotées dans l'ordre chronologique où les opérations sont effectuées.

À l'entrée du patient au cabinet médical, les F1 et F2 sont créées par la secrétaire, qui classe la F1 et transmet la F2 au médecin. La F2 est complétée par le médecin et rendue à la secrétaire dès que le patient a fini ses soins, pour classement. Une fois les soins terminés, l'ensemble est transmis au service de facturation pour établir la facture.

21 LA GESTION DOCUMENTAIRE

La veille documentaire

Les missions d'une organisation, notamment dans le secteur sanitaire et social, évoluent en fonction des dispositions législatives. De ce fait, la gestion documentaire revêt une importance particulière et se doit d'être efficace et pertinente afin que l'ensemble de l'organisation ait connaissance des modifications réglementaires. La première étape de cette gestion documentaire correspond à la veille documentaire.

1 Les objectifs de la veille documentaire

La veille documentaire consiste à surveiller la parution des informations sur un sujet donné, en lien avec un secteur d'activité ou de compétences de l'organisation. Elle vise à rechercher des données pertinentes et actuelles, à les traiter et à les diffuser.

Dans le domaine sanitaire et social, la veille documentaire porte essentiellement sur les **nouvelles mesures législatives qui entraînent des changements importants**, comme par exemple, dans l'éligibilité, le mode de calcul ou le versement des prestations. La structure peut ainsi réagir rapidement, en mettant en place ou en adaptant ses procédures.

La veille documentaire sert également à anticiper les changements ou à innover, ce qui est un gage d'efficacité. L'anticipation permet de réagir en maîtrisant les coûts éventuels. Par exemple, certaines structures d'aide à la personne ont anticipé la diminution du nombre de bénéficiaires de l'aide personnalisée d'autonomie (APA) suite à une modification réglementaire. Ces structures ont diversifié leurs services en développant des activités telles que le bricolage, le jardinage ou l'aide aux devoirs.

2 Les acteurs de la veille documentaire

Dans certaines organisations de grande envergure où l'information à traiter est abondante, la veille documentaire est assurée par un responsable ou par un service : c'est le cas des caisses primaires d'assurance maladie (CPAM), où il y a un référent documentaire dans chaque service. Selon le destinataire, l'objet de la veille est différent. Il peut tout aussi bien concerner les directeurs de ressources humaines et leur fournir des informations liées au recrutement ou informer les salariés d'une application d'un nouveau taux de cotisation par exemple.

3 Les étapes de la veille documentaire

A Déterminer les champs de veille

L'organisation sélectionne des champs de veille qui sont susceptibles d'**avoir un impact sur la structure et entraîner une modification de l'activité**. Au sein de la Caisse des allocations familiales, (CAF), la veille peut porter sur la législation concernant les allocations familiales, ce qui implique une influence directe sur le processus concerné.

La veille documentaire ne concerne pas tous les domaines d'activité d'une organisation. Au sein de la CAF, il n'est pas utile d'assurer une veille sur la communication car il n'y a pas de législation dans ce domaine. Les champs de la veille sont amenés aussi à évoluer. En effet, certains champs peuvent disparaître, et d'autres apparaître en fonction des nouvelles législations, comme le remplacement du RMI (revenu minimum d'insertion) par le RSA (revenu de solidarité active).
Le choix des champs de veille doit donc être fait avec soin, afin de sélectionner les plus pertinents.

B Filtrer les documents

Dans chaque champ de veille, il convient de déterminer des **mots clés cohérents** qui aident à sélectionner les **documents pertinents**. Le choix des mots clés est crucial, car ils jouent le rôle de filtre : ils permettent ainsi qu'un document soit retenu et transmis ou écarté, et donc perdu.

1. Par flux RSS (*really simple syndication*)

Ce dispositif consiste à filtrer les documents. Il est géré par un intermédiaire qui vend ce service à l'utilisateur final sous forme d'abonnement. Sur le Web, la plupart des sites proposent ce service gratuitement. Il consiste à cliquer sur un fil « RSS » et à indiquer l'adresse mail qui permet de recevoir les informations. L'abonné reçoit alors toute l'information actualisée, diffusée par le site et assure lui-même une sélection plus poussée de l'information pertinente. Il doit trier l'information en fonction du sujet ou bien sélectionner certaines informations à envoyer à des professionnels ciblés. De nombreux sites proposent aussi l'abonnement aux lettres d'informations (newsletters).
Exemple : la newsletter « vies d'étudiants » de la CAF informe sur les études, l'accession à l'emploi et la vie étudiante.

2. Par l'utilisation de sites qui filtrent

Certains sites proposent des fonctions de filtrage. L'utilisateur doit alors fournir des mots clés correspondant au champ de veille souhaité. C'est le cas de Google alertes qui propose un service de veille documentaire gratuit sur Google (voir Carnet professionnel).

22 LA GESTION DOCUMENTAIRE
Le classement des documents

Quel que soit le support, papier ou numérique, les informations doivent être classées pour pouvoir être consultées et conservées. Les documents concernés peuvent être issus de sources extérieures, via la veille documentaire ou correspondre à des documents internes à la structure, comme des dossiers de patients ou des comptes rendus de réunion.

1 Le choix de l'ordre de classement

Le choix de l'ordre de classement doit être établi **en fonction de la nature, du volume des documents et de la fréquence de leur consultation**. Il répond donc à différents critères :
- l'accès au document doit être simple et rapide ;
- l'absence ou l'inversion de document doit être repérable ;
- l'insertion de nouveaux documents doit être possible. Le classement est dit « extensible » ;
- la conservation des documents doit être bien assurée.

A Alphabétique

La référence est la première lettre du mot principal. Elle peut désigner le nom de famille par exemple. Ce type de classement est simple et rapide, si le nombre de documents à classer est limité. Il est aussi facilement extensible. En revanche, des erreurs sont souvent repérées. Ce classement est fréquemment utilisé pour des dossiers d'un cabinet médical ou les fichiers d'usagers d'une association.

B Numérique

Un numéro est donné à chaque document qui correspond en général à l'ordre d'arrivée. Ce type de classement est facile d'utilisation, à condition de disposer d'un répertoire qui met en correspondance les numéros et l'information principale (les noms, ...). Il a l'avantage d'être rapide, sûr dans l'utilisation et anonyme. La plupart des dossiers médicaux hospitaliers sont classés de cette façon.

C Alphanumérique

C'est la combinaison des classements alphabétique et numérique. Ce classement plus complexe est utilisé lorsque le classement alphabétique ou numérique seul est limité. Ainsi, la lettre utilisée pourrait être la première lettre du nom de famille, suivie du numéro de dossier (pouvant correspondre à un ordre d'arrivée dans la lettre correspondante).
Ce type de classement est surtout utilisé dans des hôpitaux de grande envergure. Tout comme le classement numérique, il nécessite la création d'un répertoire et la recherche de document s'avère parfois compliquée.

D Idéologique

Les documents sont classés par thèmes et sous-thèmes. Ce type de classement est privilégié dans le cadre d'une documentation sur un sujet. Le plan de classement se révèle parfois complexe et peu sûr (car un document peut appartenir à plusieurs sous-thèmes), mais il est intéressant. Il est utilisé dans le cadre des dossiers documentaires ou des thèses (voir fiche 43).

E Décimal

C'est la combinaison des classements idéologique et numérique. Les documents sont classés selon un ordre idéologique (thématique), puis ils sont affectés d'un numéro pour chaque division ou subdivision (10 groupes numérotés de 0 à 10, chacun subdivisés en 10 groupes, et ainsi de suite). Ce plan de classement est difficile à établir et pose problème lorsque les documents concernent plusieurs sujets et par conséquent classables dans plusieurs catégories. En revanche, il est extensible et sûr. La plupart des bibliothèques l'utilisent.

F Chronologique

Les documents sont classés par ordre d'arrivée selon la date. Simple et extensible à l'infini, ce type de classement est en revanche très long et présente des limites lorsque le document à chercher est ancien. Il est peu utilisé tel quel mais peut être associé à un autre type de classement. Il est possible de classer les dossiers «patients» alphabétiquement par nom de famille, puis les documents par ordre chronologique à l'intérieur du dossier.

G Géographique

Le classement s'établit selon la zone géographique (région, département, ville, quartier...). Il repose sur la connaissance géographique de l'utilisateur et trouve toute son utilité lorsqu'il s'agit de classer des dossiers d'usagers au sein d'un centre social par exemple. Il est simple et facile d'utilisation, mais ne constitue pas le seul ordre de classement, car il est limité.

2 Le choix du type de classement

A Le classement papier

Le choix du lieu et du matériel se fait en fonction du volume de documents à classer et de la fréquence d'utilisation. Dans le cas d'un **classement dit «permanent»**, les documents sont souvent consultés et doivent donc se trouver à disposition dans une armoire, accessible par le personnel autorisé. Ils sont rangés dans des dossiers suspendus, des chemises, des classeurs ou dans des meubles à rayonnage. Si les documents sont rarement consultés, il s'agit alors d'un **classement inactif**. Les documents sont rangés dans des boîtes à archives, regroupées dans un local spécifique.

B Le classement informatique

De plus en plus de documents sont informatisés ou numérisés et classés informatiquement. Dans ce cas, aucun matériel spécifique n'est nécessaire. Beaucoup de logiciels, en particulier les gestionnaires de bases de données, les tableurs, les traitements de texte permettent des opérations de classement et de tri. Cette fonction est couramment utilisée, notamment lors de l'édition de listes.

Ce type de classement, de plus en plus privilégié par les organisations, présente de nombreux avantages : il nécessite peu de place et la transmission comme l'utilisation des documents sont facilitées. C'est un réel gain de temps dans le travail. En revanche, il est dépendant du réseau informatique et parfois, il est impossible d'informatiser certains documents. C'est le cas à l'hôpital où les fiches de suivi des patients ou les cahiers de transmissions ne peuvent être accessibles sur informatique (sauf si l'hôpital possède un accès informatique dans chaque chambre).

23 LA GESTION DOCUMENTAIRE
L'archivage des documents

L'archivage consiste à conserver les documents dans leur forme originelle. Ils ne doivent être ni modifiés, ni détruits. Un classement rigoureux facilite leur consultation.

1 La réglementation régissant les archives

L'archivage est encadré par de nombreux textes législatifs et normatifs.
Ces textes, qui forment un environnement complexe et évolutif, orientent les choix de toute structure en matière d'organisation documentaire et de gestion d'archives, physiques et/ou informatiques.

A La réglementation générale

- **La loi n° 2000-230 du 13 mars 2000** a établi le caractère probatoire de la signature électronique. Un certain nombre de documents numérisés font donc l'objet d'un archivage obligatoire.
- **La loi n° 2008-561 du 17 juin 2008** porte sur la réforme des délais de prescription en matière civile. Les documents associés doivent donc être conservés en conséquence.
- **Le décret n° 2009-1124 du 17 septembre 2009** porte sur l'externalisation de l'archivage des organismes publics auprès de prestataires privés.
- **La norme NF Z 42-013** sur l'archivage électronique fournit des spécifications concernant les mesures à mettre en œuvre pour l'enregistrement, le stockage et la restitution de documents électroniques afin d'assurer la conservation et l'intégrité de ceux-ci.

B La réglementation particulière au secteur sanitaire et social

- **L'arrêté du 11 mars 1968** fixe les délais de conservation des archives hospitalières. Le décret du 4 janvier 2006 revoit les conditions de conservation des dossiers médicaux.
- **La circulaire du 18 janvier 1994** précise les conditions de tri et de conservation des archives des établissements publics de santé en ce qui concerne les documents produits par les services administratifs chargés de la gestion des hospitalisations et des consultations.
- **La circulaire n° 98-6 parue au BO n° 45 de 1999** fournit un tableau très précis des conditions de tri et de conservation des documents produits dans le cadre de l'action sociale en faveur des mineurs.
- **Le décret n° 2011-246 du 4 mars 2011** est relatif à l'hébergement de données de santé à caractère personnel sur support papier. Il modifie le code de la santé publique.

2 Les particularités liées à l'archivage électronique

Les besoins en mémoire de stockage ont considérablement augmenté avec les données multimédias. Les supports optiques apportent une réponse à ce besoin grâce à leur grande capacité d'enregistrement sur un faible volume physique.

Un système d'archivage électronique comprend **une structure rigoureuse de classement et un contrôle des durées de conservation répondant à des obligations légales et réglementaires**. Les documents archivés contiennent la trace de la signature électronique qui a permis leur création. Seuls ceux signés de cette façon ont une valeur probante et sont conservés dans un fonds sécurisé dont l'accès est possible par un mot de passe.

Dans la pratique, la gestion électronique des documents (GED) permet de gérer le flux de documents issus des logiciels professionnels et de les diriger automatiquement vers le système d'archivage si nécessaire.

Actuellement, le système d'archivage électronique complète le système d'archivage classique. La plupart des organisations, par exemple l'hôpital, cumule les deux systèmes qui sont complémentaires. Le déploiement du système électronique est difficile à mettre en place pour de nombreuses raisons :

- il nécessite la **création d'un système d'information complexe** qui implique tous les professionnels, ainsi que la **mise en place de procédures dématérialisées**. Cette création impose un investissement et des prérequis informatiques qui sont hors de portée de la plupart des organisations ;
- la **conservation du papier persiste par obligation**, la législation évoluant lentement dans ce domaine ;
- la culture du papier est encore très ancrée ;
- certains documents électroniques sont conservés sur les serveurs de tiers et des collectivités, ce qui rend difficile la restitution et la consultation.

Les dossiers professionnels

Un dossier regroupe les documents relatifs à une même affaire ou concernant une même personne ou une même famille. Dans le secteur sanitaire et social, la plupart des dossiers professionnels d'une organisation sont en lien avec la prise en charge d'un patient, d'un usager ou d'un bénéficiaire.

1 Les caractéristiques d'un dossier professionnel

- L'activité de l'organisation détermine le contenu des dossiers. Ainsi, ces dossiers peuvent concerner les soins, l'hébergement, la situation sociale, les prestations...
- Le terme «dossier» désigne à la fois **le contenant et le contenu**. La forme et l'organisation des dossiers sont variables. Certains modèles sont standardisés, comme le dossier patient à l'hôpital ou le dossier de santé scolaire. D'autres sont propres à l'organisation.
- Le dossier est en principe créé lors du premier contact avec l'usager. Au fur et à mesure des actions engagées, il est consulté et mis à jour. Lorsque les actions menées sont suspendues momentanément ou définitivement, le dossier est archivé.
- Un dossier contient forcément des informations à caractère privé. L'accès est donc réservé aux professionnels qui partagent le secret professionnel.
- De ce fait, le mode de classement employé doit empêcher son utilisation par des personnes non autorisées. Cela impose que la qualité de l'interlocuteur soit vérifiée avant toute transmission d'informations.

2 Le dossier médical

La loi du 4 mars 2002 relative aux droits des malades et à la qualité du système de santé crée le dossier «unique» du patient. Dans la démarche qualité des établissements de santé, la partie du manuel de certification sur «Le patient et sa prise en charge» donne une place importante à ce dossier. Il est indiqué que «le dossier du patient est indispensable à la communication des informations entre les professionnels et constitue un outil de réflexion et de synthèse, de planification, d'organisation et de traçabilité des soins».

A Le contenu du dossier médical

Le dossier regroupe tous les documents établis à l'occasion de la prise en charge du patient, de son admission à sa sortie. Le contenu du dossier d'hospitalisation et sa composition sont réglementés par le décret du 30 mars 1992.
Une hospitalisation donne lieu à l'établissement de plusieurs parties du dossier:
– **la partie administrative** établie à l'admission du malade, porte sur l'état civil, la situation familiale, la couverture des soins...;
– **la partie sociale** apparaît lorsque le service social hospitalier est intervenu;
– **la partie «soins»** consigne les interventions et les observations de l'ensemble du personnel

(infirmier, médecin, pharmacien, radiologue...). Cette partie contient aussi tous les documents utilisés pour établir des diagnostics, des traitements : examens radiologiques, bilans sanguins...

B Les intérêts d'un dossier médical

Le dossier médical présente de nombreux intérêts :
- c'est un **moyen de communication** entre les membres de l'équipe médicale et soignante qui a pour but d'assurer un suivi médical de qualité, en limitant les redondances et les erreurs médicales ;
- c'est un **outil d'enseignement**, pour les étudiants en CHU ;
- c'est un **moyen de réaliser des études épidémiologiques**, grâce à l'analyse de l'état de santé de la population ;
- c'est l'**outil principal du programme de médicalisation des systèmes d'informations**, qui permet de connaître le coût des soins engagés ;
- c'est une **preuve de la bonne foi du médecin**, s'il est assigné en justice.

Le dossier est donc un **outil indispensable** dans une organisation sanitaire et chaque professionnel doit le remplir avec le plus grand soin. Aujourd'hui, beaucoup de dossiers sont informatisés ou hybrides (quelques parties sont informatisées, d'autres sont sous forme papier), ce qui peut faciliter son utilisation et la transmission d'informations.

C La communication du dossier

➔ Le dossier médical hospitalier est la propriété de l'établissement. C'est le directeur qui est responsable de sa conservation. Seul le juge d'instruction peut saisir la totalité du dossier pour une affaire criminelle. Les médecins experts désignés par les tribunaux et les médecins de la sécurité sociale ont accès à la partie du dossier qui concerne l'objet de leur expertise.

À la demande d'un patient hospitalisé, la communication du dossier est possible soit directement, soit par l'intermédiaire de son médecin traitant.

Par ailleurs, une synthèse des informations relatives au patient doit être communiquée au médecin généraliste référent chargé de la tenue du dossier de suivi médical.

D Le classement et l'archivage du dossier

Durant le séjour du malade, le dossier est conservé dans le service d'hospitalisation à la disposition de l'équipe médicale. L'ordre de classement est numérique et/ou alphabétique par le nom de famille, le plus souvent.

À la sortie du patient, la conservation du dossier est indispensable en cas de nouvelle hospitalisation ou de visite en consultation. Il peut être aussi demandé par le patient à tout moment. Il doit donc faire l'objet d'un archivage.

3 Les dossiers sociaux

A Le contenu du dossier social

Le contenu varie en fonction de l'organisation. En général, le dossier regroupe les documents établis à l'occasion de la prise en charge de la personne ou de la famille. On y trouve :
- **des informations sur l'identité, la situation familiale, le budget, les conditions de**

logement ainsi que tous les éléments caractéristiques de la personne et de la famille qui sont nécessaires à la compréhension de leur situation;
- **les actions engagées** pour la famille ou l'usager, avec les documents et les courriers qui s'y rapportent;
- **les observations du ou des travailleurs sociaux** ayant pris en charge l'usager, recueillies au cours des entretiens et notées sur des fiches.

Le plus souvent, très peu d'informations figurent dans le dossier social, l'essentiel étant noté sur des documents personnels du professionnel et utilisés uniquement par lui.

B Les intérêts du dossier social

→ Le dossier social n'a pas d'existence légale mais est considéré comme un document administratif par la loi n° 78-753 du 17 juillet 1978 modifiée par la loi 79-587 du 11 juillet 1979 et par la loi 200-321 du 12 avril 2000, relative aux droits des citoyens et de leurs relations avec les administrations.

Pour chaque usager ayant bénéficié de l'intervention du service social, le dossier social répond aux exigences suivantes:
- il reflète la demande de l'usager, l'évaluation de sa situation sociale et de son suivi;
- du fait des données confidentielles et nominatives qu'il contient, son accès doit être protégé vis-à-vis des tiers, quels qu'ils soient. En revanche, il est ouvert à l'usager sur simple demande de sa part.

La définition légale du dossier social et ses implications sur les règles d'accès restent imprécises. Néanmoins, la loi tend vers une intégration du dossier social dans le dossier médical. L'inclusion du volet social dans le dossier patient permet:
- la traçabilité de l'intervention sociale dans le projet thérapeutique du patient avec une prise en charge globale et une continuité de la prise en charge au-delà de l'hospitalisation;
- une harmonisation des pratiques exigeant une certaine rigueur et un langage commun entre les professionnels de divers domaines, et donc une amélioration du partenariat;
- la valorisation des interventions sociales renforçant la dynamique des équipes sociales.

→ La loi n° 78-753 du 17 juillet 1978 reconnaît à toute personne le droit d'obtenir communication des documents détenus dans le cadre de sa mission de service public par une administration, quels que soient leur forme ou leur support.

Ce droit s'exerce à l'égard de toutes les personnes publiques (l'État, les collectivités territoriales et leurs établissements publics) ainsi qu'à l'égard des organismes privés chargés d'une mission de service public.

La **Commission d'accès aux documents administratifs** (CADA) a été créée en 1978 pour assurer la bonne application du droit d'accès. Son rôle est principalement de rendre des avis sur le refus opposé par l'administration aux demandes de communication des particuliers, des entreprises ou des associations. Sa saisine est obligatoire avant tout recours contentieux. Elle informe le public sur le droit d'accès.

Pour en savoir plus: http://www.cada.fr

25 LA CIRCULATION D'INFORMATIONS

Les circuits et systèmes d'informations

La communication correspond à la transmission d'une information, c'est-à dire d'un ensemble de données. Dans certains cas, elle suit un parcours bien précis. Au sein d'une organisation, on parle de communication interne. Si des partenaires ou des usagers sont impliqués, la communication est alors qualifiée « d'externe ».

1 La notion d'information et le flux d'informations

Dans le domaine médico-social, l'information est caractérisée par :
- sa **fiabilité** : exacte, précise, complète et actuelle ;
- son **objectivité** et sa **pertinence** : descriptive et correspondant à l'objectif fixé ;
- son **accessibilité** et éventuellement **sa confidentialité** : disponible pour certaines catégories de professionnels. En cas de confidentialité, l'accès doit donc être restreint et protégé (voir fiche 36) ;
- sa **traçabilité**, c'est-à-dire que le circuit de l'information doit être connu par tous les acteurs impliqués.

➜ Les institutions sanitaires et sociales doivent gérer des informations médico-sociales, mais également des données financières et administratives. L'ensemble des informations produites par la structure ou collectées dans son environnement peuvent être consultées par le personnel de la structure et/ou ses partenaires. Il s'agit d'un **flux d'informations**.

2 Le circuit de l'information

Chaque flux d'informations empreinte un trajet défini appelé **circuit d'informations**, composé d'étapes permettant la gestion de l'information.

La gestion de l'information doit s'accompagner d'une préoccupation qualitative permanente, permettant de répondre aux questions suivantes :
- comment choisir l'information utile dans toute l'information disponible ?
- comment aider l'utilisateur à trouver les informations qui lui sont nécessaires en tenant compte de ses logiques personnelles de recherche ?
- comment inciter au partage des connaissances entre acteurs, alors que les stratégies individuelles peuvent favoriser la rétention d'information ?

Recueil par : enquêtes (par questionnaire, entretien, observation) ou recherche documentaire

↓

Saisie : à la main (prise de notes, renseignement d'imprimés...) ou informatique (logiciel professionnel)

↓

Traitement : sélection, classement, regroupement et analyse

↓

Transmission : communication aux acteurs, partenaires et public par médias, Internet...

↓

Stockage : papier (dossier patient par exemple) ou informatique (disque dur ou CD-ROM)

Source : Coralie Gravier

3 Les systèmes d'informations

Dans le secteur sanitaire et social, ces informations doivent circuler rapidement et en toute sécurité entre les intervenants, d'où la nécessité d'organiser ces circuits à l'intérieur d'un **système d'informations**. On peut définir le système d'informations comme **un ensemble de moyens techniques, humains et organisationnels destiné à fournir en temps et en heure toutes informations nécessaires au fonctionnement d'une organisation.**
Le système d'informations est parfois sous la responsabilité d'un service gestionnaire de l'information, dont le rôle consiste à coordonner les flux d'informations et à gérer la qualité et la sécurité de celles-ci.

Exemple du système d'informations au sein de l'hôpital

L'hôpital est une organisation qui gère une quantité d'informations importantes, dans le but d'apporter les meilleurs soins possibles aux patients. Il existe des circuits d'informations :
- **administratifs** : ils concernent l'activité de soins et permettent la tarification des actes (voir fiches 29 et 30) ;
- **médicaux** : ils concernent les soins dont bénéficie le patient (voir fiche 31) ;
- **logistiques** : ils concernent par exemple un régime alimentaire particulier ou un besoin de médicaments dont doit bénéficier le patient.

L'ensemble de ces circuits sont en lien étroit. Il faut donc une gestion rigoureuse de l'ensemble, qui constitue un système d'informations.

26 LA CIRCULATION D'INFORMATIONS

Le processus et la formalisation des circuits

Afin de gagner en efficacité et en sécurité, la transmission de l'information doit suivre des circuits pré-établis. La schématisation de ces circuits permet d'en faciliter leur compréhension.

1 Le processus

Un circuit ou procédure est une succession d'étapes chronologiques permettant de réaliser une activité. Le **processus** est une suite d'activités (donc de procédures) logiquement articulées autour d'un objectif commun.

Éléments du processus	Définition
Les acteurs	Ils agissent en tant que « clients » en attente de l'information et/ou en tant que fournisseurs.
Les activités	Il s'agit de l'ensemble des procédures à réaliser pour l'accomplissement de l'objectif.
Les flux d'informations	Les données sont matérialisées et circulent entre les acteurs, sur support papier ou informatique.
Le circuit de documents	C'est le chemin emprunté par les supports d'informations dans le processus. Il est parfois schématisé (logigramme, schéma imagé...)
Le résultat	C'est l'objectif à atteindre, l'aboutissement du processus

Par exemple, dans le processus « accueil de l'usager », trois procédures peuvent être identifiées :
- procédure de l'accueil physique ;
- procédure de l'accueil téléphonique ;
- procédure de l'accueil informatique.

2 Les formes de représentation

A Le schéma classique et le schéma imagé

Les deux types de schémas ne sont pas normalisés mais ils utilisent des symboles courants.

• Le **schéma classique** présente la succession des étapes de la procédure, auquel peuvent se rattacher les acteurs intervenant et les outils utilisés. Généralement, les étapes sont représentées sous forme de cartouches rectangulaires et les acteurs sous forme d'ellipses. Les étapes sont reliées par des flèches qui montrent le sens de lecture, et donc l'ordre chronologique.

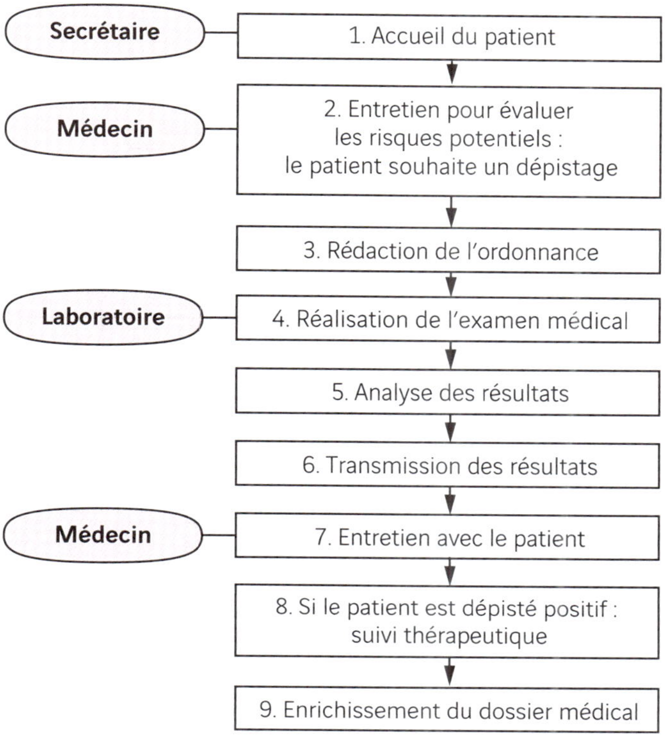

Source : Coralie Gravier

Figure 26.1 Procédure de dépistage du sida (schéma classique).

• Dans le cas d'un **schéma imagé**, la procédure est représentée sous forme d'illustrations : dessins, photos, symboles figuratifs représentant :
- les services ou professionnels concernés ;
- les opérations effectuées ;
- les documents intervenant dans le processus.

Pour les deux types de schémas :
- les opérations sont numérotées dans l'ordre chronologique ;
- le titre et la légende facilitent la compréhension ;
- la validation de la représentation doit être faite auprès d'une personne qui connaît bien le processus (contrôle de fiabilité) puis auprès d'une autre qui ne le connaît pas (contrôle de lisibilité).

B Le logigramme

Ce schéma, qui est normalisé, présente strictement les étapes et doit respecter certaines caractéristiques :
- les étapes sont représentées sous forme de cartouches rectangulaires ;
- les première et dernière étapes sont représentées sous forme d'ellipses ;
- les étapes nécessitant un choix ou une condition sont représentées sous forme de losanges.

Dans le losange, la condition est présentée sous forme d'une question qui implique deux choix : oui ou non.

Il est possible d'utiliser un code couleur pour faciliter la lecture.

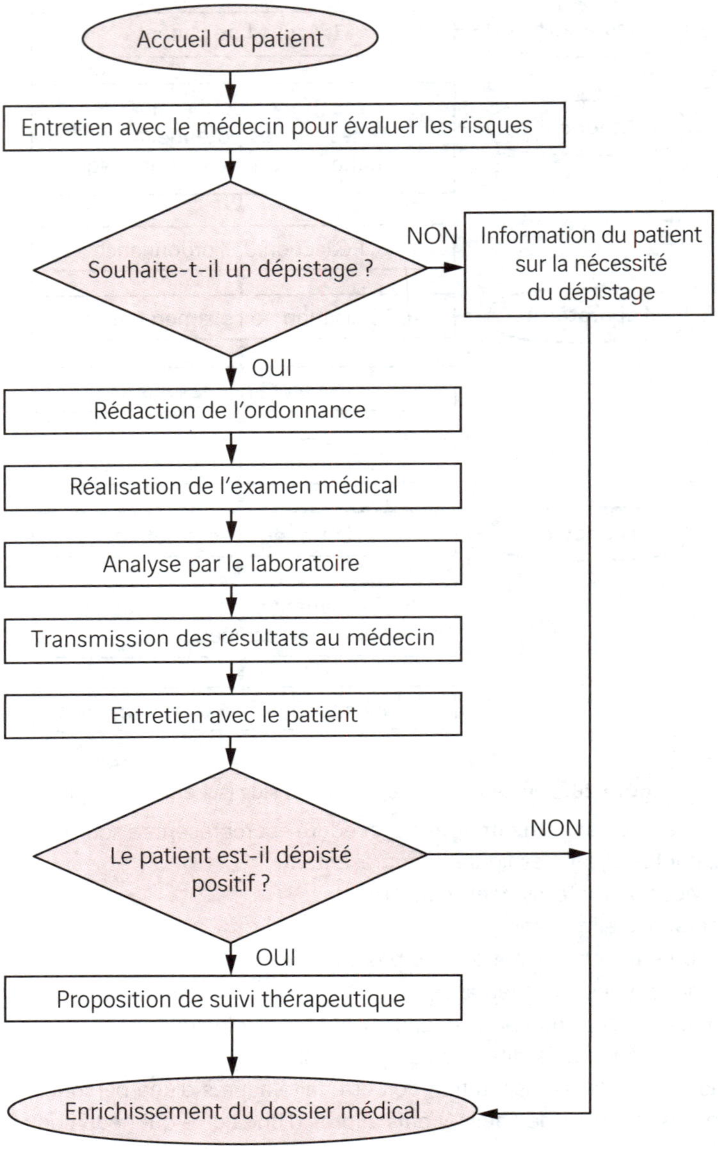

Source : Coralie Gravier

Figure 26.2 Procédure de dépistage du sida (logigramme).

C La fiche ou le tableau de procédure

Cette fiche, qui peut se présenter sous forme d'un tableau, retrace également les étapes, les acteurs et les outils d'une procédure dans un ordre chronologique. Les étapes sont présentées de manière synthétique (tiret ou puce), ou quelquefois, sous forme de logigramme.

Les enjeux des systèmes d'informations

La mise en place de systèmes d'informations au sein des organisations répond à la fois à des objectifs opérationnels et réglementaires.

1 Les enjeux opérationnels

A Des informations fiables et diffusées rapidement

Un système d'informations permet aux structures de mieux fonctionner grâce à :
- une **structuration du système** : les acteurs connaissent le détenteur de chaque type d'information ;
- une **meilleure traçabilité des informations** : les professionnels connaissent la provenance et le devenir des informations ;
- une **automatisation de certains flux d'informations** : les informations concernées suivent un parcours choisi par l'organe décisionnel. Les professionnels formés sur cette procédure n'ont plus qu'à la mettre en œuvre ;
- une **rapidité de transmission** : le transfert des informations se fait en temps réel à l'ensemble des intéressés.

B Des informations complémentaires

Souvent, dans le domaine sanitaire et social, le système d'informations ne se limite pas à une seule organisation, mais permet l'échange d'informations dans le cadre de réseaux ou de dispositifs impliquant de nombreuses structures.
Par exemple, dans le cas du dispositif de veille sanitaire, les ARS (agences régionales de santé) et les CIRE (cellules de l'institut de veille sanitaire en région) sont alertées par différents acteurs locaux (pompiers, médecins, industries, les observatoires régionaux de santé....) lors d'un risque sanitaire. L'information doit être rapidement transmise à l'InVS (institut de veille sanitaire) et aux autorités compétentes, notamment le ministère de la Santé, afin de prendre des décisions rapides et efficaces sur l'ensemble du territoire. L'information est alors diffusée par les médias qui préviennent la population.

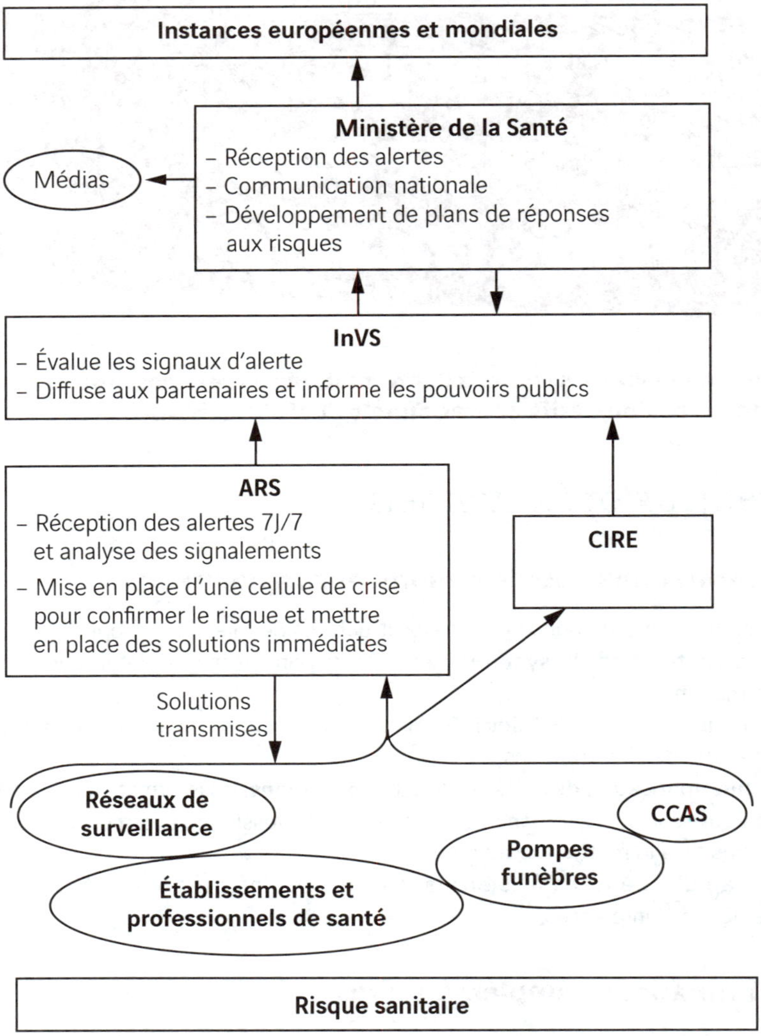

Source : Coralie Gravier

Figure 27.1 Le dispositif de veille sanitaire.

C Des informations partagées

Les systèmes d'informations permettent d'assurer un suivi individuel de l'usager par différents professionnels ; ceux-ci partagent leurs informations afin d'éviter la redondance des actes et de favoriser sa prise en charge globale. Par exemple, le dossier médical personnel (voir fiche 31) correspond à l'informatisation du dossier médical du patient, qui est consultable par différents intervenants.

2 Les enjeux réglementaires : la démarche qualité

Certains systèmes d'informations sont obligatoirement mis en place au sein des organisations, comme le PMSI (programme de médicalisation des systèmes d'informations), qui corres-

pond à une mesure de l'activité hospitalière en termes médico-économiques (voir fiche 30).
Le système d'informations participe à la démarche qualité à deux niveaux :

- **lors de sa création et de ses évolutions**, il oblige à se poser des questions sur les pratiques de la structure ;
- **à travers l'évaluation de ses indicateurs**, il permet d'identifier plus aisément les dysfonctionnements. La mise en œuvre d'actions correctives induit donc une amélioration continue du service rendu aux usagers ainsi que des conditions de travail au sein de la structure.

A L'évaluation des pratiques

Elle consiste à :

- **décrire les pratiques de la structure** afin de les formaliser à travers des procédures et des processus ;
- **s'assurer de la mise en application des procédures** ayant fait l'objet d'un consensus au sein de l'équipe ;
- **suivre l'évolution de ces pratiques** au cours du temps pour faire évoluer les procédures.

B L'évaluation des indicateurs du système d'informations

L'évaluation repose sur la mise en commun des données anonymisées dans chaque circuit du système de façon continue. Cette mise en commun permet l'évaluation interne du système et s'appuie sur des tableaux de bord. Ces tableaux de bord présentent le suivi de l'ensemble des indicateurs d'activités de l'organisation.
Une évaluation externe ou audit a pour objectif de vérifier l'adéquation des systèmes avec les besoins des professionnels et des usagers, et notamment de relever les points de dysfonctionnements.

3 Les limites des systèmes d'informations

- Nécessité de mettre en place un système de sécurité des informations : plus le processus est complexe et utilise des documents ou mobilise un nombre d'acteurs important, plus les informations doivent être protégées.
- La limite du matériel et des logiciels : les pannes informatiques sont des freins à la bonne utilisation des systèmes. De plus, les professionnels doivent être formés à leur utilisation.
- Certains professionnels y voient avant tout une manière de contrôler leur travail.

28 LA CIRCULATION D'INFORMATIONS

Les systèmes informatiques dans les systèmes d'informations

Le système d'informations correspond à l'ensemble des moyens techniques et humains destiné à fournir les informations nécessaires aux organisations. Parmi les moyens techniques, le système informatique (constitués de logiciels spécialisés et de réseaux) représente un outil permettant d'améliorer la performance d'un système d'informations, en procurant un gain de productivité sur les tâches administratives.

1 Les progiciels dans les organisations

Les tâches administratives nécessitent le plus souvent des **traitements manuels** (comme la saisie d'informations lors de l'accueil d'une personne, tâche intégrant une dimension humaine indispensable) et des **traitements informatisés** qui sont complémentaires. De ce fait, la performance du système d'informations dépend de la complémentarité des deux composantes (manuelle et informatisée).

Afin de faciliter le travail des professionnels et de suivre l'information entres les différents acteurs, il existe des progiciels spécifiques.

Par exemple, dans le domaine de l'aide à domicile, les progiciels permettent d'élaborer la planification du travail des aides à domicile et de suivre le signalement de dysfonctionnements. Une de leur fonctionnalité est également l'échange d'informations via une plateforme collaborative ou un forum de discussion.

Dans le domaine de la protection sociale (CPAM notamment), toutes les procédures et processus sont informatisés et font l'objet d'une surveillance et d'un ajustement régulier (via un tableau de bord de suivi des indicateurs).

2 L'utilisation des réseaux informatiques

A Les caractéristiques générales

Un réseau est un ensemble d'éléments reliés les uns aux autres et entre lesquels circulent des informations. Il est construit autour d'un serveur qui gère un certain nombre de services. Les utilisateurs (clients) disposent sur ce serveur d'un espace personnel, qui leur offre la possibilité de gérer leurs documents et de les retrouver quel que soit le poste depuis lequel ils travaillent.

B Les principales typologies de réseaux

Le choix d'un réseau est déterminé par plusieurs critères :
- la **taille de l'organisation et son type d'activité**, qui conditionnent le volume du trafic sur le réseau et le niveau de sécurité nécessaire ;
- le **niveau de compétences** des administrateurs du réseau ;
- le **budget** alloué au réseau, correspondant non seulement à l'achat mais aussi à l'entretien et à la maintenance.

Dans le secteur sanitaire et social, la plupart des informations sont **confidentielles**. Le réseau informatique doit donc contenir au moins un serveur central qui assure la sécurisation des données et leur transmission aux différents postes, situés dans une ou plusieurs organisations. De ce fait, les réseaux en étoile et les réseaux maillés sont le plus souvent utilisés.

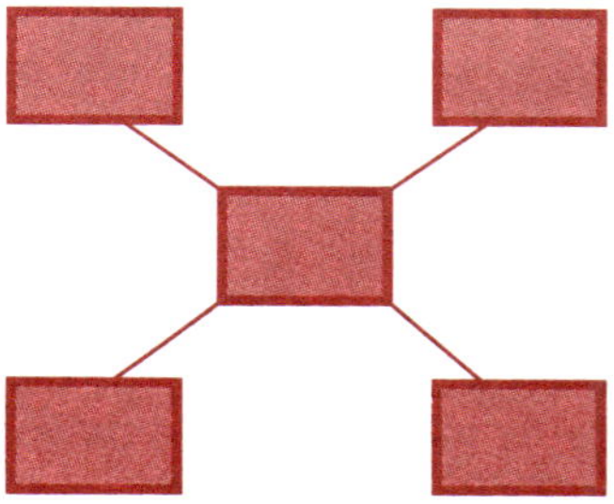

Source : Coralie Gravier

Figure 28.1 Le réseau en étoile

Cette configuration est la plus courante car elle est très souple en matière de gestion et de dépannage. La panne d'un nœud ne perturbe pas le réseau. En revanche, l'équipement central est un point de défaillance. C'est le type de réseau utilisé dans le secteur hospitalier.

Source : Coralie Gravier

Figure 28.2 Le réseau maillé

Il se rencontre dans les grands réseaux, type Internet. L'information parcourt le réseau en suivant de nombreux itinéraires sous le contrôle de puissants superviseurs de réseau. C'est le cas du réseau Sesam Vitale (voir fiche 29).

3 Internet, intranet et extranet

- **Internet** est le nom donné à l'interconnexion de plusieurs réseaux, potentiellement de topologies différentes.
- **L'intranet** est un réseau informatique utilisé à l'intérieur d'une organisation et qui emploie les techniques de communication d'Internet.
- **L'extranet** est l'utilisation du net dans laquelle une organisation structure le réseau pour s'interconnecter avec ses partenaires extérieurs. Ce réseau utilise aussi les techniques de communication d'Internet, mais est externalisé (géré par une entité extérieure).

L'utilisation des réseaux informatiques dans une organisation est de plus en plus courante car elle permet une transmission des informations plus rapide entre les acteurs, ce qui rend le système fluide.

4 Les mesures de protection des réseaux informatiques

A La protection physique

L'organisation doit veiller à la **protection physique de son réseau**. Il est donc nécessaire de :
- prévoir le risque d'incendie ;
- fournir une alimentation électrique permanente et régulée ;
- contrôler l'accès pour lutter contre les dégradations, sabotages et autres actes malveillants.

B La protection informatique

Cette protection doit être associée à une **politique de sauvegarde régulière**, avec **stockage**.
Généralement, la sécurité des applications informatiques est intégrée dans la programmation de l'ordinateur, dans l'administration et l'exploitation des applications (gestion des droits d'accès des utilisateurs, tenue à jour des systèmes).
Le système d'informations doit aussi être sécurisé : surveillance de l'activité, analyse des tableaux de bords, audit...
L'accès au réseau nécessite une vigilance particulière : la protection des connexions entre le réseau privé et le réseau public (Internet) passe par la mise en place de points de filtrage devant être sûrs et surveillés si l'on souhaite détecter toute tentative d'attaque et la parer avant qu'elle ne cause des dégâts.

Quelques moyens pour la protection informatique (voir fiche 36)

- Mise en place d'un mot de passe et d'un code utilisateur et/ou utilisation de carte de reconnaissance pour chaque professionnel (voir fiche 29).
- Mise en place de logiciels de protection : pare feu, antivirus...
- Mise en place de logiciel de suivi de connexion : suivi des entrées et sorties sur le réseau, accès limité pour certains professionnels... (voir fiche 31).
- Codification des actes afin de protéger et tracer l'information (voir fiche 30).
- Cryptage des données, pour celles qui sont ultra confidentielles (voir fiche 29).
- Mesures de protection physique : serveur central dans une salle protégée par clé, par code d'entrée, par vitres...

29 LA CIRCULATION D'INFORMATIONS

Le système Sesam Vitale

Sesam Vitale est un système qui permet la dématérialisation des feuilles de soins et leur transmission directe, des professionnels de santé vers les organismes d'assurance maladie (caisses primaires d'assurance maladie), par le biais d'un réseau informatique sécurisé.

1 La création du système

Le projet Sesam Vitale est né en 1993 par la formation d'un groupement d'intérêt économique réunissant les trois régimes d'assurance maladie obligatoire (général, agricole et régime des professions indépendantes). Le groupe a expérimenté le projet jusqu'en 1998 où les cartes Vitale furent déployées sur l'ensemble du territoire. C'est l'ordonnance Juppé du 20 avril 1996 qui a officialisé la dématérialisation des feuilles de soins.

Source : www.sesam.vitale.com

Figure 29.1 Logo du système Sesam Vitale.

2 Les objectifs du système

Le système Sesam Vitale répond à plusieurs volontés :

- **améliorer le service rendu aux usagers** en simplifiant et en fiabilisant les remboursements grâce à une transaction électronique sécurisée. Les délais de paiement sont aussi considérablement réduits ;
- **fournir rapidement et de manière fiable**, les informations nécessaires à la maîtrise des dépenses de santé. Le système vérifie le type et le nombre d'actes par praticien et permet éventuellement de sensibiliser les prescripteurs les plus importants à la maîtrise des dépenses de santé.

3 Le circuit de l'information

En début de journée, le professionnel (médecin, pharmacien, kinésithérapeute, etc.) introduit sa **carte « professionnel de santé » (CPS)** et utilise son code confidentiel pour accéder au système Sesam.

Cette connexion lui permet de s'identifier en tant que professionnel de santé, tenu au secret médical.

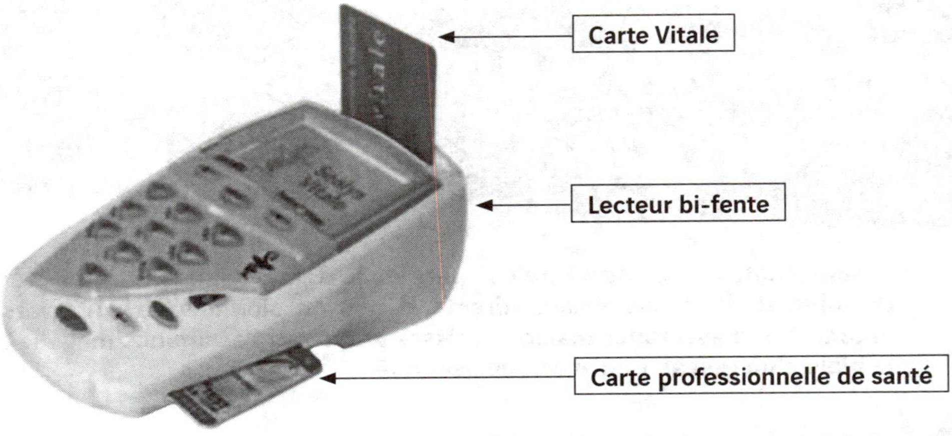

Source : www.caducee.net

Figure 29.2 Lecteur Sealys Vitale de Gemalto.

Chaque assuré possède une carte « verte » appelée **carte Vitale**. Sur celle-ci figurent une photo de l'assuré, facilitant son identification par le professionnel de santé ainsi qu'une puce, contenant des données médicales et des informations sur ses régimes d'assurances santé obligatoire et complémentaire.

Lors de sa venue, l'assuré présente sa carte Vitale qui est introduite dans le lecteur. Le professionnel accède alors aux informations contenues dans la carte et valide son acte de la même façon qu'il signait auparavant les feuilles de soins.

En fin de journée, les feuilles de soins électroniques sont télétransmises par un réseau intranet à la CPAM par exemple, qui procède au remboursement de l'assuré ou du professionnel de santé. Lors de la télétransmission, les données confidentielles sont chiffrées et sont décryptées par la CPAM uniquement.

La mise en œuvre de ce système repose donc sur l'informatisation du cabinet médical ou de l'officine, qui nécessite :

- un ordinateur classique ;
- un lecteur de cartes ;
- un logiciel permettant l'élaboration de la feuille de soins.

La seule contrainte informatique est que le logiciel de facturation doit être agréé par l'assurance maladie.

4 Le réseau Sesam Vitale

• Depuis 2004, la transmission s'établit par le biais d'un réseau intranet, le réseau Sesam Vitale, lui aussi sécurisé. Ce réseau est un espace privé sur Internet. Il offre la possibilité d'échanger des informations, de l'imagerie et de partager des connaissances entre professionnels.

• Le réseau Sesam Vitale présente de nombreux avantages :

– **la transmission sécurisée** : les professionnels de santé sont identifiés et authentifiés par leur CPS. La codification (par chiffres) des données les rend inviolables durant le transport et les nombreux pare-feux empêchent l'intrusion de personnes non autorisées par le réseau ;

– **la qualité du service** : le réseau doit appliquer des normes strictes, notamment en termes de débit et de disponibilité du réseau ;

– **le respect de la déontologie et de la qualité de l'information** : les flux d'informations dans le réseau sont vérifiés et leur conformité fait l'objet d'un agrément préalable par le Centre national de dépôt et d'agrément (www.cnda-vitale.fr).

La mise en œuvre d'un dispositif d'échanges commun a été rendue indispensable pour répondre à la diversité des catégories de professionnels de santé : médecins généralistes ou spécialistes, pharmaciens, dentistes... et à la diversité des organisations d'assurance maladie obligatoire (régime général, régime agricole, régimes spéciaux, etc.) et complémentaires (mutuelles, assurances, institutions de prévoyance...).

Ce dispositif apporte ainsi un bénéfice majeur aux assurés et aux professionnels de santé en :

– simplifiant les échanges d'informations ;

– accélérant les échanges et donc le remboursement des assurés, qui s'effectue en quelques jours seulement ;

– veillant à apporter le meilleur niveau de sécurité possible.

→ Aujourd'hui, le réseau gère plus d'un milliard de transactions par an (feuilles de soins électroniques ou demandes de remboursement des complémentaires), 50 millions de cartes et plus de 255 000 professionnels de santé. Il a élargi ses compétences et permet la dématérialisation des échanges d'informations entre les professionnels de santé et les organisations d'assurance maladie (obligatoire ou complémentaire), constituant un véritable système d'information de santé.

Le programme de médicalisation des systèmes d'informations (PMSI)

Le PMSI est un système de mesure de l'activité hospitalière en termes médico-économiques. Il consiste, pour chaque séjour dans un établissement de santé, en un enregistrement standardisé reposant sur la collecte d'un nombre restreint d'informations administratives et médicales.

1 La réglementation

→ La loi du 31 juillet 1991 sur la réforme hospitalière impose le PMSI comme système d'informations. Le but de cette loi est de connaître l'activité des établissements hospitaliers et de pouvoir la chiffrer. Il s'agit de **vérifier l'adéquation entre l'activité réelle et le budget**.

Dans ce cadre, les directoires des établissements doivent donc :
- mettre en place une évaluation des soins dans chaque service ;
- proposer des formations aux personnels concernés par la démarche ;
- installer un système de contrôle de la qualité des informations tout au long de la démarche ;
- développer des études épidémiologiques avec d'autres organismes sur la population locale ou régionale ;
- initier cette démarche dans le respect de l'anonymat, du secret professionnel, de la législation de la CNIL, des droits des patients.

Au sein des établissements, la mise en place du PMSI repose sur la création du département d'informations médicales (DIM), sous la responsabilité d'un médecin.

2 Les finalités du PMSI

La mise en place de ce programme répond à plusieurs volontés :
- **adapter le financement à l'activité réelle** afin d'élaborer une nouvelle procédure budgétaire (mieux répartir le budget) dans un contexte de maîtrise des dépenses de santé ;
- **répondre à une démarche qualité** : analyser l'activité des établissements pour repérer les dysfonctionnements engendrant des surcoûts et ainsi mettre en place des solutions correctives.

3 Le circuit de l'information du PMSI

A Les indicateurs sélectionnés

Le PMSI tient compte :
- **du type de séjour** : sont concernés les séjours en médecine, chirurgie, gynécologie obstétrique, hospitalisation à domicile, soins de suite et de réadaptation et psychiatrie ;
- **de l'âge du patient** ;
- **de la durée moyenne de séjour** (nombre de journées d'hospitalisation dans l'année pour une pathologie donnée rapporté au nombre d'habitants et au taux de recours attendu pour la région ou le département). Le taux de recours représente le nombre de patients par rapport au nombre d'habitants. Ce calcul représente donc la fréquentation moyenne d'un établissement de santé, par rapport au contexte démographique de la région ou du département.

B Le processus

- Un **résumé d'unité médicale (RUM)** est un résumé de l'activité produite à chaque fois que le patient quitte une unité médicale ou un service. Un patient qui fréquente plusieurs services lors de son séjour (service de cardiologie, puis de chirurgie par exemple) fait ainsi l'objet de la création de plusieurs RUM.
- Un **résumé de sortie standardisé (RSS)** est le rassemblement de tous les RUM du patient, à sa sortie. Il correspond à l'ensemble des activités produites pour une pathologie. Tous les RSS de patients présentant des pathologies similaires et ayant un coût proche sont rassemblés en **groupe homogène de malades (GHM)**. Le groupe homogène de malades **permet d'établir un coût global par pathologie**.
- La mise en œuvre du PMSI nécessite la constitution de fichiers nominatifs au sein de chaque hôpital. Tout en admettant la légitimité de la finalité du PMSI, la CNIL a considéré que le respect du secret médical et de l'anonymat des malades imposait l'adoption de dispositifs particuliers de sécurité, de circulation et d'exploitation des données médicales. Les résumés de sortie standardisés (RSS) sont par conséquent transformés en résumés de sortie anonymisés (RSA), qui peuvent être transmis aux acteurs décisionnels (directoire et agence régionale de santé – ARS) puis agrégés par l'agence technique de l'information sur l'hospitalisation (ATIH) qui constituera la base nationale regroupant l'ensemble des informations des établissements de santé.
- Des informations sont supprimées lors de la transformation en RSA :

- le numéro de RSS ;
- le nom et le prénom du patient ;
- la date de naissance (remplacée par l'âge) ;
- la date d'entrée et de sortie (remplacée par la durée de séjour) ;
- le code postal (remplacé par un code géographique).

C La codification

Dès le début de la procédure, les informations sont codées selon des nomenclatures et des classifications standardisées, appelées classification internationale des maladies (CIM) définies par l'Organisation mondiale de la santé (OMS). Actuellement, la classification utilisée est la CIM10 (10e révision), mise à jour en 2014 dans les différents domaines. Les classifications évoluent avec l'activité des établissements qui est de plus en plus performante.

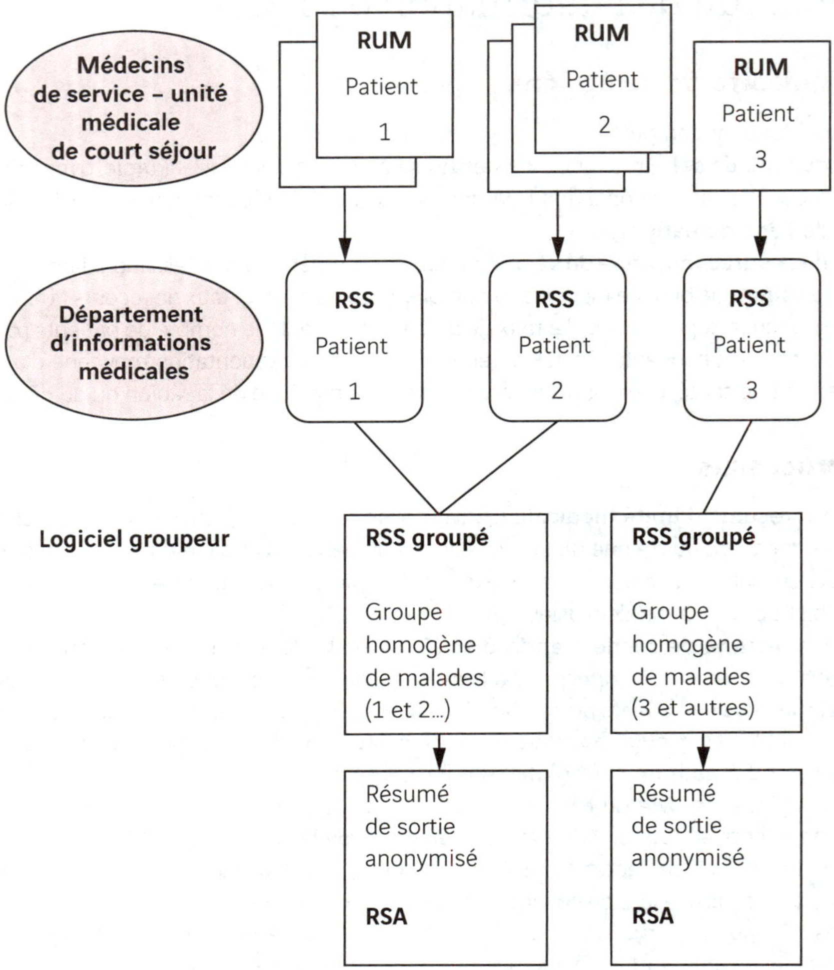

Source : Coralie Gravier

Figure 30.1 Le circuit de l'information du PMSI.

L'agence technique de l'information sur l'hospitalisation (www.atih.santé.fr) établit chaque année une photographie de l'activité hospitalière et la compare avec celle de l'année précédente. Ainsi, les tendances confirment le développement de la chirurgie ambulatoire, l'hospitalisation à domicile et les soins de suite et de réadaptation.

L'agence technique de l'information sur l'hospitalisation

L'ATIH est un établissement public de l'État à caractère administratif, fondé en 2000, et sous la tutelle du ministère de la Santé. Elle est chargée de la collecte, de l'hébergement et l'analyse des informations médico-économiques des établissements de santé, de la gestion technique des dispositifs de financement des établissements, de la réalisation d'études sur les coûts hospitaliers et de l'élaboration des nomenclatures de santé (CIM). Les données traitées par l'ATIH sont accessibles via un outil de restitution appelé « système national d'information sur l'hospitalisation » (SNATIH) où certaines informations sont en accès libre (cartographie des établissements de santé notamment).

Le dossier médical personnel (DMP)

Le DMP est un dossier médical, informatisé et sécurisé qui accompagne le patient tout au long de sa vie. Il est constitué des informations qui permettent le suivi des soins. Il est conçu comme un ensemble de services offrant la possibilité au patient et aux professionnels autorisés, de partager sous forme électronique, partout et à tout moment, les informations utiles à la coordination des soins.

1 Les enjeux du système

→ Créé par la loi du 13 août 2004, le dossier médical personnel est proposé gratuitement aux bénéficiaires de l'assurance maladie. Il est sous la responsabilité de l'Agence des systèmes d'informations partagés de santé (l'ASIP Santé), sous l'autorité du ministère des Affaires sociales et de la santé (http://esante.gouv.fr).

A Les enjeux humains et sanitaires

Le DMP **centralise en un seul outil l'ensemble des informations concernant le patient**, ce qui améliore le suivi personnalisé et accroît l'efficacité : les erreurs médicales sont limitées et la prise de décision se fait en toute connaissance de cause. Grâce à la simplification du partage des informations entre les professionnels, il permet d'éviter la redondance des actes. La meilleure coordination entre les acteurs et la continuité des soins améliorent leur qualité. Le patient peut aussi avoir accès à toutes les informations le concernant, ce qui l'incite à participer davantage à sa prise en charge et à devenir acteur de sa propre santé.

B Les enjeux économiques

Face à l'augmentation des dépenses de santé due au vieillissement de la population et au développement des maladies chroniques, le DMP est un outil performant dont le but est d'assurer un suivi efficient, en prodiguant les soins strictement nécessaires et en impliquant le patient dans cette démarche. Le DMP est donc un outil indispensable dans le PMSI (fiche 50).

2 Le circuit d'informations

Avant de pouvoir bénéficier d'un DMP, le patient doit être informé de son fonctionnement et des bénéfices pour son suivi médical.

La création du DMP se déroule en présence du patient car son consentement explicite est nécessaire. Le recueil du consentement est dématérialisé lors de l'accès sur le site. Il vaut également autorisation d'accès au DMP.

Lors de la création du DMP, l'insertion de la carte vitale du patient dans le lecteur de carte permet le calcul automatique de son identifiant national de santé (INS).
L'accès au DMP s'effectue soit par :
– **un logiciel métier** à condition qu'il soit compatible avec le DMP. C'est une procédure d'homologation qui vise à s'assurer que les nouveaux services offerts par le DMP ont été intégrés dans le logiciel dans le respect des conditions définies par l'Agence des systèmes d'information partagés de santé ;
– **le site Internet** : www.dmp.gouv.fr (application web DMP).
À chaque visite du patient, le professionnel s'identifie grâce à sa carte professionnelle et son mot de passe associé ou par le biais d'une carte de personnel d'établissement (CPE). Il identifie ensuite le patient par sa carte vitale (via le lecteur de cartes bi-fentes). L'ensemble des informations déposées dans le DMP sont visibles par tous les professionnels ayant l'autorisation d'accéder au dossier, quel que soit l'endroit où ils se trouvent (cabinet, hôpital, centres de soins...).
Le DMP peut contenir toutes les informations nécessaires au suivi du patient : comptes rendus, résultats d'analyses, actes importants réalisés, médicaments prescrits, antécédents médicaux, allergies diverses, radiologies...

3 La sécurité du système

→ **Le DMP n'est accessible qu'aux professionnels de santé autorisés par le patient, hors situations d'urgence. Tout accès non autorisé constitue un délit puni d'une peine d'emprisonnement et d'une amende.**

Pour garantir la confidentialité des données, celles-ci sont stockées chez un hébergeur agréé (ATOS Origin/La Poste) par le ministère de la Santé. Cet hébergeur assure la confidentialité, la sécurité, l'intégrité et la disponibilité des données à tout moment de leur traitement et de leur stockage.
Enfin, le DMP est enregistré sous un identifiant de santé unique qui garantit que les données conservées dans les dossiers médicaux sont uniques et personnelles.

Les inconvénients du DMP

En réalité, le système est compliqué à mettre en place. Après de nombreux changements, il a seulement démarré en 2011 dans 4 régions de France. Le système présente en effet de nombreux inconvénients :
- il est très couteux ;
- il existe des risques liés à sa mise en place : la levée de la confidentialité des données par croisements de fichiers, mauvais fonctionnement du support informatique...

Ces risques ne sont pas compatibles avec les obligations fixées, notamment le respect des libertés individuelles et la maîtrise des dépenses de santé.

En 2014, le projet DMP a connu une nouvelle étape dans son histoire, il fait partie aujourd'hui des priorités de la stratégie nationale de santé. L'expérimentation ayant bien fonctionné dans les 4 territoires, les modalités de déploiement seront prochainement arrêtées par le ministère de la santé.

La téléassistance

La téléassistance est un système d'informations qui permet de lancer une alerte de son domicile 7 jours sur 7 et 24 heures sur 24. Elle est utilisée principalement par les personnes âgées, dépendantes ou non, et par les personnes handicapées, mais également par toute personne présentant une maladie qui nécessite une intervention rapide, comme une pathologie cardiaque ou un diabète.

1 Les enjeux de la téléassistance

A Un enjeu sanitaire et humain

Le premier objectif de ce service est d'**assurer une prise en charge de l'usager** qui rencontre un problème à son domicile. La rapidité d'intervention évite l'aggravation de l'état de santé, voire la mort. Par exemple, d'après l'INVS, chaque année, environ 9000 personnes âgées décèdent suite à une chute, dont près de 70 % à leur domicile.
De plus, l'usager et les aidants familiaux sont rassurés par la possibilité d'obtenir une aide à tout moment.

B Un enjeu économique

Face au contexte de vieillissement de la population, ce système participe au **maintien à domicile**. Cette alternative au placement en institution représente donc un coût moindre pour la société et l'usager. En effet, ce dernier peut bénéficier de nombreuses aides financières lors de l'installation du système, ce qui représente un coût moins important qu'un placement.

2 Les matériels nécessaires

A Le matériel chez l'usager

• Un transmetteur, doté d'un haut-parleur et d'un micro, est raccordé à une prise électrique et à une prise téléphonique afin d'être en relation avec une centrale de réception des appels. Il peut être raccordé uniquement à la prise téléphonique s'il fonctionne à pile, ce qui limite les dangers en cas de coupure de courant.
• L'abonné doit porter sur lui, sous forme de pendentif, de bracelet ou pincée sur un vêtement, une télécommande. Sa portée est de 80 à 300 mètres par rapport au transmetteur.
• Cet appareillage de base est éventuellement complété par d'autres dispositifs :
– des extensions du transmetteur, matérialisées par des boîtiers supplémentaires dans chaque pièce ;
– un transmetteur GSM qui permet d'équiper les logements sans téléphone ;
– un boîtier spécial permettant la géolocalisation de personnes souffrant de troubles de

la mobilité ou d'orientation (type Alzheimer), ou de personnes ayant un grand logement;
- un détecteur de chute, correspondant à un bracelet repérant l'absence de mouvement pendant un certain temps;
- un détecteur de fumée directement relié au transmetteur;
- un coffre à ouverture autorisée pour donner les clés aux intervenants;
- la visiophonie qui permet aux interlocuteurs de se voir lors d'un appel téléphonique;
- la téléprésence qui autorise une tierce personne (personnel de structure d'aide à domicile ou personnel de la structure de téléassistance) à observer le domicile via des caméras dans les pièces principales.

• Ces deux dernières techniques allient le son et l'image et présentent un atout majeur dans la prise en charge de personnes dépendantes. Néanmoins, l'installation d'un tel système doit faire l'objet d'un consentement éclairé de l'usager, du fait de l'atteinte à la vie privée qu'il engendre.

B Le matériel de la centrale d'appels

La centrale d'appels dispose d'un logiciel spécifique qui donne directement accès aux informations concernant l'usager, dès le début de son appel : son numéro de téléphone, le numéro de son médecin traitant, les numéros de ses proches, son profil...
L'ensemble du dispositif repose sur le réseau téléphonique filaire, ainsi que le système wifi ou GSM (connexion par satellite), compatible avec la plupart des box Internet en dégroupage total ou partiel. La phonie peut se faire en *full duplex*, c'est-à-dire que l'émission et la réception s'établit dans les deux sens simultanément.
Par exemple, le groupe ADMR (aide à domicile en milieu rural), l'une des principales structures d'aides à domicile, a créé son service de téléassistance Filien (www.filien.com). Cette société, qui couvre l'ensemble du territoire national, comptabilise environ 30 000 abonnés chaque année et 580 000 appels par an. Le plateau d'écoute est situé à Verdun et est constitué de 30 opérateurs qui traitent environ 1 600 appels par jour. Cette société propose également d'installer des services de téléassistance dans les établissements sanitaires et sociaux ou les collectivités.

3 Le circuit d'informations

Une pression sur le bouton ou le bracelet permet de déclencher une alerte auprès d'une centrale d'appels, via le boîtier de transmission. L'opérateur appelle immédiatement au domicile pour avoir plus d'informations et déclenche alors une réponse rapidement : venue des pompiers, médecin, ambulance, visite des voisins ou amis faisant partie du réseau d'intervention. L'opératrice maintient le contact jusqu'à l'arrivée des intervenants à domicile. La personne n'a pas besoin de décrocher le combiné du téléphone : la communication passe directement par le boîtier de transmission, via les haut-parleurs et les micros.

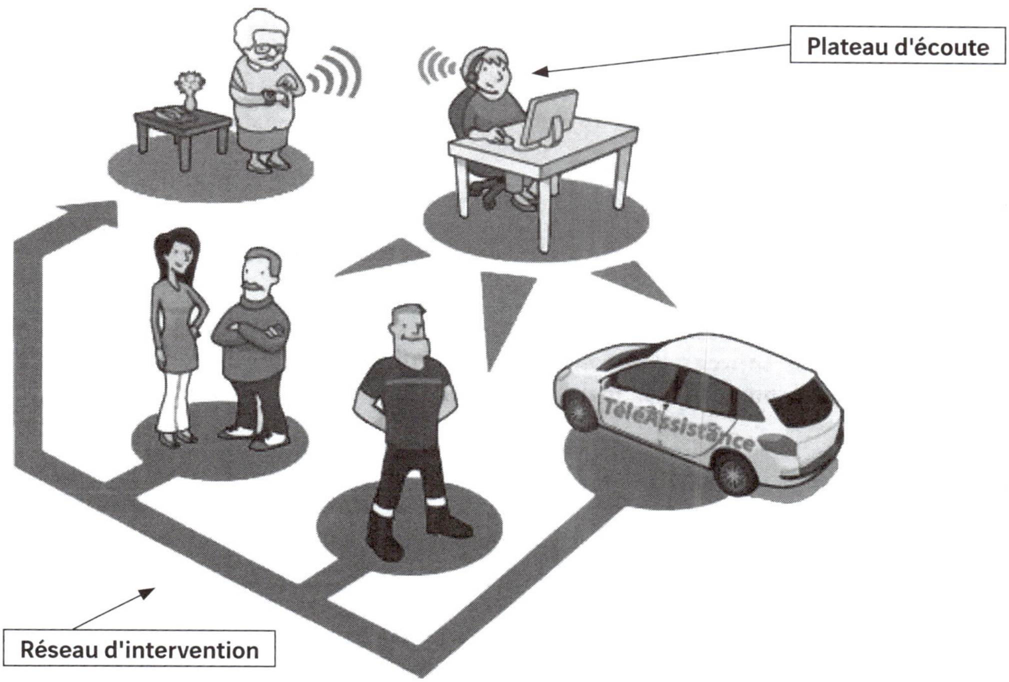

Source : site Internet de la mairie d'Auteuil-le-Roi

Figure 32.1 Le fonctionnement de la téléassistance.

4 La sécurité du matériel et du dispositif

La sécurité dépend de la société qui assure le fonctionnement du système :

– **l'émetteur** : les médaillons ou bracelets sont résistants et fonctionnent à pile longue durée. Ils sont étanches pour la plupart ;

– **le boîtier transmetteur** : certains boîtiers ne sont pas raccordés au secteur afin d'assurer leur fonctionnement, même en cas de panne électrique. La majorité fonctionne à pile longue durée, dont le niveau d'utilisation peut être testé régulièrement. Le fonctionnement de l'appareil est vérifiable par le client mais peut l'être aussi par le service. L'ADMR propose par exemple de le tester chaque semaine ;

– **le plateau d'écoute** : certaines sociétés, telles que Filien, dispose d'une centrale de secours en cas de problème avec le plateau principal. Les opérateurs sont tous formés à l'écoute auprès des personnes âgées et sont soumis au secret professionnel ;

– **la transmission** : le réseau téléphonique est un système sûr qui permet d'obtenir les informations rapidement. En cas d'indisponibilité du réseau téléphonique, le réseau GSM peut prendre le relais, assurant une couverture totale.

Depuis le 30 juin 2014, Filien ADMR détient le label qualité AFRATA (Association Française de Téléassistance) qui assure un service de qualité (proximité, solidarité, respect de la personne, reconnaissance du professionnalisme et haut niveau de compétences des professionnels).

33 LA PROTECTION DE L'INFORMATION

L'éthique et le cadre déontologique

Le domaine professionnel obéit à des règles qui puisent leur origine dans de nombreuses sources. C'est aussi le lieu d'une réflexion sur les pratiques en cours en raison des caractéristiques du public du secteur sanitaire et social.

1 L'éthique

- D'après l'Anesm (Agence nationale de l'évaluation et de la qualité des établissements et services sociaux et médico-sociaux), **l'éthique** est « une réflexion qui vise à déterminer le **bien agir en tenant compte des contraintes relatives à des situations déterminées** ».
- L'éthique est proche de la morale et de la déontologie, mais ne donne pas de réponse universelle. Elle questionne la manière dont ces dernières évoluent dans les situations concrètes.

→ La notion d'éthique fait référence aux concepts de morale, droit, déontologie ainsi qu'aux notions de bonnes pratiques et de responsabilité.

A La morale

- Elle se fonde sur une définition du bien et du mal et se traduit par des injonctions, des interdits et des prescriptions catégoriques. La morale renvoie à une culture, une histoire et à des traditions sociales.
- Elle est un ensemble de règles destinées à assurer une vie en société harmonieuse et s'incarne collectivement pour les pays démocratiques dans *« des institutions justes et des comportements raisonnables »*.

B Le droit

- Le droit est l'ensemble des règles, législatives et réglementaires, nationales et très souvent européennes, écrites et jurisprudentielles, régissant la vie en société, s'imposant à tous et définissant les droits et les responsabilités de chacun.
- Le droit est fondé sur les grands principes moraux de chaque société.
- La notion de droit peut renvoyer à deux notions très différentes :

– l'idée de loi se référant à la notion de **droit positif**, c'est-à-dire aux textes législatifs mis en place et appliqués par un État ;

– l'idée de justice sociale correspondant à la notion de **droit naturel**, c'est-à-dire le droit commun à tout humain, indépendamment de son appartenance sociale, ethnique ou autre.

C La déontologie

- La déontologie est l'ensemble des règles d'exercice d'une profession déterminée, destinées à en organiser la pratique selon des normes, pour le bénéfice des usagers et de la profession elle-même.
- Elle fait référence aux règles ou droits fondamentaux énoncés dans les textes juridiques internationaux : Déclaration universelle des droits de l'homme, Convention internationale relative aux droits de l'enfant, etc.
- Il s'agit aussi bien de règles formalisées par le droit positif que de règles de comportement et d'usages professionnels obligatoires.

La déontologie est donc la prise en compte de finalités morales et juridiques, appliquées à un contexte socioprofessionnel déterminé.

D Les bonnes pratiques

La notion de **bonnes pratiques** désigne des attitudes ou des comportements, voire des procédures, qui, dans un contexte professionnel donné, à un moment donné, font consensus et sont considérés comme efficaces et légitimes. Elles répondent à des critères de pertinence, d'impact, de faisabilité et de transférabilité.

E La responsabilité

Dans une institution sociale ou médico-sociale, d'après l'Anesm, trois formes de responsabilité régissent les relations interprofessionnelles ainsi que celles de l'accompagnement.

1. La responsabilité institutionnelle

Elle constitue la référence à la règle, à la loi et est assurée par le directeur de la structure. Elle garantit des espaces de responsabilité pour chaque acteur : usager, prescripteur de la mission, partenaires, etc.

2. La responsabilité professionnelle

C'est l'ensemble des compétences techniques et professionnelles qui contribuent à structurer une légitimité professionnelle. La responsabilité professionnelle est engagée principalement à l'égard des usagers, de ses propres pairs comme de ses supérieurs hiérarchiques et peut être formalisée par des références déontologiques.

3. La responsabilité personnelle

Cette responsabilité se joue principalement dans l'espace relationnel entre le professionnel et la personne accompagnée. Elle suppose l'abandon de la toute puissance et la capacité de dialogue fondée sur la reconnaissance de l'autre.

2 Le cadre déontologique

A Les ordres professionnels

De nombreuses professions du secteur sanitaire sont encadrées par un ordre professionnel reconnu et institutionnalisé qui constitue une instance incontournable pour les professionnels qui en dépendent : médecins, pharmaciens, dentistes, infirmiers, masseurs kinésithérapeutes etc.

- La première mission des ordres professionnels est de vérifier si la possession du diplôme obligatoire pour exercer la profession est bien régulière, en particulier pour celles en rapport direct avec la personne humaine. Les ordres professionnels établissent la liste des titulaires pouvant exercer la profession en question, appelé tableau professionnel. Les pouvoirs publics ont délégué ce contrôle aux ordres professionnels dont les membres et responsables sont élus par leurs pairs et leurs ressortissants et non pas nommés par l'État.
- La seconde mission des ordres professionnels est l'arbitrage des conflits entre professionnels eux-mêmes et entre un professionnel et son patient. Dans ce cas, les membres de l'ordre remplissent un rôle de juge de première instance, la suite du litige est pris en charge par le système judiciaire.
- Les ordres professionnels ont donc pour mission de régler les conditions d'inscription au tableau de l'ordre, la composition de leurs organes représentatifs, les conditions d'exercice de la profession concernée, la discipline professionnelle et l'arbitrage. Les ordres professionnels sont organisés à différents niveaux : national, régional et départemental.

B Les codes de déontologie

Les codes de déontologie regroupent les règles professionnelles à appliquer par leurs membres. Ces codes sont inclus dans le Code de santé publique pour les professions médicales et les auxiliaires médicaux.

Ils sont édictés sous forme de décrets en conseil d'État.

Pour les professions du secteur social qui ne disposent pas d'ordres professionnels, des codes de déontologie existent cependant (voir ci-dessous le préambule du Code de déontologie des assistants de service social).

Association nationale des assistants de service social

Code de déontologie de l'Anas adopté à l'assemblée générale du 28 novembre 1994

Préambule

L'Anas, en tant qu'association professionnelle, mène depuis sa création en 1945, une réflexion constante sur la déontologie, concrétisée par la parution de deux codes : en 1949 et en 1981. Le service social, en tant qu'activité professionnelle distincte et spécifique, est à la fois né du changement et lié aux changements de plus en plus rapides et foisonnants de la société.

Le Code tient compte de ces évolutions et des valeurs fondamentales qui sous-tendent la profession. Il s'appuie sur la Déclaration universelle des droits de l'homme, sur les conventions internationales et sur les textes législatifs en vigueur en France qui mettent en évidence les droits des usagers et le respect du droit à la vie privée. Ce Code est destiné à servir de guide aux assistants de service social dans l'exercice de leur profession. Ses dispositions s'imposent à tout adhérant de l'association, titulaire du diplôme d'État d'assistant de service social ou étudiant en service social.

34 LA PROTECTION DE L'INFORMATION

Le secret professionnel

Le secret professionnel est le fondement même de l'exercice des professions sanitaires et sociales, puisqu'il permet d'établir une relation de confiance entre le professionnel et l'usager.

1 Que dit la loi ?

Le secret professionnel est l'interdiction faite à certaines personnes de révéler ce qu'elles ont appris dans le cadre professionnel sous peine de sanctions pénales. Ce principe est affirmé dans différents textes.

A Le Code civil

L'article 9 du Code civil précise que « chacun a droit au respect de sa vie privée ». Ce droit, aujourd'hui reconnu de façon unanime, a été réaffirmé :
- par la loi du 2 janvier 2002 pour les usagers des secteurs social et médico-social ;
- par la loi du 4 mars 2002 pour les malades et les usagers du système de santé.

B Le Code pénal

Selon l'article 226-13 du Code pénal, la violation du secret professionnel est sanctionnée en tant que délit, par un an d'emprisonnement et 15 000 euros d'amende. Pour qu'il y ait infraction, il faut qu'il y ait une révélation intentionnelle et donc délibérée.

C Le Code de santé publique

L'article L1110-4 (loi du 4 mars 2002) du Code de santé publique précise :
« Toute personne prise en charge par un professionnel, un établissement, un réseau de santé ou tout autre organisme participant à la prévention et aux soins a droit au respect de sa vie privée et **du secret des informations la concernant**.
Excepté dans les cas de dérogation expressément prévus par la loi, ce secret couvre **l'ensemble des informations concernant la personne** venues à la connaissance du professionnel de santé, de tout membre du personnel de ces établissements ou organismes et de toute autre en relation, de par ses activités, avec ces établissements ou organismes. Il **s'impose à tout professionnel de santé**, ainsi qu'à tous les professionnels intervenant dans le système de santé. »

2 Les professionnels tenus au secret

Sont tenus au secret professionnel :
- **par état** : les ministres des cultes ;
- **par profession** : tous professionnels de santé dont les médecins, les sages-femmes, les

infirmiers, etc. ainsi que les assistants de service social, les avocats… ;
– **par fonction ou mission** : toutes les personnes travaillant dans les services des affaires sanitaires et sociales, le cadre de l'aide sociale à l'enfance, de la PMI, des CLI, du 119 « allô enfance maltraitée », des commissions du droit et de l'autonomie (ex-CDES), les membres du conseil de famille des pupilles de l'État et les personnes auditionnées par ce conseil, le coordonnateur nommé par le maire, les personnels des CMPP, etc.

→ **Ne sont pas tenus au secret professionnel : le psychologue, l'assistante maternelle, l'assistante familiale, les éducateurs, les enseignants…**

3 Quelles informations doivent être tenues secrètes ?

- Le secret professionnel concerne **tout ce qui est appris dans l'exercice de la profession**. Peu importe que l'information ait été recueillie auprès de l'intéressé ou auprès de tiers. Selon l'article 226-13 du Code pénal, le secret professionnel recouvre un **ensemble d'informations à ne pas divulguer**, « non en raison de la spécificité de son contenu, mais parce qu'il est communiqué à un professionnel tenu au secret par un texte. Autrement dit, le secret est professionnel parce que la loi le dit, parce qu'elle considère que certaines informations doivent être exploitées sous le sceau du secret du fait de la profession, état, fonction ou mission exercée par celui qui les reçoit ».
- De manière moins restrictive, il est possible de limiter le secret professionnel à **certaines « informations à caractère secret »**. Cette catégorie d'informations est celle qui recouvre les éléments de la vie privée, c'est-à-dire les données à caractère médical principalement, à caractère personnel aussi, comme le statut social, familial et patrimonial. La notion d'informations qui doivent rester secrètes du fait de leur nature est délicate à définir, mais concerne tous les faits de la vie privée que les intéressés tiennent, pour des raisons diverses, à dissimuler. Dans ces conditions, la perspective d'une divulgation par leur confident risquerait de compromettre la confiance dans le professionnel. Le fait que d'autres personnes puissent en avoir connaissance ou que l'intéressé est décédé ne libère pas du secret. Bien évidemment, le professionnel n'est tenu au secret que pour les informations dont il a eu connaissance dans l'exercice de ses fonctions.

4 Les exceptions ou les cas de dérogation au secret professionnel

A La possibilité de révéler

L'article 226-14 du Code pénal indique que l'obligation du secret n'est pas applicable dans les cas où la loi impose ou autorise la révélation du secret et en particulier dans trois cas qui sont : la maltraitance de personnes fragiles, les cas de sévices et de privations et depuis 1993, le port d'armes.
Si le professionnel décide de parler, il est alors doublement protégé : aucune sanction pénale, ni disciplinaire, ne peut être décidée contre lui.

B L'obligation administrative

• **En matière médicale**, on peut citer les obligations relatives à la santé publique, soit par nécessité administrative ou pour maintenir l'ordre public comme la déclaration obligatoire de certaines maladies contagieuses et vénériennes, les naissances, les décès, les accidents du travail et les maladies professionnelles, voire, d'attester les troubles mentaux d'une personne, ou encore la pratique du dopage.

• **En matière sociale**, les deux lois du 5 mars 2007, concernant la protection de l'enfance et la prévention de la délinquance ont créé une obligation d'information, y compris pour les personnes astreintes au secret professionnel sur les situations d'enfants en danger. L'article L226-2-1 CASF, issu de la loi n° 2007-293 du 5 mars 2007 relative à la protection de l'enfance précise que : « les personnes qui mettent en œuvre la politique de protection de l'enfance (…) ainsi que celles qui lui apportent leur concours transmettent sans délais au président du Conseil départemental toute information préoccupante sur un mineur en danger ou risquant de l'être au titre de l'article 375 du Code civil. » C'est une obligation sous peine disciplinaire. Mais ce même article précise : « lorsque cette information est couverte par le secret professionnel, sa transmission est assurée dans le respect de l'article L 226-2-2 ». Ce dernier indique que ce n'est pas une obligation, mais que le travailleur social juge de son opportunité, qu'il ne peut le faire que dans le but d'évaluer et de déterminer les mesures à mettre en place, en se limitant au strict nécessaire et après en avoir informé les personnes concernées.

C Le témoignage en justice

Le professionnel cité en justice doit comparaître devant les tribunaux et prêter serment de vérité. Néanmoins, il peut toutefois s'abstenir de répondre aux questions en évoquant le secret professionnel.

D L'obligation d'agir

Les professionnels soumis au secret professionnel sont, comme toute autre personne, tenus de porter assistance à une personne en péril : « quiconque pouvant empêcher par son action immédiate, sans risque pour lui ou pour les tiers, soit un crime, soit un délit contre l'intégrité corporelle de la personne s'abstient volontairement de le faire sera puni de 5 ans d'emprisonnement et de 75 000 euros d'amende… » (article 223-6 du Code pénal).

E L'obligation de dénoncer

La loi laisse au professionnel le choix de divulguer ou non des informations selon sa conscience.

• **Dans le cas de la dénonciation de sévices**, la révélation d'une information à caractère secret n'est pas punissable puisqu'il s'agit d'informer les autorités judiciaires, médicales ou administratives de sévices ou de privation sur des mineurs de moins de 15 ans ou sur une personne qui n'est pas en mesure de se protéger en raison de son âge, de son état physique ou psychique. Ces professionnels sont autorisés à dénoncer ces faits, mais ils n'y sont pas obligés comme y sont les autres citoyens. Ils doivent cependant avoir mis en œuvre des mesures de protection. Par contre, les professionnels de l'aide sociale à l'enfance sont obligés de dénoncer les sévices subis par les mineurs.

• **Dans le cadre de la dénonciation de crimes**, chaque citoyen reste libre de collaborer ou non avec les services de justice, de la police ou de la gendarmerie. L'obligation de dénoncer un crime ou de témoigner en faveur d'un innocent n'est pas applicable aux personnes astreintes au secret professionnel.

Le secret partagé

Le partage d'informations à caractère secret entre professionnels correspond à la notion de «secret partagé». Dans le secteur médical et social, cette pratique est une nécessité pour la prise en charge des usagers. Il doit cependant répondre aux exigences du respect de la personne.

1 Dans le domaine médical

La loi 2002-303 du 4 mars 2002 relative aux droits des malades et à la qualité du système de santé permet ce partage. En effet, l'article L 1110-4 CSP précise que: «deux ou plusieurs professionnels de santé peuvent toutefois, sauf opposition de la personne dûment avertie, échanger des informations relatives à une même personne prise en charge, afin d'assurer la continuité des soins ou de déterminer la meilleure prise en charge possible. Lorsque la personne est prise en charge par une équipe de soins dans un établissement de santé, les informations la concernant sont réputées confiées par le malade à l'ensemble de l'équipe».

Ce texte autorise le partage de l'information sous quatre conditions:
– **être entre professionnels de santé** du même établissement ou à l'extérieur de celui-ci comme un médecin de ville ou un médecin d'un autre établissement hospitalier;
– **prendre en charge la même personne**;
– **avoir l'accord éclairé du patient**;
– **agir dans un objectif thérapeutique**.

Par ailleurs, ces dispositions s'appliquent aussi dans les centres de santé. Dans ce cas, les informations concernant une personne prise en charge par un professionnel de santé au sein d'une maison ou d'un centre de santé sont réputées confiées par la personne aux autres professionnels de santé de la structure qui la prennent en charge, sous réserve:
– **du recueil de son consentement exprès**, par tout moyen, y compris sous forme dématérialisée. Ce consentement est valable tant qu'il n'a pas été retiré selon les mêmes formes;
– **de l'adhésion des professionnels concernés** au projet de santé mentionné aux articles L. 6323-1 et L. 6323-3.

La personne, dûment informée, peut refuser à tout moment que soient communiquées des informations la concernant à un ou plusieurs professionnels de santé.
Le texte prévoit ensuite le cas de la conservation des informations sur support informatique et leur transmission par voie électronique qui correspondent aux cas d'utilisation obligatoire de la carte de professionnel de santé.

2 Dans le domaine social et médico-social

Le partage d'informations à caractère secret, pratiqué dans les services sociaux, a bénéficié d'une reconnaissance de la part de la DGAS et de la DPJJ dans une circulaire du 21 juin 1996. Cette dernière précise qu'il *«ne constitue pas une violation du secret professionnel»*. Néanmoins,

seul un texte législatif peut déroger à l'obligation au secret de l'article 226-13 du Code pénal. **Deux lois autorisent le partage de l'information**. Toutes deux datent du 5 mars 2007 :
- **la loi n° 2007-293**, dans le domaine de la protection de l'enfance réformant la protection de l'enfance ;
- **la loi n° 2007-297**, relative à la prévention de la délinquance.

Ainsi, les professionnels peuvent partager des informations mais n'y sont pas obligés.

A Dans le cadre de la loi de protection de l'enfance

C'est l'article L226-2-2 CASF qui précise les modalités et impose le respect de quatre conditions, ci-dessous :
- les professionnels doivent participer à la même mission de protection de l'enfance ou lui apporter son concours. En d'autres termes, ils doivent appartenir au service de l'aide sociale à l'enfance, à la PMI, au service hospitalier ou à une association habilitée ;
- l'objectif de ce partage est d'évaluer une situation individuelle, de déterminer et mettre en œuvre des actions de protection et d'aide ;
- les limites du partage portent sur la nature des informations qui doivent se limiter strictement à ce qu'implique la mission de protection. Avant d'échanger, les professionnels doivent réfléchir sur la finalité et les modalités du partage ;
- l'information préalable des représentants légaux doit être réalisée, sauf intérêt contraire de l'enfant.

Si l'une d'elle n'était pas respectée, il s'agirait d'une violation du secret professionnel.

B Dans le cadre de la loi de Prévention de la délinquance

L'article L 121-6-2 CASF prévoit les dispositions ci-dessous :
- lorsqu'un professionnel de l'action sociale constate que l'aggravation des difficultés appelle l'intervention de plusieurs professionnels, il en informe le maire et le président du Conseil départemental. Le professionnel doit uniquement informer les autorités de la nécessité d'organiser une coordination ;
- le maire désigne un coordonnateur. Ce dernier est nommé parmi les professionnels qui interviennent auprès de la personne ou de la famille. C'est une obligation du maire, mais c'est lui qui en apprécie la nécessité ;
- les professionnels sont autorisés à partager dans les mêmes conditions qu'en matière de protection de l'enfance sauf en ce qui concerne l'information des intéressés qui reste possible mais non obligatoire ;
- le coordonnateur a connaissance de ces informations échangées, étant lui-même soumis au secret professionnel ;
- le professionnel qui a constaté l'aggravation de la situation et qui l'a signalée aux autorités est autorisé à communiquer les informations confidentielles qui sont strictement nécessaires à l'exercice de leur compétence. Le président du Conseil départemental est chargé de conduire la politique de protection de l'enfance et le maire est responsable de la prévention de la délinquance. Il est aussi officier de police judiciaire et préside le « conseil pour les droits et devoirs de la famille ». Ces informations peuvent être communiquées aux seuls élus qui ont une délégation de fonction du maire ou du président du Conseil départemental.
- si un mineur est susceptible d'être en danger, le coordonnateur ou le professionnel a obligation d'en informer sans délai le président du Conseil départemental, c'est-à-dire donner les éléments qui permettent d'évaluer le danger. En revanche, le Maire est seulement informé qu'une information préoccupante a été transmise.

→ Ces deux lois qui autorisent le partage de l'information ne visent pas exactement les mêmes professionnels. En effet, en ce qui concerne la **protection de l'enfance, tous les professionnels sont tenus au secret professionnel**, alors que **pour la prévention de la délinquance** qui concerne le champ de l'action sociale (selon la loi 2002-2 du 2 janvier 2002- art L 116-1 CASF), **certains professionnels sont soumis au respect du secret professionnel et d'autres non**. Ces deux textes n'ont pas non plus le même objet, la première autorise le partage des informations dans certaines conditions, alors que la seconde organise la coordination des acteurs sous la responsabilité du maire.

La protection technique des données informatisées

L'évolution très rapide des technologies de l'information constitue un facteur d'aggravation de risques en augmentant constamment les possibilités de traitement, de stockage et de transfert de données. L'usage de la télécopie et du réseau Internet pose des problèmes spécifiques de confidentialité. Le secteur sanitaire et social est particulièrement concerné étant donné le volume important de données à caractère personnel traité. De ce fait, les données doivent être protégées.

1 Les risques pour la vie privée liés à l'informatisation des données

Ces risques sont liés au type d'information ou de l'usage qui en est fait :
- accès abusif aux données par des personnes non autorisées ;
- divulgation d'informations ;
- détournement ou falsification des données ;
- discrimination de la personne ;
- destruction de données.

→ **La dématérialisation des données et leur traitement informatique amplifient ces risques.**

• L'ordre précis selon lequel les informations de chaque fiche individuelle sont stockées facilite l'extraction et l'exploitation. Il est aisé de les utiliser abusivement ou de détourner des informations à des fins étrangères à l'intérêt de la personne.

• L'anonymat des dossiers n'empêche pas obligatoirement l'identification des sujets qui est possible par recoupement de plusieurs informations (âge, sexe, date et lieu de naissance, profession...). La catégorisation peut facilement être obtenue étant donné les capacités de tri et de sélection des logiciels. L'établissement de classification de situations ou de personnes est susceptible de conduire à des discriminations.

• L'interconnexion de renseignements qui, séparément, n'ont qu'une faible valeur informative, peut constituer un danger si les fichiers sont réunis.

Les données à caractère personnel

Elles concernent toute information relative à une personne identifiée (ou pouvant l'être), directement ou indirectement, par référence à un numéro d'identification ou à un élément qui lui est propre. Il peut s'agir d'informations directement liées au nom d'une personne (par exemple: Chantal Lenoble a fait l'objet d'une mise sous tutelle). Il peut aussi s'agir des renseignements qui permettent d'identifier une personne, comme un numéro de téléphone, un numéro de sécurité sociale, une plaque minéralogique. Il en est de même pour toutes les informations dont le rapprochement permet de connaître l'identité exacte d'une personne (empreintes digitales ou génétiques…).

2 Les dispositifs techniques de protection

La sécurité informatique doit se situer à plusieurs niveaux:
- lors de la saisie des informations;
- lors de la transmission des données, de manière à éviter leurs altérations;
- lors de l'accès aux données par la vérification de la qualité des destinataires des informations.

A L'identification des utilisateurs autorisés

Les utilisateurs autorisés à consulter les données sont identifiés grâce à:
- **un mot de passe**: c'est la procédure d'identification la plus courante. L'utilisateur doit saisir un code pour pouvoir accéder à ses informations. La validité des mots de passe est contrôlée par un logiciel qui autorise un nombre d'essais limité. L'efficacité de ce système peut être renforcée en changeant régulièrement ou en combinant plusieurs mots de passe;
- **des cartes à mémoire**: pour stocker des informations propres à l'utilisateur. Ces cartes offrent une protection efficace puisque seul le possesseur de la carte peut accéder aux informations.

B La limitation d'accès

Toutes les données contenues dans un dossier n'impliquent pas la même obligation de secret. À chaque catégorie de données, des utilisateurs différents peuvent y avoir accès. Par exemple, les données d'identification sont accessibles au personnel administratif alors que les données médicales sont accessibles au personnel médical.
Il est possible de limiter ce que l'utilisateur a le droit de faire. Il peut simplement lire les informations ou avoir le droit de corriger et d'introduire des données nouvelles.

C La signature électronique et le cryptage des données

Lorsque les informations médicales ou sociales nominatives circulent sur un réseau télématique, il est important de garantir l'intégrité des informations, la protection contre le détournement et l'identité des correspondants. Différents procédés sont alors utilisables:
- **la signature électronique**, qui est composée d'une valeur qui sert à vérifier la qualité du message reçu et d'une clé secrète qui permet d'authentifier l'identité d'une personne;
- **le cryptage des données**, qui consiste à transformer un message clair en un message chiffré, inintelligible pour les personnes qui n'en possèdent pas la clé. La méthode du cryptage choisie pour assurer la confidentialité dépend des objectifs recherchés: cryptage de l'identité de la personne seulement ou de toutes les informations.

La protection juridique des données informatisées

Deux textes constituent le cadre juridique de la protection des personnes physiques à l'égard des traitements de données à caractère personnel : la loi du 6 janvier 1978 modifiée par la loi du 6 août 2004 et la directive européenne du 24 octobre 1995. Un projet de règlement révisant cette directive a été présenté par la commission européenne en janvier 2012. La loi Informatique et libertés impose que les organismes mettant en œuvre des fichiers, garantissent la sécurité des données qui y sont traitées.

1 La CNIL : Commission nationale de l'informatique et des libertés

C'est une autorité administrative indépendante chargée de veiller au respect des dispositions de la loi. Dans ce cadre, elle est chargée de protéger l'ensemble des données à caractère personnel. Elle est sollicitée pour avis et autorisations. Elle rend publique, le cas échéant, son appréciation des conséquences qui résultent de l'évolution des technologies de l'information pour l'exercice des droits et libertés.
Elle possède des pouvoirs d'investigation dont la perquisition et l'accès aux documents ainsi que la possibilité de délivrer des sanctions allant de l'avertissement à l'amende.

2 Les trois régimes de protection juridique des informations

La CNIL détermine trois régimes de protection pour les fichiers en fonction de leur finalité et de la nature des données personnelles qu'ils contiennent :
– **l'absence de formalités préalables** : les fichiers ne portant pas atteinte à la vie privée et aux libertés sont dispensés de formalités préalables. Lorsque les organisations désignent un correspondant à la protection des données, elles sont également dispensées des déclarations à la CNIL ;
– **le régime de la déclaration** : pour les catégories les plus courantes de traitement, le principe général est celui d'une procédure de déclaration simplifiée. En l'absence de normes, une déclaration standard doit être faite. La CNIL délivre un récépissé dont la réception permet de mettre en œuvre le traitement ;
– **le régime de l'autorisation obligatoire** : pour les données sensibles telles que les données génétiques, les données relatives au casier judiciaire, les données sur les difficultés sociales..., la CNIL donne son autorisation avant tout traitement. La CNIL doit alors se prononcer dans un délai de deux mois à compter de la réception de la demande.

Ces mesures sont appliquées essentiellement par l'intermédiaire de la direction des systèmes d'information (DSI) des structures ou de leur responsable informatique.

3 Les droits des personnes

- **Droit d'opposition** : toute personne a le droit de s'opposer, pour des raisons légitimes, à ce que des informations à caractère personnel la concernant fassent l'objet d'un traitement informatique.
- **Droit d'accès** : toute personne faisant l'objet d'un traitement informatique peut prendre connaissance des informations la concernant. Il s'agit d'assurer la transparence de l'exploitation des fichiers.
- **Droit de rectification et d'effacement** : le titulaire de droit d'accès peut demander que les données soient rectifiées, complétées, mises à jour ou que soient supprimées les informations incomplètes, équivoques, périmées ou non autorisées.

4 Les obligations des professionnels

- **Obligation d'information** : les intéressés doivent être informés du caractère obligatoire ou facultatif des réponses, des destinataires des informations, de l'existence d'un droit d'accès et de rectification.
- **Obligation d'assurer la sécurité des données** : il s'agit de veiller aux conditions d'hébergement des données personnelles et à la protection de la confidentialité. Le responsable des traitements doit notamment empêcher que les données soient déformées, endommagées ou que des tiers non autorisés y aient accès.

La CNIL peut délivrer des labels à des produits ou des procédures, assurant que ceux-ci sont conformes aux dispositions de la loi informatique et liberté. Ceci permet d'améliorer la confiance des utilisateurs en termes de protection de la vie privée.

Les enquêtes

3

38 Les différents types d'enquêtes

Une enquête consiste en une recherche méthodique d'informations auprès d'une population. Elle associe plusieurs techniques afin de compléter les résultats quantitatifs par des éléments qualitatifs.

1 Les différents types d'enquêtes selon leurs caractéristiques principales

A Le but de l'enquête

Une enquête peut avoir plusieurs buts :
- une prise de décision (politique, etc.) ;
- le repérage de dysfonctionnements ;
- une maîtrise des dépenses de santé...

1. Les enquêtes épidémiologiques

Ce sont des enquêtes qui concernent l'état de santé d'un groupe ou d'une personne. Elles visent à :
- identifier et quantifier les pathologies et leurs caractéristiques (population touchée, fréquence...). Ce sont des **enquêtes descriptives** ;
- mettre en évidence les facteurs de risque, c'est-à-dire les causes des pathologies. Ce sont des **enquêtes analytiques** ;
- évaluer l'efficacité de mesures de santé publique mises en place pour lutter contre cette pathologie. Ce sont des **enquêtes évaluatives**.

2. Les enquêtes sociologiques

Elles ont pour but de rechercher des informations sur un groupe social donné. Ces enquêtes s'appuient sur :
- des faits qui caractérisent les individus (âge, profession, situation familiale) et leur environnement (cadre de vie, conditions de travail) ;
- des attitudes, pratiques et motivations (conduites alimentaires, méthodes contraceptives, consommation de drogues...) ;
- des opinions ou des attentes vis-à-vis de personnes ou de faits (sondage d'opinion, satisfaction, proposition de solutions).

B La durée de l'enquête

1. Les enquêtes transversales

Elles se déroulent pendant une période brève (un jour, une semaine, un mois) et donnent une image instantanée du phénomène étudié dans la population. Ces enquêtes permettent de mesurer, par exemple, les résultats d'une action, l'impact d'un phénomène à court terme...

Exemple : une enquête de satisfaction auprès des usagers de la CAF vise à évaluer leur opinion concernant une prestation.

2. Les enquêtes longitudinales (ou prospectives)

Ces enquêtes étudient un phénomène sur le long terme afin de connaître son évolution.
Exemple : l'enquête Escapad est une enquête proposée à tous les jeunes assurant la journée d'appel, sur la consommation de psychotropes. Elle a pour objectif d'étudier certaines caractéristiques individuelles souvent associées aux comportements de consommations de produits psychoactifs, comme par exemple la situation scolaire et le redoublement ou la situation familiale. Cette étude nationale permet au gouvernement de cibler les actions dans le cadre du plan de lutte contre les drogues et toxicomanies, et dans le plan Santé jeune.

3. Les enquêtes rétrospectives

Elles portent sur des informations recueillies après l'apparition d'une maladie et ont pour but d'étudier le lien entre un facteur de risque et la maladie.
Exemple : enquêtes cas-témoins qui consistent à comparer les résultats entre une population ayant la maladie et ayant subi certains facteurs de risque avec une population indemne de la maladie.

4. Les enquêtes permanentes

Elles enregistrent en continu une caractéristique donnée qui apparaît dans une population définie.
Exemple : l'observation de l'évolution de certaines maladies contagieuses, telles que la gastro-entérite.

C Le nombre d'individus concerné par l'enquête

1. Les enquêtes exhaustives

L'enquête porte sur toute la population concernée, dès lors que le nombre d'individus à interroger est faible ou que cela concerne un recensement obligatoire.
Exemple : le recensement des maladies à déclaration obligatoire, telles que le sida ou la tuberculose.

2. Les enquêtes par échantillonnage

Elles s'établissent à partir d'un effectif réduit mais représentatif de l'ensemble de la population étudiée. L'échantillon est choisi en fonction de la durée de l'enquête, du budget, du nombre d'enquêteurs... (voir fiche 40).
Exemple : les baromètres santé réalisés par l'Inpes (Institut national de prévention et d'éducation pour la santé).

2 Les différents types d'enquêtes selon les techniques employées

Une étude peut être réalisée en utilisant une ou plusieurs techniques. Si d'autres enquêtes ont déjà été effectuées sur le même sujet, il est intéressant de varier les techniques afin d'obtenir des résultats complémentaires.

A La recherche documentaire

Une enquête débute systématiquement par une recherche documentaire afin de délimiter le sujet. L'étude de documents existants fournit des données sociologiques, économiques, géographiques (voir fiche 42).

De plus, **ce recueil de données reste indispensable** pendant toute la démarche d'étude, afin de compléter et d'analyser les résultats obtenus.

B L'enquête par questionnaire

Le **questionnaire** est un outil d'enquête, comportant une série de questions en lien avec la problématique étudiée (voir fiche 44).

Ce type d'enquêtes permet d'obtenir des résultats quantitatifs fiables présentés sous forme de tableaux et graphiques.

Les tests ressemblent à des questionnaires qui visent à évaluer les capacités d'une personne.

C L'enquête par entretien

L'interview est un type particulier d'entretien dont on attend des informations fournies par le questionnement direct d'une personne par un enquêteur. Ces informations reflètent les connaissances, les expériences ou les opinions de la personne interrogée. Ce type d'enquêtes complète une enquête par questionnaire, car elle apporte des éléments de compréhension. Elle nécessite parfois l'utilisation **d'un guide d'entretien** (voir fiche 46).

D L'enquête par observation

Elle consiste à observer de façon systématique une personne, un groupe, une activité, un événement, une situation (voir fiche 49).

Cette technique, utilisée dans les études sur le terrain, est particulièrement bien adaptée à l'analyse des conduites et des signes non verbaux, comme les expressions du visage. Quelquefois, les signes non verbaux (tics, yeux baissés ou fuyants, rougissement, tremblement..) trahissent l'angoisse ou le mensonge dans le discours.

Les variables à observer sont choisies en fonction de l'objet de l'étude. Le recueil de données se fait le plus souvent à l'aide d'une **grille d'observation**.

Par exemple, le test AGGIR permet de mesurer la dépendance d'une personne âgée.

➜ Le choix de la technique d'enquête se fait en fonction des avantages et des inconvénients de chacune. Pour obtenir une enquête fiable et pertinente, il est préférable de multiplier les techniques. Ainsi, une enquête par questionnaire est souvent complétée par des entretiens avec des professionnels spécialistes du sujet étudié.

Choisir un type d'enquêtes

L'enquête a pour but de recueillir un certain nombre de données. En fonction de la technique d'enquête choisie, certains outils de recueil de données sont plus particulièrement adaptés.

1 La recherche documentaire

La recherche documentaire est une technique incontournable dans toute enquête. Elle doit être utilisée impérativement pour une première approche du sujet ou de la population cible ainsi que pour affiner l'analyse des résultats. En revanche, elle doit être complétée par d'autres techniques, afin de confronter ces données à la réalité du terrain.

2 L'enquête par questionnaire ou entretien

L'entretien, comme le questionnaire, est une méthode de production de données verbales et non verbales pour l'entretien. Cependant, elles possèdent de nombreuses différences méthodologiques listées dans le tableau suivant.

	Questionnaire	Entretien
Administration de l'outil	Direct ou indirect	Face à face obligatoire
Rôle de l'enquêteur	Passif	Non passif
Influence du contexte	Moindre	Importante
Anonymat	Oui majoritairement	Non
Durée de l'enquête	Plutôt longitudinale : permet de voir l'évolution d'une caractéristique par exemple. Transversale : étude de satisfaction.	Plutôt transversale : à un moment donné.
Échantillon	Grand nombre de personnes, et recherche de représentativité.	Étude concernant un individu ou un groupe restreint.
Type de personnes interrogées	Tout public	Public professionnel ou public ayant des caractéristiques particulières (cas des personnes atteintes de la maladie d'Alzheimer dans le cadre des enquêtes Deoma, voir fiche 40).
Type de données recherchées	Informations quantitatives sur un sujet, un comportement, des opinions.	Informations qualitatives sur des opinions, des explications, un ressenti, un vécu. Des thèmes plus personnels peuvent être abordés.

→ → →

→→→	Questionnaire	Entretien
Forme de la réponse recueillie	Réponse précise qui amène peu d'explications (sauf les questions ouvertes).	Réponses construites, explicatives, analytiques.
Résultats visés	Informe sur les caractéristiques des populations spécifiques en les classant. Permet d'établir des liens de causalité probable entre les descriptions et les comportements.	Analyse des liens de causalité, des impacts et des dispositifs mis en place.
Dépouillement	Comptage des réponses et tris croisés. Utilisation d'un logiciel spécifique.	Comptage de réponses et analyse de contenu. Pas de logiciel spécifique.
Avantages	Rapide dans la construction de l'outil, dans l'administration. Dépouillement simple.	Connaissance d'éléments non verbaux.

Les deux méthodes décrites sont **complémentaires**. Dans la plupart des enquêtes, les deux sont utilisées car elles ne visent pas les mêmes objectifs de départ :

– **l'enquête par questionnaire** est une enquête simple à mettre en place, la seule difficulté résidant dans la construction de l'outil qui doit être pertinent. C'est donc un outil utilisable par les novices ;

– **la technique de l'entretien**, en revanche, **nécessite une préparation en amont**. Il faut être à l'aise, clair dans ses propos, maîtriser les techniques de reformulation… Une formation sur cette technique est parfois nécessaire.

3 L'enquête par observation

L'observation est une technique qui nécessite que l'observateur soit formé afin de prendre en compte les différentes contraintes liées à ce mode d'enquête. En effet, son observation n'est pas objective car elle est influencée par sa perception et sa personnalité (voir fiche 50). L'enquêteur averti saura éviter ces distorsions ou en tenir compte dans son analyse afin d'obtenir des résultats fiables.

Néanmoins, c'est une technique qui est intéressante, tant d'un point de vue méthodologique, que des résultats obtenus.

Les étapes de l'enquête

Dans le domaine social, afin de répondre aux besoins individuels des usagers, il est nécessaire de faire une enquête approfondie sur leur situation sociale, économique, familiale… C'est le cas par exemple, pour l'entrée en maison de retraite ou la mise en place d'un service à domicile. En dehors de ces cas correspondant à un diagnostic individuel, l'enquête fait le plus souvent partie d'une démarche de projet ou d'une démarche qualité.

1 La place de l'enquête dans la démarche de projet et la démarche qualité

A Au début de la démarche : un diagnostic général

Un projet prend appui sur la mise en place d'une enquête permettant un diagnostic général et une analyse du contexte (voir fiche 63). Cette investigation est généralement menée au travers d'une **recherche documentaire et de terrain** (entretiens avec des professionnels, consultation de documentation authentique, etc…).
En France, il existe de nombreux organismes chargés de mener des enquêtes afin d'orienter les politiques sanitaires et sociales. C'est le cas des observatoires régionaux de santé qui sont chargés d'observer et de surveiller l'évolution des pathologies ou encore de l'Insee (Institut national de la statistique et des études économiques) qui mène des enquêtes permanentes sur les caractéristiques de la population.

B À la fin de la démarche : une évaluation

L'enquête est aussi **l'outil indispensable de l'évaluation d'une action**, d'un dispositif ou du fonctionnement d'une organisation et prend une place primordiale dans la démarche qualité. Par exemple, **une enquête de satisfaction** par questionnaire est utilisée pour évaluer une action mise en place. Une **enquête par observation** des pratiques professionnelles et par interview de professionnels sert à mesurer l'application d'une législation…

2 Les étapes de l'enquête

Quel que soit l'outil d'investigation utilisé, une enquête respecte une méthodologie caractérisée par différentes étapes.

A Déterminer l'objet, les objectifs et la durée de l'enquête

- L'objet est la problématique ou le thème à étudier. Il est délimité par l'analyse du contexte dans lequel il se situe : contexte politique, situation démographique, économique et sociale du département, etc.

• Les objectifs de l'enquête sont les hypothèses à vérifier ou à infirmer lors de l'enquête.
• La durée découle des objectifs fixés : s'il s'agit d'étudier l'évolution d'une caractéristique dans la population cible ou l'impact d'un facteur de risque sur une pathologie, une enquête sur une longue durée est nécessaire.

B Déterminer la population cible et la méthode d'échantillonnage

La population cible correspond au groupe de personnes à interroger. On peut choisir de mener l'enquête uniquement sur un échantillon représentatif de la population générale. Il existe alors plusieurs méthodes d'échantillonnage :
– le **tirage au sort** : on tire aléatoirement un groupe de personnes dans la population totale ;
– le **tirage systématique** : on tire une personne aléatoirement par tranche. **Exemple** : sur un fichier d'adhérents, on désigne au hasard une personne par tranche de 10 dans la liste. Il n'y a pas forcément de classement préalable dans la liste ;
– la **méthode par quotas** : elle consiste à former un échantillon de personnes ayant les mêmes caractéristiques que la population totale. L'échantillon est alors parfaitement représentatif de la population.
Exemple : si la population générale présente 25 % de jeunes de moins de 25 ans, l'échantillon devra avoir cette même caractéristique.

C Choisir et réaliser l'outil d'investigation

Le choix de l'outil s'établit en fonction de l'objet, des objectifs et de la durée de l'enquête ainsi que des caractéristiques de la population cible (voir fiche 39).
Il doit être réalisé en équipe afin d'être pertinent. Il est souvent testé plusieurs fois avant l'administration définitive, afin d'éviter les erreurs d'interprétation susceptibles de fausser les résultats. Par exemple, une enquête sur le comportement des jeunes peut s'avérer difficile si l'anonymat n'est pas garanti. Dans ce cas, l'entretien est à proscrire.

D Déterminer les conditions matérielles de l'enquête

La réalisation de l'enquête peut impliquer l'utilisation de matériel : des feuilles et une imprimante pour disposer d'un nombre important de questionnaires, une salle et un espace aménagé pour les entretiens…

E Réaliser l'enquête

La méthode d'administration de l'outil est choisie en fonction de l'outil utilisé. Le lieu et le moment de l'enquête sont des éléments importants à déterminer. Ils doivent être neutres afin de limiter l'émotivité qu'ils impliquent ou l'influence sur la population cible. Par exemple, une enquête sur la qualité de l'accueil à la CAF peut être administrée pendant le temps d'attente, mais il faudra alors faire face au mécontentement ou à l'anxiété que peut engendrer cette attente.
Il est nécessaire que le public ciblé soit disponible et sollicité dans des conditions favorables à l'enquête. Par exemple, il faut éviter d'interroger un professionnel avant le repas ou en fin de journée de travail, car il peut être fatigué et donc inattentif.

F Traiter et analyser les résultats

Cette phase consiste à dépouiller les résultats manuellement ou avec l'aide d'un logiciel spécifique (Sphinx ou Ethnos pour le dépouillement de questionnaire notamment).

Ce dépouillement s'effectue par tri simple (chaque variable est étudiée indépendamment des autres) ou par tri croisé de plusieurs variables (voir fiche 45). Le traitement aboutit à l'élaboration de tableaux ou de graphiques, accompagnés de commentaires.
L'analyse consiste ensuite à comprendre les résultats obtenus et à donner des explications plausibles en fonction du contexte de l'enquête et des caractéristiques de la population cible. Souvent, la phase d'analyse est approfondie par une recherche documentaire.

G Réaliser et diffuser le rapport d'enquête

Ce document présente l'ensemble de la méthodologie employée et l'analyse des résultats. Il est diffusé à l'ensemble des acteurs et partenaires impliqués dans la démarche (voir fiche 41).

Exemple d'une démarche d'enquête

L'Inpes (Institut national de prévention et d'éducation pour la santé) a mené, entre 2008 et 2010, une série d'enquêtes sur la maladie d'Alzheimer dont l'objet principal était le suivant : « Le dispositif d'enquêtes d'opinion sur la maladie d'Alzheimer (Deoma) : connaître le regard porté sur la maladie »
Inclus dans le troisième axe stratégique du Plan Alzheimer 2008-2012 intitulé « se mobiliser pour un enjeu de société », l'objectif de ce dispositif est d'offrir des regards croisés sur la maladie d'Alzheimer à travers le grand public, les aidants formels et informels, les médecins généralistes et les personnes malades.
Le dispositif mêle des approches qualitatives privilégiées pour approfondir les perceptions, attentes et besoins des publics concernés, ainsi que des méthodologies quantitatives qui permettent de disposer d'indicateurs chiffrés et de les suivre dans le temps. Il comprend sept enquêtes et études réalisées entre août 2008 et septembre 2010.

Une étude qualitative auprès du grand public, des professionnels de santé et des aidants familiaux en août 2008

Première étude réalisée pour défricher l'image sociale de la maladie auprès de différentes populations, elle a porté sur 130 personnes au moyen d'entretiens ou de réunions de groupe approfondies.

Une enquête quantitative en population générale auprès de 2013 personnes de 18 ans et plus en décembre 2008

Cette enquête, par téléphone, réalisée auprès d'un échantillon national représentatif a permis de disposer d'une mesure initiale de certains indicateurs de suivi du plan (notoriété, malaise face à la maladie, attentes de la population, opinions à l'égard de la maladie d'Alzheimer et ses traitements).

Une étude qualitative auprès des personnes malades en février 2009

Cette étude interroge plus spécifiquement les personnes malades. Compte tenu de la spécificité (et de la sensibilité) de celles-ci, une méthodologie d'entretiens individuels à domicile a été mise en place. Au total, une vingtaine d'entretiens ont été réalisés.

Une enquête auprès des personnes malades et de leurs aidants familiaux en octobre 2009

Afin d'analyser les perceptions et le vécu de la maladie, les besoins et les attentes pour orienter les actions, 161 personnes malades et 305 aidants proches ont été recrutés conjointement par des professionnels de santé chargés du diagnostic de la maladie ou par l'intermédiaire d'associations de familles.

→ → →

Un module de questions dans l'enquête Baromètre médecins généralistes 2009

Cette enquête, par téléphone, a permis de connaître les opinions, comportements et pratiques en prévention et en éducation pour la santé des médecins généralistes au sujet de la maladie d'Alzheimer. Au total, 1058 médecins généralistes ont été interrogés.

Une enquête quantitative et une étude qualitative auprès des aidants professionnels du domicile en 2010

Ces deux enquêtes permettent d'identifier les spécificités de prise en charge à domicile des personnes atteintes, de comparer les pratiques et les perceptions des aidants professionnels du domicile entre des sites contrôles et des sites expérimentateurs. Au total, 1213 professionnels de l'aide ou du soin à domicile ont été interrogés par téléphone, 47 entretiens individuels et 6 mini-groupes ont été mis en place.

Le baromètre santé 2010 : une enquête en population générale auprès de 4518 personnes âgées de 15 à 85 ans

Cette enquête, par téléphone, réalisée auprès d'un échantillon national représentatif, vise à déterminer la fréquence de l'aide apportée aux personnes malades, ainsi qu'à mesurer les perceptions générales, les attitudes et les opinions vis-à-vis de la maladie. Cette enquête a permis également de disposer d'une mesure évolutive de certains indicateurs à partir de la première enquête réalisée en population générale en 2008.

Une étude qualitative réalisée auprès des professionnels exerçant au sein d'une MAIA.

http://alzheimer.inpes.fr/default.asp

Le rapport d'enquête

Le rapport d'enquête est un document écrit présentant l'ensemble de la méthodologie d'enquête, ainsi qu'une analyse des résultats obtenus. Il est transmis à toutes les personnes ayant participé à l'étude, mais aussi à tous les acteurs susceptibles d'être intéressés par ce rapport, notamment les financeurs du projet dans lequel l'étude est intégrée. Dans ce cadre, le rapport d'enquête fait partie intégrante du rapport final du projet.

1 La structure du rapport d'enquête

Le rapport d'enquête répond à des normes de présentation et doit contenir :
- **une page de garde** indiquant le titre de l'action, le nom des auteurs, le nom de l'organisme avec le logo éventuellement ;
- **un sommaire** avec la pagination.

A La problématique

Elle est exposée par :
- **une introduction** résumant le sujet de manière générale et le type d'enquête mise en place ;
- **une présentation du contexte** élaborée à partir d'une recherche documentaire. Celle - ci donne des précisions sur :
  - l'angle sous lequel est traitée la problématique : problème de santé publique ou non,
  - les données épidémiologiques : incidence et prévalence du phénomène en France et dans le lieu où l'enquête est conduite,
  - les enquêtes déjà menées sur le sujet.

Extrait du contexte concernant l'étude qualitative auprès de patients atteints de la maladie d'Alzheimer

Aujourd'hui, 850 000 personnes sont atteintes de la maladie d'Alzheimer et de troubles apparentés, ce qui représente 18% des personnes de plus de 75 ans.
Le vieillissement de la population et un meilleur diagnostic augmenteront le nombre de cas dans les prochaines années.
Un plan Alzheimer est donc mis en place par le gouvernement, dont la mesure 37, qui consiste à améliorer « la connaissance du regard porté sur la maladie ».

http://alzheimer.inpes.fr/pdf/fr/rapport-personnes-malades.pdf

B La méthodologie

La présentation de la méthodologie employée comprend :
- les objectifs à atteindre ;
- les différentes étapes de la démarche d'enquête, avec éventuellement le calendrier ;
- les acteurs réalisant l'enquête ;

- le public cible ;
- les partenaires ;
- le budget ;

Ces deux derniers éléments ne sont pas obligatoirement mentionnés.

Exemple d'étude qualitative auprès de patients atteints de la maladie d'Alzheimer

Objectifs généraux :

- réaliser un état des lieux auprès des patients (perceptions, connaissances, vécu personnel et attentes) ;
- pré-tester un questionnaire à l'attention des patients en prévision de la création d'un baromètre quantitatif auprès de cette cible.

Public cible :

Les patients atteints de la maladie d'Alzheimer à un stade léger ou modéré.

Méthodologie d'enquête :

- entretiens individuels à domicile d'une heure trente en compagnie d'un proche du patient du 13 décembre au 21 janvier 2009 ;
- échantillon de 20 patients (15 à Paris et 5 dans le Sud-Ouest) ;
- acteurs réalisant l'enquête : des professionnels d'Ipsos Santé ;
- financement par l'INPES, mandaté par le ministère de la Santé pour mener cette enquête.

http://alzheimer.inpes.fr/pdf/fr/rapport-personnes-malades.pdf

L'analyse de la méthodologie consiste en l'identification des points positifs et négatifs de l'enquête : non-adhésion du public à l'enquête ou administration imparfaite d'un questionnaire par exemple. Ces éléments sont à prendre en compte pour l'analyse des résultats. La technique du diagramme des 5 M peut être utilisée afin d'identifier les problèmes lors de cette enquête (voir fiche 64).

C Les résultats

Les résultats sont présentés sous forme de tableaux et de graphiques, suivis de commentaires. Ces commentaires reprennent les éléments les plus représentatifs.

L'analyse consiste à faire des recoupements et des comparaisons afin de dégager des éléments de compréhension. Dans ce cadre, il paraît judicieux de procéder à des tris croisés de plusieurs variables (voir fiche 45).

D Conclusion générale

Elle met en exergue les axes qui pourraient donner lieu à une nouvelle enquête ou des propositions d'actions à mettre en place dans le cadre d'un projet. Cette partie nécessite une attention toute particulière car elle est souvent la partie du rapport qui est lue en premier, voire la seule à être consultée.

E Annexes éventuelles

Il est possible de présenter l'outil de recueil de données utilisé (questionnaire, guide d'entretien ou grille d'observation) ou encore des documents originaux concernant le contexte (articles de magazines, bilans d'autres enquêtes...).

2 La rédaction du rapport d'enquête

L'ensemble du rapport doit être conçu de manière objective, sans parti pris et rédigé de façon claire et simple, au présent de l'indicatif.
Il convient de soigner la mise en forme, l'expression et l'orthographe.

Exemple de sommaire d'une étude qualitative réalisée auprès de patients atteints de la maladie d'Alzheimer ; réalisé par Ipsos Santé/INPES, en février 2009 (dispositif Deoma de l'Inpes)

42 LA RECHERCHE DOCUMENTAIRE

Les sources documentaires

La recherche documentaire a pour but de vérifier la véracité de certaines données ou de les actualiser en fonction de l'évolution des politiques et des dispositifs mis en place.

1 Les objectifs d'une recherche documentaire

La recherche documentaire peut avoir différents objectifs comme celui d'assurer une veille législative (voir fiche 21) ou la constitution d'une banque de données. Dans le cadre d'une démarche de projet ou d'une démarche de qualité, la recherche documentaire constitue une des étapes de l'étude. En effet, l'analyse de besoins prend toujours appui sur ce type de recherche. Il s'agit de s'informer sur le sujet, sur les caractéristiques de la population cible, sur les dispositifs déjà existants... Cette étape est primordiale pour déterminer les axes du projet et affiner le sujet de recherche.

2 Les différents types de documents

Les documents se présentent sous différentes formes :

- **textuelle** : livres, dictionnaires, encyclopédies, thèses, mémoires, bibliographies, revues, journaux... Les organisations sont souvent abonnées aux magazines professionnels, du type *ASH* (Actualités sociales hebdomadaires), la *Santé de l'homme* ou encore la gazette *Santé Social* ;
- **visuelle et audiovisuelle** : cartes, plans, dessins, schémas, photographies, tableaux, diaporama, vidéos, films, cédéroms multimédia...

Il peut s'agir de documents classés par catégories et disponibles à l'achat ou de documents professionnels tels que les règlements, comptes rendus, rapports, bilans, statistiques, enquêtes, dépliants, tracts, brochures, affiches...

3 Les formes de stockage de l'information

L'accès aux sources documentaires s'effectue sur place en se rendant dans les organismes ou à distance, par consultation sur Internet.

- **le CD-Rom documentaire** : il permet de stocker de nombreuses informations écrites, orales ou visuelles. Exemples : encyclopédie médicale, *le Monde*, les métiers de la santé... ;
- **les sites web sur Internet** : ils contiennent des pages d'informations, des données spécialisées, de nombreux documents professionnels... Internet peut aussi se révéler être une source d'informations non fiables. Il est primordial d'utiliser des sites connus dans le domaine étudié.

Pour débuter une recherche dans le champ sanitaire et social, certains sites sont à privilégier :

Domaines	Organisations
Statistiques dans divers domaines (source de données)	• INSEE : Institut national des statistiques et des études économiques • INED : Institut national des études démographiques • DREES : Direction de la recherche, des études, de l'évaluation et des statistiques • CREDOC : Centre de recherche pour l'étude et l'observation des conditions de vie
Administration	• Ministères (distingués par gouv.fr) • Conseils régionaux et départementaux • Préfectures • Agence régionale de santé (ARS)
Protection et accès à l'information	• CADA : Commission d'accès aux documents administratifs • CNIL : Commission nationale de l'informatique et des libertés • ATIH : Agence technique de l'information sur l'hospitalisation
Protection sociale	• URSAAF : Union de recouvrement des cotisations de sécurité sociale et d'allocations familiales • URCAM : Union régionale des caisses d'assurance maladie • CNAM et CPAM : Caisse nationale (et primaire) d'assurance maladie • CNAF et CAF : Caisse (nationale) d'allocations familiales • CARSAT : Caisse d'assurance retraite et de santé au travail • Pôle Emploi • MSA : Mutualité sociale agricole • RSI : Régime social des indépendants • Les diverses mutuelles type MGEN (mutuelle générale de l'éducation nationale), MNT (mutuelle nationale territoriale)
Santé et éducation à la santé	• OMS : Organisation mondiale de la santé • INPES : Institut national de prévention et d'éducation à la santé • ORS : Observatoire régional de la santé • IRDES : Institut de recherche et documentation en économie de la santé • MILDECA : Mission interministérielle de lutte contre les drogues et les conduites addictives • AIDES : Association française de lutte contre le VIH/Sida et les hépatites virales • La ligue contre le cancer • INCA : Institut national du cancer • CNCT : Centre national contre le tabagisme • CNRD : centre national de ressources de lutte contre la douleur
Handicap	• Cap emploi • ESAT : Établissement et service d'aide par le travail • ADAPEI : Association départementale des amis et des parents de personnes handicapées mentales. • UNAPEI : Union nationale des amis et parents de personnes handicapées mentales • Handicap International • APAJH : Association pour adultes et jeunes handicapés • APF : Association des paralysés de France • ADAPT : Association pour l'insertion sociale et professionnelle des personnes handicapées • MDPH : Maison départementale des personnes handicapées
Personnes âgées	• CCAS : Centre communal d'action sociale • CLIC : Centre local d'information et de coordination gérontologique • ADMR : Association d'aide à domicile en milieu rural

→→→

Domaines	Organisations
Aide humanitaire et solidarité	•Croix Rouge •Emmaüs •Secours catholique •Secours populaire •Fondation de France •Médecins sans frontière
Famille et enfance	•UDAF : Union départementale des allocations familiales •ASE : Aide sociale à l'enfance

4 Les lieux de recherche

Une recherche documentaire fiable repose sur la variété des documents et par conséquent des lieux de recherche, qui ne doivent pas se limiter à Internet.

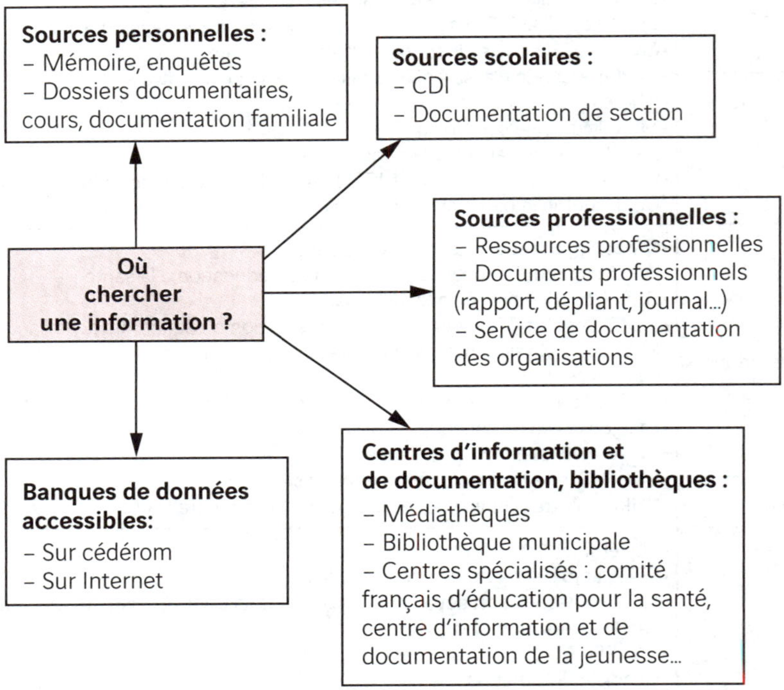

Source : Coralie Gravier

Figure 42.1 Les sources d'informations.

➜ Effectuer une recherche documentaire prend du temps. Souvent, du personnel est affecté uniquement à cette tâche, notamment pour assurer la veille documentaire. Néanmoins, c'est aussi une activité quotidienne de chaque professionnel.

43 LA RECHERCHE DOCUMENTAIRE

Le dossier documentaire

Le dossier documentaire regroupe des documents à l'état originel concernant un même sujet et issus d'une recherche documentaire. Son contenu dépend du ou des destinataires. Le thème du dossier doit être bien délimité pour éviter une dispersion vers des thèmes annexes, voire hors sujet.

1 La nature des documents

Les documents peuvent être de nature très diverse :
- coupures de presse, photocopies d'articles de périodiques ou d'extraits d'ouvrages ;
- brochures, dépliants, tracts, plaquettes d'informations... ;
- photographies, plans ;
- documents administratifs...

Souvent, on y trouve des produits du travail documentaire :
- résumés d'article ou d'ouvrage ;
- fiches de lecture ;
- notes de synthèse.

Obligatoirement, on y trouve :
- une bibliographie ;
- une introduction au sujet qui permet en général de définir le sujet ;
- un sommaire ;
- un résumé de dossier en conclusion.

➜ Les documents doivent être pertinents, d'origine diverse, récents, riches en informations et de longueur raisonnable.

2 Le matériel utilisé

Afin d'unifier le format des différentes pièces du dossier, il est préférable d'utiliser des feuilles de format A4 pour coller ou imprimer les documents issus de la recherche.

Les divers éléments du dossier sont regroupés selon le plan de classement dans des sous-chemises en papier, elles-mêmes rassemblées dans des chemises en carton.

L'ensemble est placé dans une reliure plus rigide dont le choix se fera selon le volume à intégrer :
- chemises cartonnées à élastiques, à rabats ;
- dossiers en carton toilé à sangle ou à soufflet.

Le stockage de l'ensemble des dossiers documentaires est en général consigné dans des dossiers suspendus ou des boîtes à archives.

3 L'organisation du dossier

A La présentation des documents

Dans le dossier documentaire, les sources et la date de parution sont précisées sur chaque document. Ainsi, selon leur nature, les informations suivantes sont indiquées :

- pour un article de revue : le titre de la revue, le numéro, la date et l'auteur s'il est mentionné ;
- pour un livre : le titre du livre, l'auteur, l'éditeur et la date ;
- pour un journal : le titre du journal, la date et l'auteur s'il est mentionné.

B Le classement des documents

Les documents sont rangés selon un ordre de classement thématique ou par type de documents. Le plan de classement est matérialisé par la couleur des chemises et sous-chemises. Sur chaque chemise et sous-chemise, les thèmes et sous-thèmes de classement sont inscrits. Un sommaire est placé en en-tête du dossier. Il indique les thèmes et sous-thèmes du plan de classement. Dans chaque sous-partie, il peut y avoir un autre sommaire qui récapitule les documents présentés.

Pour faciliter le reclassement des documents à l'intérieur du dossier, on note souvent sur chaque feuille les références du plan de classement. Par exemple, pour un dossier documentaire sur la santé des étudiants, le deuxième thème est « Mesures de prévention » (II), dans lequel on trouvera des sous-thèmes selon le type de prévention (prévention secondaire (2)). Les documents seront classés au fur et à mesure (1-2-3...). Donc le troisième document de ce thème peut être référencé II- 2- doc 3.

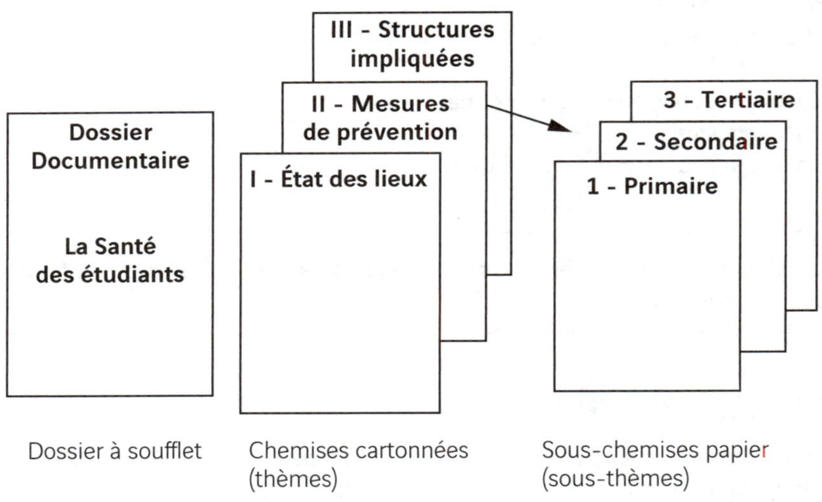

Source : Coralie Gravier

Figure 43.1 Exemple de classement dans le dossier documentaire.

44 Le questionnaire

L'enquête par questionnaire est l'outil le plus pertinent pour collecter des informations auprès d'une population avec la possibilité de les comparer et de les quantifier. Cet outil convient particulièrement pour connaître le degré de satisfaction des enquêtés.

1 La place des enquêtes par questionnaire dans le milieu professionnel

• Le questionnaire est l'instrument de collecte d'informations le plus utilisé dans la réalisation d'enquêtes. En épidémiologie, il sert par exemple à mesurer l'évolution de la consommation de cannabis et en action sociale, il est utile pour réaliser une enquête de satisfaction des usagers d'un service public.

• Les enquêtes importantes sont réalisées par des organismes spécialisés, comme l'Inpes ou l'Insee et prennent appui, pour la majorité, sur l'utilisation d'un questionnaire, afin d'établir des statistiques nationales fiables.

• Dans le cadre de son activité, le professionnel peut être associé à la réalisation et à l'exploitation d'une enquête pour mieux connaître les caractéristiques, les opinions d'un groupe spécifique, comme le personnel d'un service, les usagers d'un établissement... L'enquête par questionnaire prend alors toute sa place dans une démarche de projet ou de qualité, tant pour établir un constat dès le départ que pour évaluer les résultats d'une action menée.

2 La réalisation du questionnaire

Le questionnaire doit être court, bien structuré et bien présenté pour inciter l'enquêté à répondre. Il faut veiller à ce que la formulation des questions intéresse l'enquêté et entraîne des réponses non biaisées.

A Le choix du type de questions

On distingue plusieurs types de questions en fonction de leur contenu :
– **les questions de faits**, qui visent à recueillir des informations sur des données objectives ;
– **les questions d'opinion**, qui permettent de recevoir un avis personnel.
Il est aussi possible de répertorier différents types de questions selon leur forme.

1. Les questions fermées

La ou les réponses à ce type de questions sont indiquées dans le questionnaire. Ces questions sont utilisées pour collecter des faits précis. Elles permettent une réponse aisée et sont faciles à dépouiller. Les résultats sont aisément quantifiables.
Plusieurs groupes de questions fermées sont identifiables en fonction du type de réponses proposées :
– **question à choix binaire** : le choix de réponses est limité à deux, oui ou non par exemple ;
– **question à choix multiples** : la réponse est à sélectionner parmi au moins trois réponses (si une ou plusieurs réponses sont possibles, il faut alors le préciser dans le questionnaire). Elles se terminent fréquemment par « sans opinion » ou « autres choix » en demandant de préciser « lesquels ? » ;

– **question avec classement** : dans une question à choix multiples, les réponses sont classées selon une échelle de valeur ;
– **question avec échelle d'évaluation** : la réponse se présente sous forme de peigne avec une échelle de valeur de 0 à 4. Il faut alors donner la valeur de chaque chiffre. Par exemple, 4 correspond à « Très bien ».

2. Les questions ouvertes

L'enquêté a le libre choix de sa réponse. Les questions ouvertes sont particulièrement adaptées au recueil des opinions et des suggestions. Elles permettent des réponses personnalisées. Mais leur dépouillement est plus difficile et demande un travail d'analyse de contenu. Les résultats sont donc difficilement quantifiables. Les questions ouvertes numériques sont par contre facilement exploitables par des calculs (sommes, moyenne, etc...).

3. Les questions filtres

Une première question a pour but de filtrer la population interrogée. En fonction de leurs réponses, les enquêtés sont invités à répondre à d'autres questions pour préciser.

B La rédaction des questions

Les questions peuvent être posées sous forme interrogative directe ou indirecte ou sous forme affirmative. La même forme doit être privilégiée tout au long du questionnaire.

QUELQUES RÈGLES DE PRÉSENTATION INDISPENSABLES

Il est nécessaire d'employer un vocabulaire simple et une syntaxe claire et familière correspondant à un **langage courant** pour l'enquêté. Les négations ou doubles négations sont à éviter.
Une question présente un seul fait ou une seule opinion.
La rédaction de la question ne doit pas induire la réponse. La formulation ne doit pas non plus induire une réaction de conformisme, de rejet ou de prestige pour l'enquêté.

C La mise en forme du questionnaire

La présentation doit être soignée, surtout pour les enquêtes par correspondance où la plupart des réponses sont données par simple pointage dans des cases ou des colonnes.
Un titre motivant et explicite incitera l'enquêté à répondre : mieux vaut proscrire le terme « questionnaire » parfois perçu comme inquisiteur.
Concernant les enquêtes instantanées, c'est-à-dire se déroulant en face à face ou par téléphone, il faut prévoir un espace où noter les conditions de l'enquête : date, voire heure et nom de l'enquêteur. Ces éléments peuvent avoir une influence.

1. L'introduction

Un texte introduit le questionnaire et comporte les informations suivantes :
– l'organisme qui est à l'origine de l'enquête ;
– l'objet de l'enquête et l'utilisation qui sera faite des réponses. Pour motiver le lecteur à répondre, il faut souligner l'intérêt de sa participation à l'étude ;
– les garanties qui sont données : anonymat, possibilité d'accès aux informations s'il y a un traitement informatique... ;
– les modalités de collecte des réponses et les délais à respecter pour le retour du questionnaire ;
– les remerciements.
L'introduction est formulée oralement dans le cas d'une administration indirecte, en face à face.

2. L'organisation des questions

- **Le nombre de questions** : il est limité afin d'éviter la fatigue de celui qui répond. Il conditionne le temps de passation, c'est-à-dire la durée de remplissage du questionnaire ; 25 à 30 questions semblent être le seuil maximum.
- **Le plan du questionnaire** : il s'organise en respectant quelques règles :

– regrouper les questions selon le type d'informations demandées ;
– identifier éventuellement par des sous-titres les différentes parties du questionnaire ;
– placer en début de questionnaire les questions d'identification telles que l'âge, le sexe, la ville... ;
– débuter par des questions faciles sur les habitudes ou les problèmes de l'enquêté afin de ne pas le décourager. Ces questions visent à le mettre en confiance ;
– intercaler de préférence les questions difficiles ou délicates avec les questions faciles, telles que les questions personnelles ou d'opinion.

3. La présentation matérielle

Le questionnaire **doit être facile à lire** :
– choisir des caractères typographiques classiques et mettre en évidence les points importants en utilisant les enrichissements typographiques usuelstels que le gras, l'italique, ou le souligné... ;
– séparer les questions pour donner une impression d'aération ;
– aligner les réponses, ce qui contribue à harmoniser le questionnaire et le rendre plus attractif.
Le questionnaire **doit être aisé à remplir** :
– laisser la place nécessaire pour que l'enquêté puisse répondre. Pour les questions ouvertes, on utilise des lignes ou des points de conduite. Pour les questions fermées, on utilise habituellement des cases carrées à cocher correspondant à une réponse binaire de type oui/non. Dans le cas de l'expression d'un degré de satisfaction par exemple, un peigne est utilisé. Il correspond à des cases ouvertes numérotées de 1 à N selon la finesse de l'évaluation souhaitée ;
– inscrire les consignes relatives au mode de réponse de manière claire et bien visible.
Enfin, le questionnaire **doit être facile à dépouiller** :
– numéroter les questions dans un ordre logique est une pratique courante qui facilite l'identification des questions lors du dépouillement ;
– prévoir les conditions de codage consiste à attribuer un chiffre à chaque question et chaque réponse possible, ce qui facilite le dépouillement. Le codage peut être réalisé directement sur le questionnaire. Dans ce cas, une zone lui est réservée. Il est également possible d'effectuer ce codage sur une feuille séparée réservée à cet effet. Le codage est aussi indispensable au traitement informatique des questionnaires car les logiciels de dépouillement l'intègre automatiquement.

→ Un questionnaire doit toujours être testé à son état de projet, avant d'être élaboré dans sa forme définitive.
Cette étape de test permet de vérifier :
– si les termes utilisés sont facilement compréhensibles et dépourvus d'équivoques ;
– si l'ordre des questions est logique ;
– si la formulation des questions permet de recueillir les informations souhaitées.

En fonction des conclusions du test, le questionnaire est réalisé de manière définitive.
Il est ensuite administré de deux manières :
– **directe** : le questionnaire est rempli par l'enquêté lui-même. Il est mis à disposition, distribué, en ligne ou envoyé par courrier ;
– **indirecte** : l'enquêteur pose les questions à la personne interviewée et remplit le questionnaire au fur et à mesure. C'est le principe du micro-trottoir.

45 L'ENQUÊTE PAR QUESTIONNAIRE

Le dépouillement du questionnaire

De tous les outils de recueil de données, le questionnaire est le plus facile à dépouiller, à condition qu'il ne possède pas trop de questions ouvertes. Dans ce cas, les difficultés de traitement et d'analyse se rapprochent de celles de l'entretien.

1 Le traitement des résultats

Les questions ouvertes nécessitent au préalable une **analyse de contenu** pour déterminer les grandes catégories de réponses proposées. Cette analyse de contenu consiste à repérer des **mots clés récurrents** et des **mots associés** à ces mots clés. Ensuite, chaque réponse est classée dans l'une des catégories identifiées et est décomptée.

Les questions fermées sont beaucoup plus faciles à dépouiller puisqu'elles permettent de procéder directement au comptage des réponses préétablies.

Le traitement peut être fait manuellement dans le cas d'un nombre très restreint de questions ou de questionnaires. Sinon, il est indispensable de réaliser un traitement informatique avec des logiciels spécialisés (Sphinx, Ethnos) (voir Carnet professionnel). Les réponses aux questions sont saisies sous forme codée et donnent lieu ensuite à tous les traitements automatiques possibles.

Les méthodes de tri

Deux types de tri peuvent être réalisés :

- le dépouillement commence obligatoirement par le comptage pour **chaque question** du nombre de personnes ayant répondu et de la ventilation de ces réponses selon les possibilités offertes. Il s'agit alors **d'un tri à plat** ;
- plusieurs questions peuvent être mises en relation entre elles, pour établir le lien entre plusieurs variables. Il est possible d'établir toutes les réponses selon le sexe ou l'âge. Dans ce cas, il s'agit d'un **tri croisé**.

Dans tous les cas, les données numériques issues du dépouillement sont mises en forme par :

- des calculs statistiques (somme, moyenne, soustraction, taux…) ;
- la construction de tableaux et de graphiques.

2 L'analyse des résultats

Les résultats sont accompagnés de commentaires qui reprennent les points les plus importants mis en évidence. Des explications des phénomènes observés sont données, en fonction du contexte dans lequel s'est déroulée l'enquête. Il s'agit par exemple, de mettre en évidence les caractéristiques du phénomène étudié pour ce public, de donner des facteurs explicatifs et d'approfondir l'analyse par une recherche documentaire.

3 Un exemple d'enquête par questionnaire

Dans le cadre du dispositif d'enquêtes d'opinion sur la maladie d'Alzheimer (**Deoma**), une enquête a été réalisée auprès des personnes âgées de 15 à 85 ans. Elle s'intitule : **Baromètre santé 2010 « Connaissances, opinions et comportement des Français vis-à-vis de la maladie d'Alzheimer »**.

Connaissances, opinions et comportement des Français vis-à-vis de la maladie d'Alzheimer

Les questions concernent la maladie d'Alzheimer et sont posées à un **échantillon** représentatif de 4 518 personnes âgées de 15 à 85 ans résidant en France et parlant français.
Les **objectifs** visent à déterminer la fréquence de l'aide apportée aux personnes malades, et de mesurer les perceptions générales, les attitudes et les opinions vis-à-vis de la maladie. Cette enquête permet également de disposer d'une mesure évolutive de certains indicateurs à partir de la première enquête réalisée en population générale en 2008.
Enquêteur: l'enquête a été réalisée par l'institut GFK-ISL et s'est déroulée du 22 octobre 2009 au 3 juillet 2010 en France métropolitaine.
Méthode d'échantillonnage: les numéros de téléphone ont été générés de façon aléatoire. Pour être éligible, un ménage devait comporter au moins une personne de 15 à 85 ans et parlant français. À l'intérieur du foyer, l'individu sondé a été sélectionné aléatoirement au sein des membres éligibles du ménage.
La passation du **questionnaire** a duré en moyenne trente-deux minutes. Les données ont été pondérées par le nombre d'individus éligibles et de lignes téléphoniques au sein du ménage et calées sur les données de références nationales de l'Insee les plus récentes au moment de la préparation de la base de données, à savoir celles de l'enquête Emploi 2008[1].
Voici quelques extraits des résultats

La proximité avec la maladie d'Alzheimer

- Plus d'un quart des Français connaît des malades dans son entourage proche;
- Plus d'un quart des personnes interrogées (26,9 %) déclare avoir ou avoir eu dans son entourage – famille, amis, voisins – une personne atteinte de la maladie d'Alzheimer (21,2 %, une seule personne et 5,7 %, plusieurs). Parmi ces personnes, 32,9 % déclarent être ou avoir été aidants pour les tâches ou les actes de la vie quotidienne; les personnes âgées de 65-85 ans étant les plus concernées.

Près de 3/4 des aidants le sont de façon régulière

Parmi les personnes qui déclarent apporter ou avoir apporté une aide pour les actes ou les tâches de la vie quotidienne d'une personne malade, la fréquence de l'aide se répartit de la façon suivante:
- 29,5 % déclarent le faire ou l'avoir fait tous les jours;
- 20,0 % plusieurs fois par semaine;
- 22,2 % une fois par semaine;
- 10,4 % 2 à 4 fois par mois;
- 17,9 % une fois par mois ou moins souvent.

Par conséquent, près de 3/4 des personnes apportant ou ayant apporté une aide le font ou l'ont fait de façon régulière, c'est-à-dire au moins une fois par semaine. L'aide régulière est clivée par l'âge, les plus âgés étant plus souvent confrontés à cette situation que les plus jeunes.

Craintes et sentiment d'information vis-à-vis de la maladie

La maladie d'Alzheimer est crainte par 39,1 % des personnes interrogées. Elle arrive en 4e position derrière les cancers, les accidents de la circulation et la consommation d'aliments transformés[2].
Cette crainte est davantage exprimée par les femmes (44,3 %) que par les hommes (33,5 %).
Les personnes âgées de 55 à 85 ans (52,6 %), les personnes ayant une perception médiocre ou mauvaise de leur santé (54,5 %) ainsi que celles étant ou ayant été directement confrontées à la maladie avec au moins une personne atteinte dans leur entourage proche (46,3 %) sont les plus concernées.
Ces résultats traduisent l'importance sociale de la maladie d'Alzheimer qui touche de près ou de loin une part importante de la population française.

http://alzheimer.inpes.fr/fr/barometre-2010.asp

1 Les résultats obtenus sur l'échantillon ont été extrapolés à l'ensemble de la population cible.
2 Des maladies potentielles liées à la consommation d'aliments transformés.

46 L'ENQUÊTE PAR ENTRETIEN

L'entretien d'investigation

L'entretien d'investigation (ou entretien de recherche) fait partie des outils de recueil de données, comme le questionnaire, la grille d'observation et la recherche documentaire. C'est une technique qui porte exclusivement sur l'information orale. De ce fait, il est souvent enregistré. Ce type d'entretien est utilisé dans différents domaines, de la recherche à l'accompagnement social.

1 Les domaines d'utilisation de l'entretien d'investigation

L'entretien d'investigation s'utilise principalement pour :
- les études de motivation ;
- les études de marché ;
- les études de psychologie appliquées à la connaissance des besoins du consommateur et des mobiles de son comportement.

L'État y a également recours dans le cadre d'évaluations de politiques sanitaires et/ou sociales : santé, prestations sociales, logement social, chômage...

2 La place de l'entretien d'investigation

Utilisé comme outil de recueil de données, l'entretien d'investigation se révèle efficace pour :
- **constituer la source principale d'informations** en vue de l'analyse d'une problématique. Dans ce cas, il est le mode de collecte unique de l'information. Les hypothèses doivent être définies précisément et le plan d'entretien élaboré de sorte que les données produites puissent être confrontées aux hypothèses ;
- **préparer une enquête par questionnaire** : en début d'enquête, lorsque les hypothèses de départ ne sont encore qu'incomplètement formulées, il permet de mieux rédiger les questions à poser pour le questionnaire ;
- **compléter une enquête conduite à partir d'autres outils**. Si l'entretien est mené en parallèle, il apporte des renseignements complémentaires. S'il est mené *a posteriori*, l'entretien sert à contextualiser les résultats obtenus grâce aux autres outils et à les interpréter.

3 Les caractéristiques de l'entretien d'investigation

A Un processus de communication orale, verbale et non verbale

Il implique des interactions entre l'enquêteur et l'enquêté. L'enquêteur doit avoir le sens des relations humaines (contact facile, capacité à aborder les gens dans la rue, pas de gêne à poser certaines questions), mais aussi faire preuve de réceptivité, de largeur d'esprit et d'attention, de discrétion et de neutralité. L'entretien consiste à relever des informations orales, verbales essentiellement, mais également non verbales (attitudes, gestes, mimiques...) qui peuvent avoir une influence sur le discours (en face à face).

B Un acte professionnel

L'enquêteur provoque et conduit l'entretien. Un savoir-faire est donc nécessaire pour motiver l'enquêté à fournir des informations fiables. En effet, ce dernier peut livrer une information faussée afin de conserver son estime de soi, faire bonne figure, être considéré comme faisant partie de la norme sociale. Des mécanismes de défense peuvent apparaître, des éléments douloureux (par exemple liés au vécu de la personne), peuvent être oubliés ou arrangés. L'enquêteur doit être compétent pour repérer ces mécanismes.

C La distance sociale entre les protagonistes

La différence de culture, de niveaux d'instruction ou d'âge sont des éléments pouvant influencer le déroulement de l'entretien. En principe, il est préférable qu'il n'y ait pas une trop grande différence sociale entre enquêteur et enquêté, ni une trop grande connivence. L'enquêteur ne doit pas risquer de biaiser les résultats en introduisant son propre cadre de référence, ses désirs et ses préjugés. Ces distorsions liées à la personnalité de l'enquêteur et à ses attentes même non formulées sont cependant inévitables.

4 La démarche d'enquête

A Les différents types d'entretien

1. L'entretien non directif

L'enquêté organise son discours à partir d'un thème qui lui est proposé à partir d'une consigne, jouant le rôle de stimulus. Il exprime sa perception d'une situation, d'un événement, ses expériences, ses interprétations, révèle ses pensées et ses attitudes. Il choisit librement les idées qu'il va développer sans limitation, ni cadre préétabli.
L'enquêteur apparaît comme quelqu'un de neutre, capable de tout entendre, sans indifférence, ni jugement. Il intervient pour montrer qu'il écoute et qu'il comprend sans commenter. Dans ce cadre, les personnes prennent plaisir à parler à un étranger qui ne les reprend pas, qui ne met pas en doute leurs affirmations.

2. L'entretien semi-directif et directif (ou guidé)

Dans ce type d'entretien, l'enquêteur fixe des zones d'exploration et de thèmes que le sujet doit traiter et approfondir. L'entretien semi-directif mélange attitude non directive et projet directif sur les points définis à l'avance. Une bonne connaissance du guide d'entretien est nécessaire en plus de la technique d'entretien non directif.
L'entretien guidé se rapproche de la technique de l'enquête par questionnaire, où les questions sont précises. Cette technique est privilégiée dans le cas où l'enquêteur débute dans la pratique. Elle laisse peu de marge de manœuvre pour les deux protagonistes, ce qui la rend moins intéressante.

3. L'entretien de groupe

La technique d'entretien non directif s'applique aussi à un groupe de personnes réunies pour participer à un entretien collectif sur un sujet précis. La conduite en est plus délicate que dans un entretien individuel. En plus de la non-directivité et du thème défini, il faut assurer la prise de paroles et l'intervention de chaque participant. L'enquêteur doit donc aussi tenir le rôle de régulateur du groupe.

B La méthodologie d'enquête : spécificités de l'entretien

1. Le choix du public ciblé, du lieu et de la durée de l'enquête

• **Les enquêtés** sont choisis selon différentes procédures en fonction des besoins de l'enquête : tirage au sort sur une liste, au hasard dans la rue, etc. L'enquêteur ne doit pas connaître la personne interrogée. Le répondant est plus libre de se livrer à quelqu'un sans crainte des conséquences.

• **Le lieu de l'enquête** peut influencer l'entretien. Le lieu de travail amène à parler de la situation professionnelle tandis que le domicile ouvre le discours sur la vie personnelle. Si le thème abordé provoque de l'anxiété, il faut trouver un lieu rassurant et neutre.

• **La durée** prévue doit être assez longue (une à deux heures) pour qu'une relation de confiance puisse s'installer. Une durée trop courte incite à une certaine rapidité dans les réponses, qui, de fait, ne sont pas forcément pertinentes. À l'inverse, un entretien trop long encourage la fatigue et l'énervement.

2. La prise de contact

Au préalable, l'enquêteur se présente à l'enquêté. Il décrit brièvement l'activité de l'organisme de recherche pour lequel il travaille et expose l'objet de l'étude de l'enquête. Il est important de montrer à l'enquêté l'intérêt de participer : faire avancer la science, s'exprimer, permettre des améliorations, etc. L'enquêteur doit motiver la personne sollicitée, accrocher son intérêt, la mettre en confiance pour l'amener à collaborer et répondre à ses inquiétudes légitimes. Dès lors que la situation d'entretien est acceptée, il faut l'informer des modalités de sa réalisation (lieu, date, heure, enregistrement).

L'aspect déontologique doit aussi être abordé afin de rassurer le sujet : respect de l'anonymat, confidentialité, liberté de répondre.

Cette première rencontre est destinée à dédramatiser la situation pour éviter que le sujet soit angoissé et montrer qu'il n'y a pas de risque à répondre. Si le sujet n'a plus aucune crainte ni question, l'entretien peut commencer au moment fixé.

3. Le moment de l'entretien définitif

La consigne initiale est la question de départ, qui définit le thème en début d'entretien. Elle est préparée avant l'entretien et doit être claire, compréhensible, neutre et pertinente par rapport à l'objet d'étude.

• Dans le cadre d'un **entretien non directif**, une participation active mais neutre de l'enquêteur est tout de même requise. Les relances de l'enquêteur visent à encourager l'expression ou à préciser une réponse de l'enquêté. La non directivité ne signifie pas non intervention. Les différents types d'intervention peuvent avoir plusieurs objectifs :

– une **interprétation** : reformuler en allant au-delà de la pensée de l'enquêté, qui accepte ou rejette la proposition ;

– un **recentrage** : ramener le sujet vers la question de départ ;

– une **demande** neutre d'informations complémentaires ou d'éclaircissement ;

– une **marque d'écoute** : expressions brèves pour notifier l'attention portée au discours (« je vois, je comprends, oui »), attitudes, mimiques, grommellements, hochements de tête, regards sont autant d'encouragements au discours ;

– un **silence** : nécessaire à la réflexion de l'enquêté.

• Dans le cadre d'un **entretien semi-directif ou guidé**, l'enquêté explore avec l'aide de l'enquêteur la question de départ. Si cette dernière est bien formulée, la plupart des thèmes du guide sont abordés naturellement par l'enquêté. Le rôle de l'enquêteur se limite alors à en favoriser l'exploration exhaustive. Lorsqu'un thème doit être induit, il est proposé avec souplesse.

• Lorsque l'entretien devient redondant, l'entrevue est terminée. L'enquêteur expose alors un résumé de l'entretien à l'enquêté qui peut alors compléter l'entretien par un élément qu'il aurait oublié. Le magnétophone est arrêté lorsque l'enquêté confirme qu'il n'a rien de plus à ajouter. Pour conclure, il est possible de faire le point sur le vécu de l'entretien, puis de remercier l'enquêté.

47 L'ENQUÊTE PAR ENTRETIEN

Les outils de l'entretien d'investigation

L'entretien est une situation orale entre deux interlocuteurs. Afin de le mener dans les meilleures conditions, une préparation est incontournable. Celle-ci consiste en une recherche documentaire sur le sujet abordé, nécessaire pour ordonner le discours. L'entretien fait appel à un certain nombre d'outils pour traiter et analyser les résultats.

1 Les outils audiovisuels

Tout entretien a la possibilité d'être enregistré à l'aide d'un magnétophone ou filmé à l'aide d'une caméra. L'utilisation de ces outils nécessite l'autorisation préalable de l'interviewé. L'intérêt majeur est de pouvoir compléter son analyse a posteriori, mais également de distinguer les comportements non verbaux qui sont susceptibles de donner des indications supplémentaires d'analyse. En effet, l'étude du comportement de l'interviewé peut permettre de détecter une gêne par rapport à l'énoncé d'une question, ou au contraire, de montrer l'assurance avec laquelle il répond.
Si les deux interlocuteurs sont éloignés, un entretien à distance (par téléphone, en visioconférence avec Webcam, ou par un système plus complexe de caméra et de récepteur d'image) est une technique qui peut se révéler intéressante.

2 Le guide d'entretien

A La construction du guide

Que l'entretien se déroule en face à face ou à distance, il est parfois utile de s'appuyer sur un guide d'entretien. Le guide comporte une consigne initiale plus ou moins détaillée et une liste des thèmes qui doivent être abordés au cours de l'entretien. Pour une meilleure facilité d'utilisation, il convient de mettre en valeur les mots clés. Les thèmes peuvent être reliés à des modèles de questions neutres pour en faciliter l'emploi.
Le guide n'est pas un cadre rigide. L'ordre des thèmes est le plus logique possible mais il n'est pas imposé. Le plus important est que chaque enquêteur ait abordé tous les thèmes.

Guide d'entretien

- Nom et fonction de l'interviewer:
- Nom et fonction de l'interviewé:
- Objectifs:
- Date:
- Heure de début:
- Durée (à calculer ensuite):
- Lieu:
- Contexte et observations: cadre matériel, installation des personnes, situation de travail stressante, observation du comportement de l'interviewé (attitude fermée, regard fuyant, amical...):
- Outil utilisé éventuellement: magnétophone, caméra, web cam...:

Liste des questions:
1-
2-
3-

Heure de fin:
Date d'un prochain entretien éventuel:
Remerciements
Salutations

La liste des questions dépend du type d'entretien mené:
– si l'entretien est **libre ou non directif**, seul le thème est proposé, l'enquêté parle librement, l'enquêteur rebondit sur ses dires;
– si l'entretien est **semi-directif**, l'enquêteur prépare son thème et une liste de sous-thèmes à aborder dans une certaine logique;
– si l'entretien est **directif**, les questions sont préparées et amènent à des réponses précises. L'emplacement des réponses est matérialisé par un espace blanc, une ligne ou des points de conduite. Il est parfois intéressant de laisser une marge sur un côté afin d'annoter l'entretien au fur et à mesure en listant des mots clés par exemple.

B Les avantages et les inconvénients du guide d'entretien

1. Les avantages

Le guide permet de rassurer l'enquêteur novice, qui peut suivre les idées principales à développer, lui offrant la garantie de répondre à sa problématique de départ. Du point de vue de l'enquêté, le recours a un guide d'entretien rassure, officialise la situation et offre un gage de sérieux.
En outre, ce support permet de garder une trace écrite, uniforme, ce qui facilite les comparaisons et l'analyse.

2. Les inconvénients

L'utilisation d'un guide a pour risque d'«emprisonner» l'enquêteur dans un cadre, l'empêchant d'être attentif aux réactions de l'autre, et remettant en cause l'intérêt communicatif de l'entretien. En recadrant sans arrêt l'entretien dans sa grille, l'enquêteur laisse peu de liberté d'expression à l'enquêté. La situation la plus problématique serait un entretien qui prendrait la forme d'un interrogatoire. Dans ce cas, l'enquêteur renforce l'idée que l'enquêté doive répondre à des questions en lui suggérant l'idée de bonnes réponses. Or, certains écarts de la part de l'enquêté peuvent être intéressants: les associations d'idées qu'il produit ont une signification sociale que l'enquêteur doit découvrir.

Le traitement des résultats d'un entretien d'investigation

Lorsque les entretiens sont terminés, des comptes rendus sont réalisés afin d'analyser les données. L'ampleur et les difficultés de ce travail dépendent de l'objectif de l'enquête et de la complexité des variables recherchées.

1 La méthode de traitement des résultats

Pour être soumis à une analyse systématique, l'entretien est retranscrit intégralement, avec ses hésitations et ses défauts de langage, silences, durée, rires, etc.
Selon le type d'enquête réalisée, les entretiens sont étudiés individuellement ou les réponses de tous les enquêtés sont au contraire rassemblées question par question.
Si l'entretien contient des questions fermées, les réponses émises par les enquêtés sont additionnées pour aboutir à des résultats chiffrés.
Lorsque l'entretien est semi-directif et contient des questions ouvertes, une analyse de contenu est pratiquée. Il s'agit alors d'établir des catégories, par mots clés. Les réponses sont ensuite classées en fonction de ces catégories qui doivent être :
- **exhaustives**, c'est-à-dire, couvrir l'ensemble du contenu de l'entretien ;
- **exclusives** : un même élément ne doit pas pouvoir appartenir à plusieurs catégories ;
- **pertinentes** : elles sont en rapport avec l'objectif poursuivi et le contenu traité.

Le choix des catégories est difficile et nécessite une attention et une réflexion particulières.
L'analyse peut aussi porter sur l'association de plusieurs mots clés. Cette analyse est complétée par une recherche documentaire afin d'étayer les explications possibles.

2 Un exemple d'enquête par entretien

Dans le cadre du dispositif d'enquêtes sur la maladie d'Alzheimer (Deoma), une enquête a été réalisée auprès des personnes malades (voir fiche 40).

Enquête sur la perception et le vécu des patients atteints de la maladie d'Alzheimer en 2011

Dans ce cadre, l'Inpes a souhaité évaluer les perceptions et le vécu des patients vis-à-vis de leur maladie ainsi que leur sentiment sur leur prise en charge actuelle.
Les objectifs de cette enquête sont donc de réaliser un état des lieux auprès des patients (perception, connaissance, vécu personnel et attentes) mais aussi de pré tester un questionnaire à leur attention en prévision de la création d'un baromètre quantitatif auprès des personnes malades.
Compte tenu de la spécificité (et de la sensibilité) de cette cible, une méthodologie d'entretiens individuels à domicile et en compagnie d'un proche du patient a été mise en place : 20 entretiens individuels d'une heure trente en face-à-face sous la tutelle d'un aidant ont été réalisés (15 à Paris et 5 dans le Sud-ouest).
Dans cette étude, les patients ont été définis comme des personnes ayant été diagnostiqués Alzheimer par leur médecin généraliste ou un spécialiste et étant à un stade léger ou modéré de la maladie.
Le processus de recrutement des participants est le suivant :

- 5 patients ont été recrutés par l'annonce de l'Inpes ;
- 8 patients ont été recrutés via les panels de nos recruteurs ;
- 3 patients faisaient partie du listing interne d'un de nos recruteurs (comme souffrant de la maladie) ;
- 4 patients ont été recrutés par interconnaissance.

Le terrain s'est déroulé du 13 décembre 2008 au 21 janvier 2009.

Extrait des résultats de l'enquête :

On distingue deux attitudes assez différentes à l'égard de la maladie entre les patients les plus jeunes et ceux d'un âge avancé :

- les plus jeunes expriment un réel désarroi par rapport à la maladie (fortement partagés par leur entourage). Les sentiments dominants sont l'incompréhension et la colère. Ils ne comprennent pas pourquoi cela leur arrive à eux qui sont encore en pleine force de l'âge ;
- les patients plus âgés expriment davantage de déni et de résignation.

Ceux qui sont dans le déni ne se sentent pas concernés par la maladie d'Alzheimer mais reconnaissent qu'ils ont quelques troubles de la mémoire ; ils se sont montrés très tendus à l'évocation du terme Alzheimer. C'est parfois les proches qui empêchent qu'on en parle devant eux car ce diagnostic est source d'une angoisse profonde.
Ceux qui sont dans la résignation sont confrontés à un fort sentiment d'impuissance.
Il s'agit d'une maladie décrite par les patients comme insidieuse et longue.
Les patients demeurent très réservés dans l'expression des sentiments que la maladie d'Alzheimer leur inspire mais on relève plusieurs éléments marquants interconnectés :

- **tristesse :** les patients témoignent d'une profonde tristesse à souffrir de cette maladie. Cette tristesse prend appui sur une image dégradée de soi et un sentiment de culpabilité du fait de ses conséquences pour l'entourage ;
- **culpabilité :** ce sentiment peu exprimé tel quel est perceptible en filigrane. Cette culpabilité est liée à l'impact de la maladie sur la vie des proches ;
- **impuissance :** la frustration naît de l'impossibilité de se maîtriser. Elle entraîne colère/irritabilité ou résignation/apathie ;
- **démotivation :** les patients refusent de se projeter dans l'avenir et perdent toute motivation à s'impliquer dans leur prise en charge.

Ces sentiments sont le lit de phénomènes de dépression (décrite par les patients ou les proches) et favorisent l'expression de pensées suicidaires du patient (constatées principalement chez les patients les plus jeunes).

http://alzheimer.inpes.fr

49 L'ENQUÊTE PAR OBSERVATION

Les caractéristiques d'une enquête par observation

L'observation consiste à focaliser son attention sur certaines informations significatives. L'enquête par observation est une technique utilisée dans les études sur le terrain. Elle permet de capter l'événement au moment de son déroulement et est souvent complétée par une enquête par entretien.

1 Les types d'observation selon l'objectif visé

L'enquête par observation est un processus attentionnel dirigé et restrictif, c'est-à-dire limité à un champ d'action et libre de tout jugement.
Le choix de certaines informations, correspondant à un objectif de départ, parmi un grand nombre disponibles pose le problème de la validité et de la pertinence de l'information sélectionnée.

A L'observation exploratoire

Elle correspond à l'observation d'une situation dans sa globalité, pour préparer une observation plus systématique. Elle est donc descriptive et qualitative.
Exemple : observation des différentes composantes d'un accueil dans une CAF (conditions d'attente, accueil physique et téléphonique, orientation, conditions matérielles….).

B L'observation systématique

Elle consiste à porter une attention plus soutenue sur le comportement d'une personne ou d'un groupe, sur le déroulement d'une activité, d'un événement, d'une situation. Cette observation permet de poser un diagnostic sur un aspect particulier ou de vérifier une hypothèse.
Exemple : au cours de l'observation exploratoire sur l'accueil dans la CAF, un problème concernant l'accueil physique est mis en évidence. La mise en place d'une autre observation plus systématique visera à indentifier les causes et à trouver des solutions de remédiation.

2 Les modes d'observation

A L'observation directe

Dans le cadre d'une observation directe, l'observateur est en présence du groupe à observer. Cette technique d'enquête s'effectue de deux manières :
– par **observation naturelle** : l'enquête se déroule dans les conditions naturelles du groupe observé et a pour but d'étudier une réalité de terrain ;

– par **observation dans le cadre d'une situation créée ou provoquée**: elle permet d'évaluer des comportements. Cette technique est fréquemment utilisée en psychologie ou dans le cas d'un recrutement en entretien de groupe.

1. L'auto-observation

L'observateur est ici l'objet observé. Il évalue ses propres comportements, ses compétences ou ses qualités. L'auto-observation (ou auto-évaluation) est compliquée à mettre en place, car elle est évidemment subjective. Elle peut toutefois constituer une base de réflexion et est souvent utilisée dans le cadre d'une démarche qualité où les professionnels doivent évaluer leurs propres pratiques professionnelles.

2. L'observation participante

L'observateur s'intègre à la vie du groupe, au sein duquel il joue un rôle et introduit des changements. Il observe donc une situation et les changements engendrés par sa présence. Ce genre d'observation requiert une implication importante de la part du chercheur. En effet, il doit s'intégrer au groupe en participant aux activités tout en gardant une certaine neutralité. L'objectif est de gagner la confiance du groupe sans pour autant s'identifier à ses membres. L'observation participante est intéressante lorsque l'observateur participe à un groupe de parole sur un sujet particulier. Il élargit le débat et observe les réactions face à ses remarques. Ce sont surtout les ethnologues, lorsqu'ils étudient des sociétés différentes, qui ont recours à l'observation participante. Ils analysent le groupe en l'observant vivre et évoluer au quotidien. Ainsi, ils parviennent à décrypter l'organisation et le rôle de chacun dans le groupe et les rituels qui animent la vie de la communauté.
Exemple: le sociologue Jacques Cœnen-Huther, docteur en sciences sociales de l'université de Bruxelles, a vécu un an dans un kibboutz de Galilée, en tant qu'ouvrier agricole. Un kibboutz est une communauté de travail organisée selon des principes démocratiques, chaque membre ayant les mêmes droits. L'auteur a analysé différentes composantes du kibboutz: l'insertion des nouveaux membres, la position des enfants nés et élevés dans le kibboutz, les notions de démocratie et d'égalitarisme.

3. L'observation non participante

L'enquêteur ne participe pas à l'activité observée. Il observe en toute discrétion sans avoir de relation avec eux. L'objectif de ce type d'observation est de constater et de retranscrire fidèlement une situation vécue par les membres du groupe ainsi que leur réaction.
Exemple: dans le cadre d'une évaluation lors d'une visite d'experts de la Haute autorité de santé (HAS) au sein d'un établissement hospitalier, l'observation des pratiques correspond à une observation non participante.

B L'observation indirecte

La présence de l'observateur peut modifier le comportement du groupe. Dans ce cas, il est parfois judicieux d'utiliser une méthode indirecte qui offre la possibilité pour l'enquêteur d'observer à distance, par le biais d'une caméra ou d'une Webcam. Le recours à cette dernière technique permet une observation à distance mais instantanée. L'observation indirecte présente un intérêt majeur: l'enregistrement donne le temps d'étudier chaque détail, ce qui n'est pas possible dans le cadre d'une observation face à face.
Si l'observateur utilise la caméra, il faut demander au préalable une autorisation aux personnes observées afin de garantir le respect de leur vie privée.

50 L'ENQUÊTE PAR OBSERVATION

Les contraintes d'une enquête par observation

Les résultats d'une enquête par observation doivent être analysés en fonction de plusieurs contraintes correspondant aux conditions matérielles (moment, lieu…), aux conditions psychologiques, aux représentations et au positionnement de l'observateur et de l'observé.

1 Les conditions liées à l'observateur

A Les contraintes liées à la perception

L'observateur sélectionne naturellement des faits. Sa perception est influencée par :

– **sa localisation dans l'espace et dans le temps** : la localisation détermine l'angle de vue et donc la perception d'éléments sous cet angle. Par exemple, lorsque le praticien veut observer le comportement d'un enfant lors d'une séance de thérapie, il se met à sa hauteur afin de percevoir les mêmes éléments que lui. Concernant la localisation dans le temps, une observation à un moment où la somnolence des participants peut être importante, comme tôt le matin ou après le repas, n'aura pas les mêmes résultats qu'à un autre moment de la journée ;

– **l'imprécision sensorielle** entraînant des détails non perçus. Par exemple, un observateur qui reste immobile passe à côté de certains éléments intéressants ou les perçoit différemment de la réalité ;

– **la sélectivité de son attention** : beaucoup de stimuli perturbent sa capacité d'attention ou orientent son attention vers un élément nouveau. Par exemple, l'observation d'une classe est potentiellement perturbée par le comportement d'un élève chahuteur ;

– **les effets de centration**. Par exemple, l'observation du déroulement d'une réunion peut être faussée par la présence d'un participant qui monopoliserait l'attention de par sa fonction (présence d'un élu…). On dit alors que le sujet observé est surestimé ;

– **les effets de contraste** entraînant l'exagération des différences. Par exemple, dans une réunion, à l'inverse de l'exemple précédent, la présence d'un participant ayant du charisme va fausser la vision que l'enquêteur a des autres participants, exagérant les différences entre eux ;

– **les effets d'assimilation** correspondant à la non-perception des différences. L'assimilation consiste à catégoriser la personne. Au cours de l'observation d'une classe, l'observateur classe rapidement les élèves en différentes catégories : les bavards, les perturbateurs, ceux qui travaillent et ceux qui participent. Sa perception en est influencée (il peut se focaliser sur l'une ou l'autre des catégories, considérer que les réponses données par un élève « classé » perturbateur auront moins de poids qu'un autre plus studieux) ;

– **les effets de halo** : l'évaluation d'un fait peut contaminer les autres observations. En effet, une sélectivité de la mémoire entraîne une mémorisation inégale des différents faits. Lors d'une enquête nécessitant une observation régulière d'une même situation, comme l'accueil à la CAF, l'enquêteur met en évidence des dysfonctionnements dès la première observation (problème d'attente par exemple). Inconsciemment, les prochaines observations vont se focaliser sur les problèmes d'attente, ce qui faussera les résultats de l'enquête.

B Les contraintes liées à la personnalité de l'observateur

L'appartenance sociale de l'observateur modèle aussi sa perception de l'observé. Il est essentiel que l'observateur réfléchisse à ses tendances spontanées pour y être attentif et en tenir compte lors d'une observation.

Plusieurs points influencent son observation :

– **sa façon d'appréhender la réalité**, qui détermine sa largeur ou son étroitesse d'esprit : l'observation sera différente selon sa tendance à juger ou à interpréter, son imagination, son sens critique… Par exemple, lors d'un débat, un observateur ayant des convictions politiques différentes ou similaires des observés interprétera différemment les paroles des participants, en étant plus ou moins compréhensif avec l'un ou l'autre ;

– **sa tendance à minimaliser ou à accentuer des faits**. Selon ses valeurs et son expérience, l'observateur risque de se focaliser sur un point particulier, ce qui le rend plus ou moins attentif. Par exemple, un observateur qui ne supporte pas le bruit aura du mal à observer le comportement des élèves au sein d'une classe bruyante ou au cours d'une conférence agitée ;

– **sa capacité à analyser une situation et à établir le lien entre plusieurs faits**. Lors de l'observation de la dépendance d'une personne âgée, l'observateur peut avoir des difficultés à analyser la situation, du fait de son manque de connaissance médicale, s'il n'est pas compétent dans le domaine ;

– **sa capacité de résistance aux perturbations de la perception**. En effet, la conscience de l'observateur par rapport à lui-même le rend plus imperméable aux perturbations. Par exemple, un observateur qui se sait sensible au bruit, se placera dans un endroit où le bruit sera moindre.

L'observateur doit également être conscient du phénomène de projection, c'est-à-dire attribuer à l'observé, ses propres attitudes et réactions. Certes, une part d'identification permet à l'observateur une meilleure compréhension de la situation étudiée, mais au-delà, la projection entraîne une déformation des données.

L'observateur donne aussi aux faits des significations issues de son univers personnel, son histoire, ses expériences, son vécu, son cadre de référence…

L'observateur a aussi tendance à décoder la réalité selon la théorie à laquelle il adhère. Les hypothèses nécessaires à toute recherche agissent sur sa perception en provoquant des attentes qui déforment la réalité. Tout ceci induit des résultats conformes à sa théorie de départ. L'observateur suggère, sans s'en rendre compte, les réponses qu'il attend.

2 Les conditions liées aux réactions de l'observé et de l'observateur

Plusieurs réactions sont automatiquement induites par le fait d'être observé :

– **un réflexe de défense sociale** : tendance à éviter la situation, à faire une évaluation plus positive, à donner une image valorisante de soi… ;

– **des attitudes** allant de l'anxiété paralysante (silence, passivité...) à l'exhibitionnisme (comportements exagérés, interventions nombreuses...) face au regard de l'observateur.
L'influence de la personnalité de l'observateur (âge, sexe, taille, habillement, position sociale...) altèrent les comportements des sujets qui répondent en fonction de l'image qu'ils se font de lui. Les observateurs amicaux et expressifs neutralisent les réactions à la situation d'observation, mais ils obtiennent des résultats plus conformes à leurs attentes. Les observateurs neutres inquiètent plus les observés.
Dans les enquêtes professionnelles, les observations sont donc réalisées par des enquêteurs qui ont reçu une formation spécifique, les préparant à déceler et à noter avec exactitude les problèmes, les comportements et les faits les plus significatifs.

51 L'ENQUÊTE PAR OBSERVATION

L'analyse des résultats d'une enquête par observation

L'analyse des résultats d'une enquête par observation est le plus souvent complexe mais elle peut être facilitée par l'utilisation d'outils spécifiques.

1 Les outils utilisés dans le cadre d'une observation

A La grille d'observation

1. Les différents types de grille

- **La grille d'observation à visée formative** : elle est utilisée pour la formation à l'observation de situations de communication. Par exemple, une grille d'observation d'une communication orale.
- **La grille d'observation pour l'étude de comportements** : certaines grilles recensent la présence ou non de faits observables (mimiques, gestes, actions...). D'autres classent les comportements observés dans des catégories préalablement définies (expression de l'agressivité, facilitation de la parole).
- **La grille d'observation évaluative** : elle vise à observer des faits et des comportements dans le but d'en apprécier la valeur. Par exemple, la grille AGGIR permet d'observer le degré de dépendance d'une personne âgée.

2. La construction de la grille

Il s'agit de définir, avec précision, les variables à observer. La grille d'observation se présente sous la forme d'un tableau très structuré intégrant ces variables. La disposition de la grille doit faciliter le travail de l'observateur qui a pour mission de regarder et de cocher. Des symboles graphiques simplifient son utilisation.

Extrait de la grille AGGIR

A = fait seul(e) spontanément, correctement, totalement.
B = fait seul(e), mais après stimulation, ou mal, ou partiellement, ou à mauvais escient.
C = ne fait pas, ou il faut faire à la place, ou il faut faire faire.
Nb. - **Cotation indispensable** pour déterminer le groupe ISO-RESSOURCE de la personne.

	A	B	C
Cohérence Converser et/ou se comporter de façon sensée			
Orientation Se repérer dans le temps, les moments de la journée et les lieux			
Toilettes			
Haut (visage, tronc, membres supérieurs, mains, rasage, coiffage)			
Bas (membres inférieurs, pieds, régions intimes)			
Anale (assumer l'hygiène de l'élimination fécale)			
Transferts Se lever, se coucher, s'asseoir : passer d'une des trois positions à une autre dans les deux sens.			
Déplacement à l'intérieur Avec ou sans canne, déambulateur, fauteuil roulant			
Déplacement à l'extérieur À partir de la porte d'entrée			
Communication à distance Utiliser les moyens de communication, téléphone, sonnette, alarme			

Code d'action sociale et des familles, ministère des Affaires sociales

L'usage d'une grille peut enfermer l'observateur dans un cadre rigide. En effet, certains aspects envisagés se révèlent finalement peu significatifs alors que d'autres non prévus paraissent importants. De plus, la grille restreint également l'emplacement de notation, laissant peu de place aux annotations et aux événements imprévus. Malgré cela, cette grille est un outil utile pour les observateurs débutants ou quand il faut uniformiser la pratique des différents observateurs. Il est préférable d'accompagner son observation d'une prise de note régulière.

B Les outils audiovisuels

Le recours aux outils audiovisuels permet d'enregistrer les faits in extenso dans leur ordre de succession chronologique. La perception humaine est en partie compensée par la possibilité de voir et revoir les images, faire des arrêts sur image, discuter entre observateurs, fixer l'attention sur des phénomènes fugitifs.

Néanmoins, des problèmes liés à l'observation humaine demeurent, car :

- l'introduction d'une caméra peut entraîner des modifications de comportement et de contenus verbaux ;
- l'angle de prise de vue est forcément partial ;
- le champ d'observation est limité aux prises de vue réalisées.

2 Le traitement et l'analyse des résultats

A Le traitement des résultats

Le traitement et l'analyse des résultats issus d'une enquête par observation sont complexes. À partir des notes et des grilles d'observation remplies, il faut :
- mettre en exergue les mots clés et les idées principales ;
- repérer et corriger les termes mal écrits ou trop abrégés ;
- faire un résumé des mots clés cités ;
- détailler les exemples pertinents ;
- clarifier les résultats sous forme de tableau ou de schéma.

Il convient de limiter au maximum le temps entre l'observation et sa notification par écrit, car le souvenir peut engendrer des oublis ou des déformations. Comme pour chaque enquête, le dépouillement peut aussi s'accompagner d'un « comptage » point par point ou en croisant des variables.

B L'analyse des résultats

Il s'agit de mettre en évidence les caractéristiques du phénomène étudié pour un public et un terrain définis. Puis, il faut les expliquer en avançant des facteurs constatés et les comparer avec des éléments théoriques. La réflexion peut être approfondie par une documentation ou un entretien avec des spécialistes.

4

La démarche de projet

3 Les caractéristiques d'un projet

• Le projet est une **anticipation** d'une ou plusieurs actions, ce qui oblige à le visualiser dans l'avenir. Cependant, cette anticipation est partielle : il ne doit ni être trop organisé (ce qui laisserait peu de marges de manœuvre aux acteurs), ni trop exigeant (ce qui pourrait décourager), ni flou (ce qui n'engagerait pas à l'action).

• Le projet s'inscrit dans une perspective de **changement** de situation. Il implique la créativité et permet de lutter contre la répétition et le conditionnement dans une situation (et donc l'ennui).

Exemple : les diverses manifestations dans le cadre de la lutte contre le cancer permettent à l'association ADOC 11 de se faire connaître, mais également de réaliser des actions ponctuelles différentes de ses activités habituelles qui consistent à accueillir et renseigner des usagers dans ses locaux.

• Le projet est limité dans le **temps** : il implique une programmation des objectifs à atteindre, des actions à réaliser, des évaluations à pratiquer.

Exemple : le 3e Plan cancer est échelonné sur 5 ans, de 2014 à 2019.

• Tout projet doit comporter une **analyse de faisabilité** en fonction des contraintes du milieu et des moyens disponibles.

• Le projet, qu'il soit individuel ou collectif, demande la **participation** des acteurs concernés et permet la mobilisation de leurs potentialités.

• Dans le cadre d'un projet collectif, des **structures** d'informations, d'échanges et de concertation sont mises en place pour obtenir l'adhésion des partenaires et acteurs. Un projet repose sur une communication efficace entre les acteurs.

Exemple : l'association ADOC 11, porteur du projet, est l'organisateur et le pilote qui a assuré la communication entre les différents acteurs :
- des étudiants du BTS SP3S ont pris en charge la communication écrite et visuelle (tract, affiche et dossier de presse) et l'accueil sur les manifestations ;
- les spécialistes de la ville (gastrœntérologues, gynécologues…) ont assuré des consultations gratuites ;
- le Comité d'éducation pour la santé a été chargé de l'aide logistique (matériel) et humaine (accueil et information) ;
- l'ARS a financé le projet.

4 Les différents types de projet

Le projet peut s'inscrire dans une démarche personnelle (projet personnel ou projet de vie) ou répondre à une démarche collective (démarche de projet d'établissement ou de service).

A Les projets individuels

Ce sont les **projets personnalisés**. Ils correspondent à l'ensemble des démarches permettant de répondre aux besoins d'un usager, d'un patient ou d'un client : accompagnement scolaire, professionnel, social ou médical. Il porte différents noms selon ses objectifs. On parle de projet de vie pour une personne âgée, projet d'accompagnement scolaire pour un enfant handicapé, projet professionnel pour un adulte handicapé, non placé sous tutelle.

B Les projets collectifs

1. Les projets pouvant relever d'une législation

- **Le projet de recherche**: ce sont les démarches qui permettent à un chercheur de démontrer que ses hypothèses formulées (propositions ou suppositions dont la véracité n'est pas encore prouvée) répondent au problème posé par un sujet de recherche.
- **Le projet d'étude**: il consiste à étudier un problème en utilisant des méthodes de recueil de données : questionnaire, entretien, observation, recherche documentaire comme par exemple, l'étude de l'incidence des cancers auprès des femmes ménopausées.
- **Le projet d'action**: ce projet suppose que tous les objectifs fixés soient réalisés grâce à la mise en place d'actions concrètes. Ce type de projet se trouve entre autres dans le monde associatif. Le projet de lutte contre le cancer de l'association ADOC 11 est un projet d'action répondant à un plan national.
- **Le projet d'organisation**: c'est une démarche de projet appliquée à un réaménagement, une restructuration ou la construction d'un service ou d'une structure. Par exemple, l'aménagement d'un pôle Cancérologie dans un CHU.

2. Les projets relevant obligatoirement d'une législation

Les projets d'établissement ou de service sont soumis à une législation précise. Pour les établissements sanitaires et sociaux, l'article L6143-2 du Code de la santé publique stipule que « le projet d'établissement définit notamment sur la base du projet médical, les objectifs généraux de l'établissement dans le domaine médical, social, des soins infirmiers, de la recherche biomédicale, de la gestion et du système d'information ». Un tel projet précise la contribution de l'établissement à la nécessaire réponse aux besoins de santé de la population.

→ **POUR ALLER PLUS LOIN**

- Plan national de lutte contre le cancer : http://www.plan-cancer.gouv.fr/
- Site de l'association ADOC 11 : http://depistage-cancer.com/

53 LE TYPE DE PROJET

Les enjeux de la démarche de projet

La notion de projet est apparue en premier lieu au sein des entreprises opérant dans le secteur privé. Cependant, elles ont influé sur le fonctionnement des organisations publiques et notamment sur le secteur social et médico-social.

1 Les enjeux pour les professionnels

La question du fonctionnement par projet dans les administrations publiques a d'abord été posée dans les années 1970, pour répondre à un impératif de rationalisation des moyens publics. Aujourd'hui, la démarche de projet présente de nombreux avantages pour les professionnels et pour les usagers.

A Un enjeu pour le management

En sociologie des organisations, il existe deux utilisations du terme « projet » :
– **la gestion par projet** : elle a pour objectif principal de faciliter l'innovation et l'expérimentation. Le projet, dans ce cas, nécessite la mise en place d'un travail d'équipe, dans lequel la relation hiérarchique n'a pas lieu d'être. Il est temporaire ;
– **le projet d'institution** : il implique davantage l'ensemble de l'organisation et non plus une équipe. Le projet d'établissement ou le projet de service est centré sur l'amélioration de l'organisation dans la continuité de l'existant. Dans ce cadre, le projet sert notamment d'outil de management et revêt un caractère plutôt hiérarchique. Cependant, il doit faire l'objet d'une mobilisation générale, car il nécessite la participation et l'adhésion de tous. Le projet d'institution est un contrat passé entre l'organisation et ses salariés et/ou bénévoles, pour s'assurer de la cohérence et du sens vis-à-vis de l'action menée. Il s'inscrit donc dans la durée.

→ La démarche de projet entraîne une dynamique collective qui mobilise les personnels autour d'un projet fédérateur donnant du sens à leurs actions.
La démarche est aussi importante que le projet lui-même car elle crée la dynamique. Elle peut être directive ou participative. Dans le premier cas, elle conduit souvent à des blocages, tandis que dans le second, elle est source de développement pour les acteurs du projet.

B Un enjeu pour l'évolution de l'organisation

- Être à l'écoute des projets qui existent sur le territoire permet aux acteurs de trouver leur place et d'être en mesure de proposer des offres adaptées aux besoins locaux (voir fiche 63).
- La démarche de projet est donc une démarche de progrès, de modernisation, d'innovation, de création et de mobilisation. Elle fait évoluer l'organisation en l'adaptant à l'évolution des contextes. C'est une démarche dynamique, où le projet se réadapte à chaque étape, tandis que l'objectif reste le même. L'innovation et la modernisation visent à pérenniser les activités

de l'organisation tout en renvoyant un impact positif sur les usagers.

- Une démarche participative pour mener un projet de territoire ou un projet d'établissement est porteuse d'une certaine vision de la citoyenneté, et oblige à s'intéresser à la vie politique du territoire ou à la vie sociale dans une organisation. Elle nécessite des capacités d'écoute et de dialogue de tous les acteurs et une volonté de construire ensemble.

C Un enjeu économique

- Pour les organisations, la mise en place d'un projet permet la mobilisation des acteurs et la **mutualisation des moyens**, qu'ils soient humains, financiers, organisationnels ou matériels. Cette mise en commun des moyens vise une meilleure efficacité et une économie sur les ressources mobilisées.
- Dans un contexte plus général, la mise en place des projets entre institutions répond souvent à des appels à projets d'organismes publics (voir fiche 60). Ces organismes ont des budgets propres à la mise en place de déclinaisons des plans nationaux sur le territoire (exemple du plan national de lutte contre le cancer – fiche 52). L'appel à projet permet de donner des fonds généralement inférieurs à la réelle création de nouvelles activités au sein des organisations. Le reste du financement est obtenu par la mutualisation des moyens, la réorganisation du travail au sein de l'organisation et avec les partenaires. Le travail en réseau est alors sollicité.

2 Les enjeux pour les usagers

A L'amélioration de la qualité du service rendu

Le projet est **un outil de la démarche qualité**. Il permet d'améliorer le service rendu en le mettant en lien avec le besoin initial.

→ **La démarche qualité (qui est une démarche de projet) est obligatoire dans les établissements sanitaires et sociaux depuis les ordonnances 96-346 du 24 avril 1996 : « art L.710-1-1. La qualité de la prise en charge des patients est un objectif essentiel pour tout établissement de santé. Celui-ci doit procéder à une évaluation régulière de leur satisfaction, portant notamment sur les conditions d'accueil et de séjour ».**

Les projets personnalisés visent à adapter les conditions de vie ou autres en fonction des besoins propres à chacun.

B L'information et la sensibilisation

- Le projet est un outil de sensibilisation qui a pour objectif d'informer et de faire prendre conscience à un large public d'un comportement à risque (le projet en prévention comme le projet de lutte contre le cancer de l'association ADOC 11 par exemple – voir fiche 52).
- Le projet est un outil d'incitation : il permet au public de modifier un comportement.

C La responsabilisation

La mise en place d'un projet nécessite l'implication à part entière des usagers, notamment dans les projets individuels (exemple du projet de vie – voir fiche 55). Dans les projets collectifs, leur implication dans la démarche vise à répondre au plus près à leurs besoins et à mettre en évidence leurs responsabilités dans l'atteinte des objectifs.

54 LE TYPE DE PROJET
Le projet personnalisé

Dans le domaine médico-social, le projet personnalisé est élaboré dans le but d'aider une personne prise en charge à s'adapter à sa nouvelle situation et à lui donner des perspectives d'avenir.

1 Définition

➜ Conformément à la loi n° 2002-2 du 2 janvier 2002 portant sur la rénovation de l'action sociale et médico-sociale, tout établissement social ou médico-social doit proposer un accompagnement personnalisé, en établissant un « contrat ou document individualisé garantissant l'adaptation de la prise en charge ». La loi ne précise pas d'appellation pour ce document, mais il est d'usage, dans les institutions, d'utiliser le terme de « projet personnalisé ».

Pour la personne prise en charge, le projet personnalisé représente une projection dans l'avenir qui tient compte de l'expression de ses choix. C'est donc une « orientation vers ».
Dans ce cadre, la notion de projet est intéressante car cela suppose pour l'usager d'inscrire l'action mise en place dans la durée et d'atteindre des objectifs.
Élaboré en concertation avec l'usager, sa famille et les professionnels dans le respect de la législation, le projet bénéficie des ressources professionnelles et matérielles de l'établissement.

2 Que dit la loi ?

La loi ne fait pas de distinction entre le contrat de séjour et le document individuel de prise en charge, le contrat ayant une valeur juridique plus importante car il engage les parties prenantes. Il n'est pas précisé non plus si le document doit être cosigné par l'usager ou son représentant légal et par le représentant de l'établissement d'accueil.
En revanche, la loi énonce clairement que ce « contrat ou document définit les objectifs et la nature de la prise en charge ou de l'accompagnement dans le respect des principes déontologiques et éthiques (voir fiche 33), des recommandations de bonnes pratiques professionnelles et du projet d'établissement » (voir fiche 58) et qu'il « détaille la liste et la nature des prestations offertes ainsi que le coût prévisionnel ».
D'un point de vue déontologique, il faut donc laisser à l'usager toute sa place dans la construction de son propre projet. Il doit être réalisé dans les 6 mois qui suivent la date de son admission et être réévalué chaque année.

3 Les caractéristiques du projet personnalisé

- Il est **personnel** : il est adapté au vécu et aux attentes de chaque personne.
- Il est **réaliste** : il tient compte des capacités et des ressources de chacun, usager comme professionnel. Un projet trop ambitieux peut entraîner du stress, de la pression, de l'hyperactivité, ou au contraire une inactivité.

- Il **guide** : le projet doit donner une perspective, tout en laissant une marge d'autonomie à l'usager.
- Il est **évolutif** : il reflète les besoins et les capacités de la personne à un moment donné et nécessite par conséquent d'être ajusté régulièrement.

4 Les différents types de projet

Le projet personnalisé prend différents noms selon l'organisation. Il peut s'agir d'un projet de vie en EHPAD (Établissement d'hébergement pour personnes âgées dépendantes), d'un projet personnalisé de scolarisation pour un enfant présentant un handicap, d'un projet personnalisé d'accès à l'emploi pour un demandeur d'emploi, d'un projet personnalisé d'accompagnement pour un enfant en établissement spécialisé…

Quelle que soit son appellation, le projet personnalisé intègre les différents volets de l'accompagnement : vie quotidienne, sociale, citoyenne, soins, soutien psychologique, accompagnement de fin de vie… Il peut se focaliser sur un point particulier en fonction du type de projet, mais il doit prendre en compte les besoins de la personne dans la globalité. Par exemple, il est difficile d'élaborer un projet personnalisé d'accès à l'emploi, sans tenir compte de la santé de la personne et de sa situation sociale.

55 LE TYPE DE PROJET

La conception d'un projet personnalisé

Le projet personnalisé est consigné sur un document qui expose la démarche mise en œuvre et les différentes étapes qui en découlent : objectifs, modalités d'application, suivi et évaluation. Ce document personnalisé n'a pas de forme imposée : il est laissé au libre choix des professionnels.

1 Les étapes de conception d'un projet personnalisé

A Identifier les difficultés et besoins de l'usager

Chaque professionnel doit pouvoir évaluer la situation de l'usager dans son domaine. Par exemple, le médecin diagnostique ses problèmes de santé ; le psychologue mesure ses capacités mentales ; le psychomotricien, ses capacités motrices ; l'assistante sociale, sa situation familiale et financière et l'implication de son entourage. Une ou plusieurs rencontres avec la famille sont nécessaires.

Cette étape est cruciale, car elle permet :
- de donner la parole à l'usager et à son entourage, en laissant émerger les craintes et difficultés de chacun et en confrontant les points de vue ;
- de reprendre l'histoire de l'usager ;
- d'évaluer ses capacités et les potentialités de ses proches.

B Établir un bilan interdisciplinaire

Lors d'une réunion d'équipe, il est important d'établir un bilan global de la situation de la personne, en sa présence. Chacun peut apporter son éclairage sur la situation. Il s'agit de réfléchir sur des actions complémentaires qui viseront à couvrir l'ensemble des attentes et besoins de la personne. Voici l'exemple d'un guide pour la rédaction du projet personnalisé, issu d'une réunion d'équipe :

Personnes présentes: Nom:		Qualité:
Identification de la personne concernée: Nom: Âge:		
Date de la synthèse:		
Date de la précédente synthèse:		
Histoire personnelle:		
Implication de l'entourage:		
Parcours institutionnel:		
Mesures éventuelles de protection:		
Problèmes de santé et traitements médicaux:		
Capacités motrices:		
Rapport à soi-même:		
Relations avec les autres:		
Rapport aux règles:		
Rapport au temps et à l'espace:		
Rapport aux activités:		
Rapport aux objets:		
Conclusion générale:		

C Formaliser le projet personnalisé

- Le projet doit mettre en œuvre une prise en charge concrète et adaptée, un accompagnement de qualité favorisant le développement, l'autonomie et l'insertion tout en respectant le consentement éclairé de l'usager. Les objectifs du projet sont:
  - **personnels**. Ils sont établis suite à des constats, des observations, des projections dans l'avenir concernant la personne elle-même et font l'objet d'une réflexion particulière;
  - **décrits avec précision**, de façon à être évaluables.
- Pour chaque objectif, il faut identifier les moyens qui sont mobilisés: acteurs, implication de l'usager et de son entourage, méthodes, supports utilisés... Il convient aussi de préciser les difficultés pour atteindre cet objectif, ce qui permettra de visualiser la progression, le changement et d'adapter le projet.
- Le projet peut ainsi porter sur l'adaptation de la chambre au handicap, les activités de loisirs proposées, les visites médicales et consultations avec les professionnels, les formations et/ou travail proposés, la participation à la vie sociale... Le projet présente aussi les moyens d'évaluer cet accompagnement. Les rubriques d'un projet personnel ne sont jamais définies à l'avance, ni figées dans le temps, c'est un guide. Il ne faut pas viser la perfection, ni l'hyperactivité, mais être réaliste et réfléchir à des actions sur le court et le moyen terme, en tenant compte également des contraintes d'organisation.
- Il n'y a pas de forme imposée. Néanmoins, le projet doit être formalisé sur un support, placé dans le dossier de l'usager. Il est nécessaire de l'attacher au rapport d'évaluation, de façon à garder une vision d'ensemble et de pouvoir mesurer la démarche engagée par

l'usager. Chaque document produit dans le cadre d'un projet personnalisé est clairement identifiable : il contient la date, le nom des acteurs professionnels, leur fonction et leur institution d'appartenance. En effet, des partenaires extérieurs peuvent intervenir dans la construction d'un projet, comme le médecin traitant référent.

D Suivre le projet

La qualité des interventions et de l'accompagnement se construit au quotidien et les professionnels procèdent à des ajustements réguliers. Il est nécessaire d'organiser des réunions fréquemment afin de vérifier si les actions proposées sont adaptées et si les attentes et besoins de l'usager n'ont pas changé. Les décisions les plus importantes nécessitent obligatoirement la mise en place d'une réunion. C'est le cas pour un changement de structure d'accueil, une hospitalisation, un problème majeur survenu... Le dialogue avec l'usager et sa famille doit être constant afin de pouvoir améliorer la qualité des prestations.

➜ **Certains outils peuvent aider au suivi du projet, comme par exemple, un classeur de suivi journalier, où les professionnels pourraient noter les activités proposées, les difficultés rencontrées, les bienfaits pour l'usager...**

2 Le rôle du référent du projet

Le référent est un professionnel désigné par l'équipe. De par sa fonction, il a un contact privilégié avec l'usager et sa famille et détient un rôle central dans le projet :
- il est chargé d'établir l'état des lieux des besoins et attentes de la personne ;
- au cours des réunions de synthèse, il établit un bilan et reprend point par point les prestations proposées. Il représente l'intérêt de l'usager et est son porte-parole, ainsi que celui de la famille ;
- il a un rôle de coordonnateur, en s'assurant de la mise en œuvre du projet. Le référent suit l'évolution du projet et participe à l'évaluation. Il est donc chargé d'organiser les réunions dès que nécessaire.

3 Le lien avec le projet d'établissement

Les modalités d'accueil, d'admission et le projet individuel doivent figurer dans le projet d'établissement. Celui-ci assure une cohérence entre l'organisation, les différents textes réglementaires et les pratiques professionnelles.

➜ **Au sein de l'organisation, la loi impose la mise en place d'un Conseil de vie sociale (CVS) qui a pour but de faire participer les usagers dans l'organisation de la structure. Les CVS peuvent être aussi le support de discussion de la mise en place et de l'amélioration des projets individuels.**

56 LE TYPE DE PROJET

Un exemple de projet personnalisé

Le projet personnalisé de scolarisation (PPS) définit les modalités de déroulement de la scolarité et des actions pédagogiques, éducatives, sociales, psychologiques, médicales et paramédicales répondant aux besoins particuliers de l'enfant présentant un handicap. Il s'impose à tous les établissements scolaires et doit être inscrit dans le projet d'établissement.

1 Définition du PPS

Le PPS est un document écrit qui formalise les modalités de l'accompagnement tant sur le plan scolaire et éducatif que thérapeutique. Ce document est nécessaire à toute scolarisation de l'enfant handicapé aussi bien en milieu ordinaire qu'adapté. Le projet précise par exemple si l'accompagnement est géré par une auxiliaire de vie scolaire ou si une mise à disposition de matériel adapté (matériel informatique, table adaptée...) est prévue.

2 Les étapes de la mise en place d'un PPS

A La demande initiale : la saisine de la MDPH

La demande de mise en place d'un PPS émane de la famille, qui dépose un dossier auprès de la Maison départementale des personnes handicapées (MDPH). La MDPH est une organisation chargée d'accueillir, d'informer, d'accompagner et de conseiller les personnes en situation de handicap et leur famille. La demande de la famille est souvent insufflée par l'équipe enseignante qui identifie la situation problématique. Dans ce cas, la famille est invitée à une réunion de suivi pédagogique où sont évoquées les difficultés de l'enfant dans le milieu scolaire, tels que les problèmes d'apprentissage ou d'intégration.

Le dossier de demande est constitué du formulaire mis à disposition par la MDPH, d'un certificat médical de moins de 3 mois et d'une ébauche de projet de vie éventuellement. Un professionnel de la MDPH doit alors convoquer la famille et l'enfant afin de discuter et de préciser son projet de vie.

→ La demande d'un PPS peut être faite par la personne en situation de handicap, la famille, le représentant légal ou le responsable de l'établissement d'accueil de la personne handicapée.

B L'étude de la situation de l'enfant et de sa famille

La MDPH étudie le dossier : un ensemble de professionnels compétents est chargé d'évaluer la situation de l'enfant et de la famille. La famille fait également part du projet de formation de l'enfant. À cette occasion, l'enfant et la famille peuvent rencontrer un médecin, une assistante sociale, un psychomotricien... Le projet de vie, et notamment de scolarisation, est finalisé par l'ensemble des professionnels, qui y notent leurs remarques. L'équipe a également la possibilité de se déplacer au domicile.

C La transmission du dossier à la CDAPH

Une fois rempli, le dossier est transmis à la Commission des droits et de l'autonomie pour les personnes en situation de handicap (CDAPH) qui est chargée de statuer. La famille et l'enfant sont alors convoqués à une audience pour déterminer le plan personnalisé de compensation, c'est-à-dire, l'ensemble des mesures à mettre en place pour faire face au handicap. Le projet personnalisé de scolarisation fait partie de ces mesures. La commission décide du parcours de formation, des modalités de déroulement de la scolarité et des aides nécessaires pour l'accompagnement. Autant que possible, la solution privilégiée est l'enseignement en milieu ordinaire.

D La mise en place et le suivi du PPS

La mise en place d'un PPS nécessite en premier lieu de contacter les écoles rattachées au domicile des parents, afin de déterminer les conditions d'accueil. Le directeur de l'établissement scolaire évalue les possibilités d'accueil de l'enfant, procède à l'inscription et remet les coordonnées de l'enseignant référent à la famille. C'est l'enseignant référent qui contribue à l'accueil et à l'information de l'enfant et de sa famille, qui organise des réunions de suivi et contribue à l'évaluation et la mise en œuvre du PPS.

→ **Comme tout projet personnalisé, le PPS est évolutif, et doit s'adapter aux nouveaux besoins de l'enfant et à sa progression. Il est donc régulièrement réajusté par l'équipe de suivi et l'enseignant référent. La famille a la possibilité de saisir de nouveau la commission afin de réajuster le projet.**

57 LE TYPE DE PROJET

Un exemple de projet d'action

L'alimentation des enfants est un thème prioritaire de santé publique sur lequel le réseau des comités d'éducation pour la santé (CODES) s'investit depuis de nombreuses années. Un des projets d'action en santé publique, initié en Languedoc-Roussillon, s'intitule : « Manger, bouger pour mieux grandir ».

1 La phase de diagnostic

A Le contexte

Le Programme national nutrition santé (PNNS) a pour but d'améliorer l'état de santé de l'ensemble de la population, en agissant sur l'un de ses déterminants majeurs, la nutrition. Plusieurs objectifs initialement fixés ont été partiellement ou totalement atteints, comme la réduction de la prévalence du surpoids et de l'obésité chez l'enfant, la réduction de la consommation de sel ou de sucre, l'augmentation de la consommation de fruits chez les adultes. Pour autant, ces améliorations n'ont pas concerné de façon homogène toute la population et la lutte contre les inégalités sociales de santé est un objectif prioritaire du PNNS 2011-2015.

→ Les principaux objectifs du projet « Manger, bouger pour mieux grandir » sont de donner de bonnes habitudes alimentaires et d'initier les enfants au plaisir de l'activité physique, dès le plus jeune âge, en agissant sur leur environnement direct.

Ce programme a été initié par le CODES des Pyrénées-Orientales (CODES66). En 2008, les départements de l'Aude et de la Lozère ont rejoint ce dispositif. En 2009, le projet a regroupé l'ensemble des départements de la région Languedoc-Roussillon, d'où la nécessité d'une coordination régionale. Ce projet présente donc une dimension micro-locale en termes de déroulement de l'action et une coordination régionale en termes d'échanges de pratiques, de modalités d'évaluation et de communication.

En 2012 et 2013, les CODES de l'Aude et des Pyrénées-Orientales ont réalisé un guide méthodologique, à destination des professionnels de la petite enfance, présentant les expériences menées les années précédentes.

B Les objectifs du projet

La définition d'objectifs permet de mettre en place des actions qui répondent aux besoins identifiés.

1. L'objectif général

Il consiste à engager une réflexion durable avec les enfants, les parents et les professionnels des structures de la petite enfance des cinq départements du Languedoc-Roussillon, sur les comportements alimentaires et sur le développement du goût du jeu et de l'effort physique.

2. Les objectifs spécifiques

- Soutenir les équipes de quinze nouvelles structures de la petite enfance de la région dans leur accompagnement aux familles quant à l'alimentation et à l'initiation aux activités physiques de l'enfant de 3 mois à 3 ans.
- Soutenir la dynamique engagée dans les structures les années précédentes.
- Favoriser l'éveil sensoriel et corporel des tout-petits.

3. Les objectifs opérationnels

- Développer la réflexion des professionnels, en termes d'alimentation et activité physique du tout-petit, afin d'adapter leurs actions auprès des enfants et de leurs parents ainsi que d'une manière plus globale sur le fonctionnement de la structure.
- Développer des ateliers de découvertes pour les tout-petits.
- Répondre directement aux interrogations des parents concernant leur enfant

2 La phase opérationnelle

Projet d'action du CODES de l'Aude et des Pyrénées-Orientales : « Manger, bouger pour mieux grandir »

Les actions menées

Dans chaque structure, le programme s'articule autour de trois axes:
- échange de pratiques et travail sur les demandes des professionnels afin de proposer des rencontres avec des spécialistes, dans le but de lever les difficultés rencontrées au sein des différentes structures;
- information en direction des parents sous forme de réunions et d'échanges avec des professionnels;
- ateliers ludiques de découvertes sensorielles et corporelles à destination des enfants. Deux interventions sont proposées pour les enfants de 18 mois à 3 ans: la découverte des fruits et légumes qui s'appuie sur les cinq sens des enfants et des exercices d'activités physiques basés sur la découverte de la motricité, des postures, de l'équilibre et des points d'appui.

Les outils utilisés

- Fonds documentaire du CODES11
- Documentation et brochures de l'Inpes
- Documentation du CERIN (Centre d'étude et de recherche en informations nutritionnelles)
- Outils pédagogiques créés par le CODES11
- Outils pédagogiques de Lecode

L'élaboration du guide méthodologique est élaboré avec le soutien d'une étudiante en master PESAP (Prévention, éducation pour la santé et activités physiques). L'outil, finalisé courant de l'été 2013, est validé par la commission régionale Nutrition santé, et expérimenté dans les structures de la petite enfance notamment en Lozère et dans l'Aude.

→ → →

→ → →

Le territoire

Dans l'Aude, ce sont six crèches et cinq relais d'assistantes maternelles (RAM) qui ont participé en 2009/2011 :

- crèches de Bram, Floure, Badens, Villegailhenc, Cuxac Cabardès et Port Leucate ;
- relais assistantes maternelles de Bram, de Malves en Minervois, de Bizanet, de Saint Nazaire d'Aude et de Badens.

Les acteurs du projet

Personnes référentes du projet : chargées de projet du CODES 11

◗ ***Partenaires :***

- directrices des trois structures de petite enfance ;
- une psychomotricienne ;
- une psychologue ;
- une diététicienne ;
- un médecin coordonnateur de PMI.

◗ ***Publics***

Les enfants de 3 mois à 3 ans, leurs parents ainsi que les professionnels des structures d'accueil de jeunes enfants participants.

La phase d'évaluation

Les outils d'évaluation sont élaborés au niveau régional : questionnaires pour les parents et les professionnels, grille d'observation pour observer les enfants et feuilles de présence. L'évaluation est aussi mise en œuvre par des échanges avec les parents. Un an plus tard, des entretiens avec les professionnels sont réalisés afin d'évaluer la pérennité des actions.

L'évaluation des actions des années précédentes montre que :

- dans chaque structure, une réelle réflexion s'engage sur les pratiques liées à l'alimentation par les professionnels et les parents ;
- l'impact sur les comportements alimentaires est visible à travers la réactualisation ou l'acquisition de connaissance, le changement de comportements individuels, le changement au niveau du fonctionnement même des crèches et le développement chez les professionnels de leur rôle de conseil auprès des parents ;
- dans l'Aude, plusieurs structures participantes en 2008, 2009 et 2010 ont fait perdurer les interventions des psychomotriciens, psychologues ou encore diététiciens ou ont mis en place des activités de sensibilisation à la nutrition comme la création de potagers ou des ateliers cuisine.

Source : Rapport d'activité 2011 du Comité départemental d'éducation pour la santé de L'Aude, www.codes11.com
http://www.mangerbouger.fr/pnns/pnns-2011-2015.html

58 LE TYPE DE PROJET

Le projet d'établissement

Toutes les organisations, dont celles du champ sanitaire et social, doivent élaborer un projet d'établissement, afin de définir les perspectives d'évolution à moyen terme. Cette obligation réglementaire nécessite la participation de tous les membres de l'organisation.

1 Qu'est-ce qu'un projet d'établissement ?

A La démarche mise en place

La loi prévoit que le projet d'établissement soit :
- une **démarche prospective** : les objectifs sont définis sur une durée de 5 ans. Il faut donc imaginer l'organisation « de demain » en fonction de l'analyse de l'existant et des moyens dont dispose l'organisation ;
- une **démarche collective** : la conception du projet doit être l'occasion de discussion, de concertation entre tous les membres d'une organisation, de tous les corps de métiers, en fonction de l'évolution du contexte et des caractéristiques du public. Un consensus est trouvé, c'est donc un outil fédérateur. Il permet de réfléchir sur les valeurs et les représentations de l'organisation ;
- une **démarche participative des usagers** : ils ont une part de responsabilité dans la conception du projet, puisque celui-ci présente les prestations qui seront mises en place ;
- une **démarche réflexive** afin d'intégrer les bonnes pratiques dans l'organisation.

Que dit la loi ?

Dans le domaine social et médico-social

- **La loi du 30 juin 1975** sur les institutions sociales et médico-sociales envisageait déjà les acteurs du secteur social et médico-social comme des « organisations à projet ». Elle prévoyait la mise en place de schémas départementaux, le recensement des besoins, l'établissement de priorités et de modes d'évaluation et invitait à une coordination entre les différents opérateurs.
- **La loi de 2002** va plus loin en imposant un « projet d'établissement ».
- **L'article 12** de cette loi indique que « pour chaque établissement ou service social ou médico-social, il est élaboré un projet d'établissement ou de service, qui définit ses objectifs, notamment en matière de coordination, de coopération et d'évaluation des activités et de la qualité des prestations, ainsi que ses modalités d'organisation et de fonctionnement. Ce projet est établi pour une durée maximale de cinq ans après consultation du conseil de la vie sociale ou, le cas échéant, après mise en œuvre d'une autre forme de participation. »

→ → →

→ → →

Dans le domaine sanitaire

Institué par la loi n° 91-748 du 31 juillet 1991, conformément à l'article L. 714-11 du Code de la santé publique, le projet d'établissement doit définir, sur la base du projet médical, les objectifs généraux de l'établissement dans différents domaines :
- l'activité médicale,
- le secteur de soins infirmiers,
- la politique sociale : gestion des ressources humaines, plan de formation…
- le système d'information.

Ce projet, préparé par la Commission médicale d'établissement (CME) et le directeur, définit les objectifs médicaux compatibles avec le Schéma régional d'organisation des soins (SROS) et le programme régional de santé (PSR), pour une durée de 5 ans. Il détermine les moyens de toute nature dont l'établissement dispose pour réaliser ses objectifs. La CME et le Comité technique d'établissement (CTE) émettent respectivement des avis sur ce projet d'établissement. Enfin, depuis l'ordonnance du 24 avril 1996, réactualisée par la loi HPST Hôpital patient santé territoire du 21 juillet 2009, il est soumis au directeur de l'Agence régionale de santé (ARS) pour approbation. L'objectif du projet d'établissement est la signature, avec l'ARS, d'un Contrat d'objectifs et de moyens (COM) pluriannuel, qui mentionne notamment le délai de mise en œuvre. Il engage les partenaires et permet une reconnaissance par la tutelle.

B Le document

Le projet doit être formalisé par un document propre à l'institution. Aucune forme n'est préconisée. De ce fait, il existe une grande diversité de projets d'établissement. Il est élaboré par l'équipe de direction qui met en place des instances de discussion entre les membres de l'organisation.

Ce document présente une importance particulière car il sert de base de négociation pour les contrats pluriannuels qui lient les gestionnaires des établissements et les autorités chargées de la certification ou du financement.

Le contenu du projet est très variable selon le type d'organisation. Néanmoins, certains points sont incontournables :
– le contexte en lien avec l'environnement et la législation ;
– un état des lieux de l'existant concernant le statut, les missions, les activités proposées, le personnel et le rôle de chacun, les caractéristiques des usagers… ;
– les divers projets (projet de vie, projet de soins, projet social, projet d'actions…) pour l'amélioration du service rendu.

C Les intérêts du projet d'établissement

- L'élaboration d'un projet d'établissement est une démarche **dynamique** : elle impose la participation de tous, donc des échanges qui permettent d'établir des valeurs communes. L'intérêt est donc d'améliorer les conditions de travail.
- Le projet impose un questionnement de départ sur ce qui existe. Des dysfonctionnements vont forcément être mis en évidence. **Évaluation** et projet d'établissement vont de paire. En effet, l'évaluation vise à nourrir le projet et lui fournit ainsi des objectifs. Inversement, la pertinence du projet et de ses modalités font l'objet d'une évaluation continue.
- C'est une **ouverture** sur l'extérieur. L'élaboration du projet impose une ouverture vers les usagers et vers l'environnement. Le but est d'améliorer la performance de l'organisation en répondant au mieux aux besoins des usagers, mais aussi en tenant compte de l'ensemble des contraintes actuelles. C'est donc une démarche d'actualisation, afin d'être efficient.

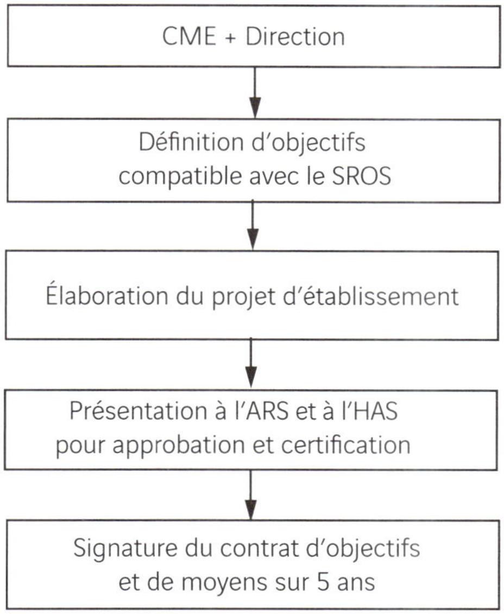

Source : Coralie Gravier

Figure 58.1 La préparation du projet d'établissement en milieu hospitalier.

2 Les étapes de conception d'un projet d'établissement

La direction et le groupe de référents chargés de travailler sur ce projet définissent les principes de la démarche d'élaboration. Par exemple, ils fixent des objectifs d'abord généraux puis de plus en plus précis. Ils précisent également le nom des personnes participant à ce projet et le calendrier des réunions.

A L'auto-évaluation

Pour définir des objectifs, l'organisation doit d'abord mesurer les écarts entre son mode de fonctionnement et les bonnes pratiques, répertoriées dans le référentiel qualité (voir fiche 77). Il faut mettre en place une démarche d'auto-évaluation, basée par exemple sur l'observation directe des pratiques ou sur le ressenti des usagers au travers de questionnaires ou d'entretiens.

B La formulation d'objectifs

Les objectifs sont fixés par la direction en tenant compte de certains éléments extérieurs comme le type de public et les orientations des différents plans nationaux. Les axes prioritaires à faire évoluer sont alors précisés.

C La conception du plan d'action

Le plan d'action est arrêté par le groupe référent. Il s'appuie sur les priorités mises en évidence par l'équipe de direction durant la phase d'auto-évaluation. Il comprend un calendrier, les moyens à mobiliser et les indicateurs nécessaires à son évaluation.
Lors de chaque réunion, un rapporteur est désigné afin d'élaborer un compte rendu. Le groupe de travail doit être constitué de professionnels différents, pas forcément en lien direct avec le domaine étudié, afin de faire émerger des idées novatrices. Par exemple,

une assistante sociale peut être désignée comme personne référente concernant le projet de soins. Dans ce cas précis, cette démarche vise à intégrer le concept du « bien-être de l'usager et la prise en compte de sa situation sociale» dans les soins. C'est la prise en charge globale du patient qui prime.

D La formalisation du projet

La rédaction du projet d'établissement est l'aboutissement des discussions qui ont été menées. Il est à la fois l'affirmation des valeurs et de la philosophie de la structure, mais aussi la feuille de route fixant des objectifs pour permettre d'être toujours adapté aux évolutions et besoins de l'usager. Il est formalisé par écrit par l'équipe de direction et le groupe référent. Il doit ensuite être validé par l'ensemble des membres de l'organisation.
Tout au long des cinq années de vie du projet, les actions seront mises en œuvre conformément au calendrier défini dans le projet d'établissement. Le groupe référent peut être chargé d'effectuer le suivi de la réalisation des actions et de la réévaluation du projet.

59 LE TYPE DE PROJET

Un exemple de projet d'établissement

Le projet d'établissement est adapté à l'organisation et présente certaines rubriques spécifiques à l'activité. Néanmoins, il doit toujours contenir des éléments relatifs au fonctionnement de l'organisation et à son environnement, aux différentes activités mises en œuvre sous forme de projets et aux propositions d'amélioration. Parmi les objectifs présentés, la démarche qualité est une obligation.

Exemple du projet d'établissement de l'EHPAD Saint-Laurent 2009-2013

Introduction

Contextualisation

1- Présentation de l'établissement

2- Présentation de l'activité interne

2-1 La capacité et l'activité de l'EHPAD

2-2 La population accueillie, répartition par âge, répartition par groupe Iso-ressource (GIR)

3- Présentation de l'environnement externe

3-1 Le schéma régional d'organisation sanitaire 3e génération : SROS III

3-1-1 Bref rappel des données démographiques de la région

3-1-2 L'offre de soins

3-1-3 Les orientations régionales

3-2 Le schéma départemental gérontologique de la Mayenne

3-2-1 Les orientations de fond et/ou prioritaires

3-2-2 Les actions transversales du schéma départemental

3-2-3 Les objectifs de prise en charge du schéma départemental

3-2-4 L'amélioration des dispositifs de prise en charge au domicile

3-2-5 Les orientations à prendre par les établissements accueillant des personnes âgées dépendantes

Politique de l'établissement/projet managérial

1- Démarche d'élaboration du projet d'établissement

2- Orientations managériales de l'établissement

2-1 Les valeurs et missions de l'EHPAD

2-2 Les orientations managériales à cinq ans

2-2-1 La politique managériale basée sur la bientraitance...

2-2-2 ...qui se décline au sein de chaque volet du projet d'établissement

2-2-3 Le projet architectural

Accompagnement des résidents : entre homogénéité et individualisation

1- Projet de vie individualisé

1-1 Garantir le respect des droits et libertés des personnes âgées

1-1-1 La lutte contre la maltraitance

1-1-2 La liberté de pratique d'un culte

1-1-3 La dignité des personnes accueillies

1-1-4 La protection des biens et des personnes

→ → →

→ → →

1-2 L'accueil, de la demande de renseignements à l'intégration du résident

1-2-1 La demande de renseignements

1-2-2 La pré-admission

1-2-3 L'admission

1-2-4 L'intégration

1-3- L'amélioration de la vie du résident

1-3-1 Les relations sociales et le projet d'animation

1-3-2 La vie sociale et le projet d'animation spécifiques aux personnes désorientées

1-4 L'amélioration des prestations transversales

1-4-1 La restauration

1-4-2 La gestion du linge

1-4-3 L'entretien des locaux

2- Projet de soins

2-1 La qualité d'organisation et de réalisation des soins

2-1-1 L'encadrement soignant

2-1-2 Les soins d'hygiène

2-1-3 Le circuit du médicament

2-2 Le maintien de l'autonomie des personnes accueillies

2-3 Les aides et soins spécifiques

2-3-1 L'utilisation des contentions

2-3-2 La prévention et la prise en charge des escarres

2-3-3 La prévention et la prise en charge des chutes

2-3-4 La prévention et la prise en charge de l'incontinence

2-3-5 La prévention et la lutte contre la douleur

2-3-6 La prévention et la prise en charge de la dénutrition et de la déshydratation

2-3-7 L'accompagnement et fin de vie

Projet d'amélioration continue de la qualité et de la gestion des risques

1- Mise en œuvre de la démarche qualité

2- Organisation de la démarche d'amélioration continue de la qualité et de gestion des risques

3- Définition d'une politique de gestion des risques

3-1 La gestion des événements indésirables

3-2 La sécurité

3-3 L'hygiène de l'eau

3-4 L'hygiène alimentaire

3-5 L'hygiène des locaux et gestion des déchets

Mise en adéquation des besoins et des ressources : le projet social

1- Description de l'organisation actuelle

1-1 Le responsable de l'établissement

1-2 La cadre de santé

1-3 Les autres personnels

2- Amélioration de la communication interne

2-1 Au niveau des services de soins

2-2 Au niveau de l'organisation

2-3 Au niveau de l'organisation paramédicale

2-4 Au niveau des transports des personnes (ambulance/taxi)

2-5 Au niveau de l'animation

2-6 Au niveau des services hôteliers

2-7 Au niveau de l'administration

3- Amélioration de la communication externe

→ → →

3-1 Les supports de communication
3-2 Les familles des résidents
3-3 Les bénévoles et les instances
3-4 Les partenariats
3-5 Les prestataires externes (coiffeurs, dépannage, fournisseurs divers)

4- Réduction de la pénibilité et le bien-être au travail

5- Formation du personnel

Conclusion

http://www.ehpadsaintlaurent.com/media/pdf/Presentation/Projet_Etablissement.pdf

L'appel à projet

L'appel à projet est une procédure qui permet à un commanditaire de faire le choix entre plusieurs projets qui respectent un cahier des charges précis et qui sont présentés sous forme d'un dossier de demande de subventions, détaillant la méthodologie de projet mise en œuvre.

1 Qu'est-ce que l'appel à projet ?

Souvent, le projet défini par les instances publiques ou par des structures privées de grande envergure, comme la Fondation de France, correspond à la déclinaison d'un plan ou d'un dispositif national établi au niveau ministériel, comme le plan de lutte contre le cancer par exemple. Il s'agit alors d'une **commande institutionnelle.**

Dans ce cas, le diagnostic de la situation au niveau national est déjà élaboré, puisque le problème est identifié comme une priorité nationale. Il s'agit alors pour la structure qui répond à l'appel à projet, de le compléter par un diagnostic précis sur le territoire et le public ciblé. Le commanditaire donne donc un cahier des charges précis et attend que les structures locales lui proposent des projets s'intégrant dans ce cadre-là. Il sélectionne ensuite les projets qui lui semblent les plus pertinents en fonction de ses objectifs et les financera en partie.

2 Dans quel cas l'appel à projet est-il obligatoire ?

La **circulaire Fillon du 18 janvier 2010** précise les relations entre les associations et les pouvoirs publics. Les associations qui souhaitent bénéficier d'une subvention de l'État devront présenter des projets et activités qui se rattachent obligatoirement à une politique publique d'intérêt général. Désormais, c'est le principe de libre concurrence qui prévaut.

Néanmoins, la procédure de mise en concurrence (donc d'appel à projet) n'est pas obligatoire. Une instance publique peut subventionner de manière continue une association qui propose d'elle-même un projet, dès lors que celui-ci représente un intérêt d'ordre général. En revanche, lorsque l'initiative du projet relève de l'instance publique, les règles de la commande publique, et donc de la concurrence, s'appliquent obligatoirement.

De plus, pour les créations, extensions et transformations d'établissements et services sociaux et médico-sociaux, les subventions accordées passent obligatoirement par une procédure d'appel à projet dont l'initiative revient principalement aux instances publiques (loi Hôpital, Patient, Santé, Territoire du 21 juillet 2009).

3 Quels sont les intérêts d'un appel à projet ?

- **Être transparent et équitable**: les organisations disposent de la même information, tant sur le projet que sur la procédure de sélection.
- **Être structuré**: le cahier des charges oblige à réfléchir sur de nombreux points de la méthodologie, ce qui a pour but de vérifier la réelle adéquation du projet aux besoins du public ciblé.
- **Permettre l'innovation et l'expérimentation** : le cahier des charges impose un cadre très précis, mais laisse aussi la liberté de choix des activités et la façon de les réaliser. La sélection se fera sur les projets les plus pertinents.
- **Maîtriser les délais**: le commanditaire impose un délai pour la mise en œuvre du projet. Des évaluations régulières sont ainsi demandées, lui permettant de vérifier la véracité de ce projet.

- **Garantir la réalisation des plans nationaux**, pour les instances publiques (et donc vérifier l'utilisation des fonds publics).

4 Le dossier de demande de subvention

Les organisations qui souhaitent répondre à un appel à projet doivent remplir un dossier de demande de subvention, dans un délai limité. Dans le cadre d'un appel à projet relevant d'une instance publique, ce dossier s'intitule « Dossier de demande de subvention *Cerfa n°12156 03* ». Pour les autres organisations, le dossier de subvention est propre à chacun, mais s'inspire fortement du dossier officiel. Généralement, les rubriques suivantes sont présentes :

- **En préambule** la liste des pièces à joindre, la date limite d'envoi du dossier, le contenu de l'appel à projet, la procédure de sélection.
- **Dans le dossier**, une fiche signalétique sur :

– **l'organisation demandeuse** : identification, organisme de rattachement si non autonome, statut juridique, organisme bancaire, présentation de ses activités, états financiers ;

– **la description du projet** : titre, montant de la subvention demandée, contexte et diagnostic, objectifs, actions mises en œuvre, publics bénéficiaires, moyens nécessaires et mobilisés, calendrier, évaluation, budget prévisionnel ;

– **une fiche descriptive pour chaque action** : titre, objectifs, contenu, calendrier, évaluation.

Répondre à un appel à projet oblige l'organisation à anticiper le projet au moins un an à l'avance, afin de pouvoir demander une subvention. C'est une contrainte non négligeable.

5 Deux exemples d'appel à projet

L'Agence régionale de santé propose un panel très large d'appels à projet qu'elle finance en partie. Elle présente également les appels à projet d'autres organisations, telles que l'Institut national de prévention et d'éducation pour la santé ou la Fondation de France.

Exemple d'un appel à projet - site de l'ARS LR

Appel à projet national Jeunes & Addictions 2012 – 13 juillet

L'appel à projet Jeunes et Addictions vise à promouvoir des actions permettant d'améliorer la compréhension, la prévention et la prise en charge des conduites addictives chez les jeunes.

Public bénéficiaire : adolescents et jeunes adultes de 11 à 25 ans.

Champ concerné : substances psycho-actives licites et illicites, addictions aux écrans (jeux vidéo, Internet, télévision...) et aux jeux d'argent, y compris en ligne.

Types d'actions soutenues : actions innovantes vers les jeunes, actions concourant à la formation des personnes susceptibles d'intervenir auprès des jeunes, tant en matière de prévention, de repérage précoce que de réduction des risques, études concernant les pratiques des jeunes, les modalités de prévention, de repérage précoce et de réduction des risques.

Organismes éligibles : associations, structures médico-sociales du dispositif spécialisé en addictologie, structures éducatives et structures accueillant des jeunes (établissements scolaires, établissements sportifs, services universitaires de médecine préventive et de promotion de la santé – SUMPPS,...), mutuelles, organismes de recherche, sociétés savantes.

Soutien financier : Direction générale de la Santé

Date limite de dépôt des projets : vendredi 13 juillet – 12h

Pour vous informer sur le contenu détaillé de cet appel à projet, rendez-vous sur le site du Ministère de la Santé : http://www.sante.gouv.fr/appel-a-projet-national-2012-jeunes-et-addictions.html

http://www.ars.languedocroussillon.sante.fr/Internet.languedocroussillon.0.html

Exemple d'un appel à projet de la Fondation de France

Réveillons de la solidarité

À l'occasion des fêtes de fin d'année, la Fondation de France souhaite donner un accent particulier à ses interventions en soutenant l'organisation des réveillons solidaires conçus par et pour des personnes en difficulté et isolées. Ces fêtes sont aussi l'occasion de favoriser les échanges et les rencontres. C'est pourquoi la Fondation de France propose un appel à projets intitulé « Les Réveillons de la solidarité », qui ont lieu entre des populations qui ne se côtoient pas forcément et qui contribuent à mieux vivre ensemble dans un quartier, un village...

L'événement a lieu entre le 21 décembre 2012 et le 2 janvier 2013. Les actions se déroulant les 24/25 décembre et les 31 décembre/1er janvier seront privilégiées.

Public : le projet s'adresse prioritairement à des personnes connaissant de grandes difficultés sociales et économiques, très isolées ou exclues des réunions festives de fin d'année.

Rôle des personnes : la participation active des personnes en difficulté à plusieurs étapes est requise : initiative, conception, déroulement, évaluation. Les responsabilités et les décisions sont partagées entre professionnels et personnes en difficulté.

Le projet doit permettre la valorisation de ses acteurs : prise de contact avec les partenaires locaux – commerçants, élus – invitation d'amis, etc. Cet événement festif est porté par une structure développant au cours de l'année une action pérenne auprès et avec des personnes en difficulté.

Organisations concernées : concerne exclusivement les organismes à but non lucratif. Il est déployé sur l'ensemble du territoire français. Les petites associations n'ayant pas accès à d'autres ressources privées (collectes, dons) seront privilégiées. La Fondation de France peut soutenir une même association à plusieurs reprises, à condition que l'implication des personnes en difficulté et la mixité recherchée des publics progressent ou que des cofinancements soient obtenus.

www.fondationdefrance.org

61 Les étapes de la démarche de projet

Le bon déroulement d'un projet dépend en grande partie de la méthodologie employée. C'est la démarche qui vise à rendre un projet crédible aux yeux du commanditaire et des financeurs.

1 La conception du projet : phase du diagnostic

A L'analyse des besoins et des contextes

C'est la phase exploratoire qui a pour but d'**identifier les besoins sur un territoire**. Cette analyse s'établit en tenant compte des caractéristiques de la population étudiée et du territoire lui-même : c'est **l'étude des contextes** (voir fiche 63).

Cette étape est chronophage et oblige les acteurs à prendre du recul par rapport à leurs activités. Elle repose sur un recueil de données minutieux, utilisant des outils tels que la recherche documentaire, le questionnaire, l'entretien, l'observation, le *brainstorming* ou encore la méthode du CQQCOQP (voir fiche 63).

Quand le projet prend appui sur une décision d'instance publique qui lance un appel à projet (voir fiche 60), il s'agit alors de le compléter par une analyse plus précise sur un territoire et une population ciblés.

B L'inventaire des solutions et le choix des priorités

Une analyse de besoins bien menée permet de définir des **orientations** (voir fiche 64). Il s'agit alors de les hiérarchiser en fonction des moyens et de la faisabilité de chacune. Le choix d'une solution par rapport à l'autre doit être bien réfléchi et nécessite l'adhésion de tous les acteurs, mais également de la population ciblée. Il convient alors de l'associer dans cette prise de décision.

Cette étape sera plus précise si l'équipe utilise des techniques, notamment le diagramme cause effet, le schéma d'analyse des champs de force, ou encore la méthode FARE, le benchmarking ou la grille MOFF (voir Carnet professionnel).

C La formulation des objectifs

La définition des objectifs est une étape incontournable qui donne du sens au projet (voir fiche 65). Ils doivent être précis afin de cadrer le projet et de mobiliser les acteurs. Ils nécessitent de prendre en compte l'ensemble des contraintes établies dans les étapes précédentes afin d'être réalisables. L'efficacité d'un projet sera en effet mesurée selon l'atteinte de ses objectifs.

→ Trois niveaux de précision des objectifs doivent être définis : les objectifs généraux, stratégiques (ou spécifiques) et opérationnels.

2 La conception du projet : phase organisationnelle

Cette étape consiste à :

- **identifier les moyens qui sont disponibles** (voir fiche 68) : moyens humains, financiers, matériels et institutionnels ;
- **réaliser un budget prévisionnel** qui reflète les moyens disponibles et ceux à acquérir (voir fiche 68) ;
- **planifier** (voir fiche 69) ;
- **mettre en place des outils de suivi** qui permettent de mesurer l'avancée du projet et de le réajuster si nécessaire (voir fiches 66 et 69) ;
- **identifier une communication efficace** pour informer l'ensemble de l'équipe, les partenaires et le public ciblé, afin de les mobiliser tout du long (voir fiche 67) ;
- **réaliser les outils d'évaluation** de chaque action (voir fiche 72).

L'étape écrite de formalisation du projet (voir fiche 70) permet de présenter le projet au commanditaire, à l'équipe et au public ciblé, mais surtout aux futurs partenaires. Le dossier de demande de subvention dans le cadre d'un appel à projet oblige l'équipe à formaliser le projet.

Enfin, le plus souvent, le projet nécessite la recherche de partenaires qui participent dans leur domaine de compétences (voir fiche 71). Ils sont extérieurs à l'organisation, et peuvent être associés à toutes les étapes du projet en fonction de leur rôle.

3 La réalisation des actions et l'évaluation

L'ensemble des actions sont mises en place, puis évaluées en fonction du calendrier établi et des contraintes définies.

L'évaluation porte autant sur l'atteinte des objectifs que sur la méthodologie elle-même, afin de déterminer la pertinence et l'efficacité du projet. L'évaluation repose sur les mêmes outils de recueil de données utilisés dans la phase d'analyse de besoins (voir fiche 72).

4 Le compte rendu du projet

Il s'agit de faire un bilan écrit objectif de l'ensemble du projet, qui sera transmis aux divers acteurs, notamment le commanditaire et les financeurs. Ils pourront ainsi juger de la pertinence et de la pérennité de ce projet (voir fiche 73).

Dans la pratique, toutes ces étapes ne sont pas forcément dans cet ordre et peuvent parfois se réaliser sur un même temps. Par exemple, la communication peut se mettre en place dès le départ, l'évaluation apparait tout au long du projet, la planification est réajustée au fur et à mesure...

62

LA MÉTHODOLOGIE DE PROJET

Les acteurs

La conduite de projet suppose l'intervention d'une équipe plus ou moins permanente d'acteurs et donc un pilotage et une animation.

1 Le commanditaire

Il est à l'origine du projet. Dans le domaine sanitaire et social, il s'agit souvent d'une instance publique comme par exemple, l'Agence régionale de santé ou le conseil départemental.
En général, le commanditaire est également un financeur important. Il vérifie la bonne marche du projet, et notamment la bonne utilisation des fonds versés. Par conséquent, il souhaite un rapport régulier sur l'avancée du projet, et le rapport final.

2 Le chef de projet ou chef d'équipe

La plupart du temps, il se pose en animateur et non en chef hiérarchique. Il doit savoir négocier, s'informer, faire confiance, écouter, motiver, déléguer, être disponible... Il doit être facteur d'unité pour le groupe, facilitateur, en créant des conditions favorables au bon déroulement du projet. Il lui appartient de mobiliser autour de lui un groupe de travail en tenant compte des compétences et des affinités de chacun.
Le management d'un projet comprend des aspects humains et des aspects organisationnels (planification, mise en place du suivi, communication, bilan...), deux aspects qui peuvent être ardus. Il peut se faire aider par un **comité de pilotage** pour les projets de plus grande envergure : il aide à la prise de décision et peut avoir un rôle d'expertise ; et/ou d'un **comité technique**, rassemblant les professionnels qui ont un rôle technique particulier (des spécialistes de la communication par exemple) et matériel dans le projet.

3 L'équipe projet

Elle est composée de professionnels ayant des origines, des compétences, des qualifications ou des statuts professionnels divers. Ils doivent se sentir concernés par le projet, savoir s'intégrer dans une équipe, savoir communiquer, s'affirmer, être capables de partager leurs connaissances, d'accepter la critique... C'est l'équipe qui réalise le projet, le mène à bien.
Leurs profils différents permettent **plusieurs types de complémentarité** :
- de connaissances : ils mutualisent leurs connaissances ;
- d'expériences : l'expérience des uns complète celle des autres ;
- de caractères : les optimistes rassurent les pessimistes ;
- de spécialités : les techniciens, les experts, les gestionnaires, les planificateurs... concourent tous à la réussite du projet.

4 Les partenaires

Dans le domaine sanitaire et social, les projets impliquent des partenariats avec différentes institutions. Les relations entre ces institutions font le plus souvent l'objet de conventions qui précisent en particulier la répartition des tâches et des moyens.

Si l'analyse de besoins a été bien faite, il est facile de trouver des partenaires. Les aides sont aussi diverses que les partenaires sont multiples : mairie, associations, entreprises, commerçants, agence régionale de santé, fondations spécialisées, comité d'éducation pour la santé, conseil départemental, les médias…

Selon le type de partenaires, on peut obtenir :

- **un soutien financier** : prêt, subvention… ;
- **une aide en nature** : prêt de matériels, d'un local, aides humaines… ;
- **un parrainage médiatique** : les journaux et radios locales, les magazines spécialisés : revue trimestrielle du type conseil départemental… ;
- **des conseils et des contacts** : mise en relation avec d'autres partenaires potentiels ;
- **une caution morale** : des encouragements sont précieux, surtout s'ils émanent des personnalités reconnues.

Trouver une équipe efficace n'est pas évident. Il s'agit de choisir des acteurs pertinents qui donneront un réel apport au projet. Ici, c'est la qualité qui prime, plus que la quantité. En effet, des acteurs en grand nombre ou mal choisis peuvent vite devenir un frein à la bonne marche d'un projet.

Les différents acteurs d'un projet pour l'emploi

La mission locale (ML) de Carcassonne organise chaque année le salon TAF (Travail Avenir Formation) qui consiste à regrouper en un seul lieu l'ensemble des professionnels offrant un emploi ainsi que les organismes de formation à destination des demandeurs d'emploi du département de l'Aude. Ce salon, qui se déroule sur 2 jours, rassemble chaque année près de 180 exposants et présente environ 1 500 offres d'emploi à disposition des quelques 6 000 visiteurs. Le salon s'adresse à un public large. La priorité est surtout donnée aux demandeurs d'emploi et aux personnes bénéficiant des dispositifs d'insertion mais il concerne aussi les étudiants, les lycéens, les parents et les salariés ayant des projets de reconversion ou souhaitant acquérir une nouvelle qualification.

Qui sont les acteurs dans ce projet ?

Ce projet est une commande institutionnelle qui s'inscrit dans la politique pour l'emploi. Le commanditaire est le conseil régional du Languedoc-Roussillon qui finance entièrement ce projet sur les 5 départements. 5 salons sont organisés, au sein des 5 villes préfectures. En créant des salons TAF dans chacun des 5 départements depuis mars 2008, la région a voulu répondre concrètement aux besoins d'emploi et de formation du territoire, en respectant les contraintes de celui-ci (voir fiche 63).

Chaque année, le conseil régional confie au directeur de chaque ML de ville-préfecture, la responsabilité de mener à bien le projet, en l'organisant selon la convention signée avec la région. Au sein du département de l'Aude, le directeur de la ML désigne son chef de projet, qui est aussi conseiller d'insertion au sein de la ML. Ce chef de projet est donc chargé de l'ensemble de l'organisation du salon.

Il s'entoure d'un comité de pilotage afin de prendre des décisions conjointes. Y sont présents la responsable communication du conseil régional, les responsables des antennes Pôle Emploi du département, certains centres de formation, tel que le CFA (centre de formation pour apprentis), la responsable communication de la chambre de l'agriculture, de la chambre du commerce et de l'industrie, de la chambre de métiers et de l'artisanat, la responsable des manifestations de la ville de Carcassonne.

→ → →

→ → →

La mise en place du projet par l'équipe

Se réunissant tous les mois, ces différents acteurs décident ensemble de l'organisation du salon et du calendrier. La présence de la responsable de communication de la région est primordiale afin de respecter les directives régionales. Elle est aussi le garant de l'homogénéité des salons sur toute la région.

Ponctuellement, si nécessaire, un comité technique se rassemble, afin de discuter de certains points techniques et matériels essentiels, notamment la communication autour du salon, la réservation et l'installation de la salle, l'aménagement des parkings et la mise en place des navettes de bus pour le public éloigné. Selon le thème de la réunion, diverses personnalités y participent. Par exemple, lors des nombreuses réunions concernant la communication autour du salon, la responsable de communication de la région et de la ville, les responsables des diverses antennes Pôle Emploi et de la mission locale étaient présents. Le chef de projet participe bien sûr à toutes les réunions organisées. Il en est le garant, accompagné ou non de son directeur.

Les acteurs assurant la mise en œuvre concrète du salon et ayant des missions importantes restent néanmoins l'équipe de la mission locale de Carcassonne, ainsi que les responsables des antennes Pôle Emploi. Ils forment l'équipe de projet.

Pour assurer cette manifestation de grande envergure, un partenariat large est nécessaire, notamment pour assurer la communication sur tout le département. Parmi les partenaires, on trouve notamment les conseils départementaux, les centres intercommunaux et communaux d'action sociale, la caisse d'allocations familiales, les mairies, les missions locales, les journaux locaux tels que la *Dépêche du midi*, l'*Indépendant*, les radios locales telles que *100 pour 100*, les services techniques de la ville de Carcassonne, le préfet de l'Aude et évidemment, toutes les entreprises et organismes de formation du département, voire de la région.

La répartition des rôles entre les acteurs

Chaque partenaire a un rôle bien spécifique dans ce projet.

Par exemple, les services techniques de la ville ont installé la salle quelques jours avant la manifestation (aide technique), la mairie de Carcassonne a offert gracieusement la salle pour la manifestation (aide matérielle en nature), les journaux locaux ont communiqué avant, pendant et après la manifestation, le préfet ouvre le salon officiellement (caution morale), etc.

L'analyse des besoins et du contexte

L'avant projet constitue une étape essentielle menée souvent de manière superficielle. Il faut prendre le temps nécessaire à la consultation et à la confrontation avec le terrain. Ce sont des passages obligés qui rendent le projet pertinent.

1 L'analyse de besoins

Le projet n'existe vraiment qu'à partir du moment où on est capable d'en préciser l'objet, c'est-à-dire à la fois le « pourquoi » et le « pour quoi ». Cette étape consiste à détailler les causes, la justification du projet et les objectifs qui en découlent, en tenant compte des contraintes de l'organisation et du territoire.

A Une analyse précise

À l'origine, le projet naît de la perception d'un problème ou d'un besoin qui doit être analysé pour être traité. Cette étape, essentielle, consiste :
– d'une part, à **repérer les projets, les structures et services existants** en identifiant les ressources, les obstacles et les contraintes ;
– d'autre part, à **étudier la population concernée par le projet dans son environnement** (chercher des indicateurs fiables). Il faut donc identifier la population cible très rapidement ;
– enfin, à **comprendre le contexte dans lequel s'inscrira ce projet**, afin d'en identifier tous les tenants et les aboutissants.
L'ensemble de ces paramètres a pour but d'élaborer une vision globale à partir de laquelle il est ensuite possible de structurer le déroulement du projet.

B Les outils utilisés

Au départ, le projet peut émerger d'une idée provenant de **sources variées** :
– observation de l'environnement, de ce qui se pratique dans d'autres pays, ou dans d'autres secteurs d'activité ;
– évolution ou obligation réglementaire ;
– pression des pouvoirs publics et des administrations ;
– presses, magazines et ouvrages spécialisés ;
– réflexion et volonté personnelle ou collective ;
– constats de dysfonctionnement ;
– participation à des instances de décision...

Pour affiner davantage le projet, il faut mener des **enquêtes complémentaires, quantitatives et qualitatives**, ou bien décliner des modèles existants (des enquêtes menées par le CODES ou l'ARS par exemple). Dans cette phase préliminaire, la concertation et l'échange sont les points les plus importants. Cette étape de collecte et de recoupement d'informations s'appuie sur différents moyens :
- recherche documentaire (Internet, bibliothèque spécialisée, archives des organisations...) (voir fiche 42);
- questionnaire (voir fiche 44);
- entretien (voir fiche 46);
- observation (voir fiche 49).

Cette étape de consultation ne peut pas s'envisager sans un **déplacement physique sur le terrain** où le projet sera mis en œuvre.
D'autres outils sont utilisables et permettent de peaufiner la problématique, de rechercher les causes d'un dysfonctionnement et de réfléchir aux solutions déjà existantes. Il s'agit :
- **du *brainstorming* ou remue-méninges** (voir fiche 11) qui vise à faire émerger un maximum d'idées dans un groupe de travail, sans aucune censure, pour ne garder que les plus pertinentes. Le résultat d'un brainstorming peut être présenté sous forme d'une carte mentale (voir Carnet professionnel);
- **du CQQCOQP** qui permet d'explorer un sujet, un phénomène, une action, un projet... Il repose sur 7 questions : **c**ombien, **q**uoi, **q**ui, **co**mment, **o**ù, **q**uand, **p**ourquoi. Cet outil est utile pour cerner le sujet, lors d'une recherche documentaire par exemple;
- **du *benchmarking*** : cela consiste à comparer son organisation ou service avec un(e) autre, jugé(e) plus performant(e), afin d'en tirer des solutions d'améliorations déjà mises en place dans cette autre organisation ou service (voir Carnet professionnel).

2 L'étude des contextes

Avant de lancer une idée de projet, il est important de connaître les environnements politique, économique, social, démographique et géographique dans lequel il va s'inscrire. Ce diagnostic vise à « lire le territoire » et à faire des choix pour répondre aux enjeux essentiels. L'objectif du diagnostic n'est pas uniquement de connaître, mais également de comprendre et d'expliquer afin que le projet soit pertinent. Pour cela, il doit être conduit de manière partagée avec l'ensemble des acteurs du territoire.

A Le contexte politique et réglementaire

Dans le domaine sanitaire et social, une grande partie des projets s'inscrivent dans un cadre politique. Les orientations politiques nationales donnent des axes sur lesquels les professionnels travaillent. Ses axes sont déclinés sur des territoires plus petits en tenant compte de leurs propres caractéristiques. Il est d'ailleurs important de situer un projet dans un contexte législatif car cela peut garantir un financement supplémentaire de la part des organismes publics. Au sein des organisations, le projet doit aussi s'inscrire dans la réglementation et prendre place dans le projet d'établissement afin d'avoir une légitimité et un financement.

B Le contexte économique et social

Un projet se met en place dans un environnement économique et social connu. Cela a une influence sur le public concerné, sur les partenaires choisis, et sur le financement éventuel du projet. Par exemple, il est important de tenir compte du taux d'alphabétisation ou du taux de chômage dans un quartier ciblé dans un projet d'établissement d'un centre social.

C Le contexte démographique

L'étude de la population générale est primordiale pour cerner les éventuels besoins sur le territoire et le public ciblé, et faire émerger un projet. Des indicateurs fiables permettent d'affiner la problématique et de cibler une population. Il s'agit, par exemple, de s'intéresser à la répartition par âge et par sexe, au taux de natalité ou mortalité, au nombre de mariages...

D Le contexte géographique

Il peut avoir une influence sur la mobilité des acteurs, des partenaires et du public, et représenter un frein non négligeable dans l'organisation. Une zone montagneuse est un sérieux handicap dans le déplacement des acteurs et des partenaires.

E Le contexte culturel

Tout projet doit respecter la culture, voire la religion du public ciblé, à défaut de quoi il ne sera jamais adopté. Ici, il s'agit d'inscrire le projet dans le respect des normes et valeurs de la population ciblée.

L'étude des contextes dans le cadre d'un salon pour l'emploi

La ML de Carcassonne organise chaque année le salon TAF (Travail Avenir Formation) qui consiste à regrouper en un seul lieu l'ensemble des professionnels offrant un emploi ainsi que les organismes de formation à destination des demandeurs d'emploi du département de l'Aude (voir fiche 62). Le projet TAF s'est intégré dans un contexte particulier :

Contexte politique et réglementaire

Cette manifestation est entièrement financée par le conseil régional. Il faut donc tenir compte de son exigence, notamment en termes de législation, pour garantir le financement (politique de lutte contre le chômage) et de communication (tout est validé par le conseil régional). Pour la mission locale de Carcassonne, le projet doit s'inscrire dans un axe de la politique de l'établissement (garantir un suivi aux jeunes en difficultés, notamment en termes d'emploi et de formation).

Contexte économique et social

Le département de l'Aude est un territoire ayant une situation économique et sociale défavorable : le taux de chômage est important et en hausse et le nombre de demandeurs d'emploi est croissant. C'est aussi un territoire où l'emploi est en berne (essentiellement le secteur des services et le secteur agricole sont développés). Au vue de ce contexte, tous les partenaires de l'emploi et de la formation ont été mobilisés : les agences Pôle Emploi, les CIO, la chambre des métiers, la chambre de l'agriculture, les agences intérim, les CFA, les Greta...afin de proposer un maximum d'offres d'emploi ou de formation.

Contexte démographique

Les demandeurs d'emploi sont de tout âge et de toutes catégories socio-professionnelles, les jeunes sans formation étant surreprésentés. Le salon s'est donc élargi aux organismes de formation

→ → →
Contexte géographique

L'Aude est un département étendu. Les organisateurs ont prévu des transports par bus pour les demandeurs d'emploi qui habitent loin (et qui n'ont pas toujours de moyens de locomotion selon leur revenu).
L'Aude est également un département agricole (vignes et arbres fruitiers). Une demi-journée a été consacrée aux emplois saisonniers dans le domaine.

Contexte culturel

Les demandeurs d'emploi peuvent cumuler d'autres difficultés, notamment l'illettrisme pour les personnes étrangères par exemple. La présence de la ML sur le salon permet d'orienter ou de proposer des solutions, notamment des ateliers d'alphabétisation.
La ville bénéficie aussi d'un tourisme important l'été, le secteur hôtelier est donc en plein essor à cette période. Le salon doit présenter ces offres.

→ La prise en compte de tous ces contextes a permis, d'année en année, l'amélioration de l'organisation du salon. En effet, le nombre d'entreprises et d'organismes de formation de tout secteur augmente chaque année, permettant ainsi d'élargir l'offre pour les demandeurs d'emploi.

64 LA MÉTHODOLOGIE DE PROJET

La recherche de solutions : méthodes et outils

L'analyse de besoins étant faite, un certain nombre de problèmes sont alors identifiés. Il convient de les analyser individuellement pour connaître leur impact, d'une part sur la population cible et d'autre part, sur la société. Des outils permettent de rechercher les causes d'un problème et de réfléchir aux solutions déjà existantes ou à faire émerger.

1 La méthode des 5 M ou diagramme causes-effet : outil de détermination des causes

Cette technique consiste à identifier et classer les causes d'un problème selon les 5M, qui correspondent à :
- **milieu** : en lien avec l'environnement, les locaux, les contextes réglementaire, politique, économique et social ;
- **main-d'œuvre** : en lien avec les professionnels (effectifs, motivation, qualification...) ;
- **matière première** : en lien avec le public ciblé, les usagers (attitudes, exigences, attentes, maladies...) ;
- **méthode** : en lien avec l'organisation du travail, les méthodes utilisées, la façon de travailler... ;
- **matériel** : en lien avec le matériel (manques ou défauts).

Les causes sont représentées sous forme d'une arête de poisson, ou diagramme causes-effet. Les causes ayant le plus d'impact sont placées le plus proche possible de l'arête centrale. Ce schéma présente donc une hiérarchisation des causes.

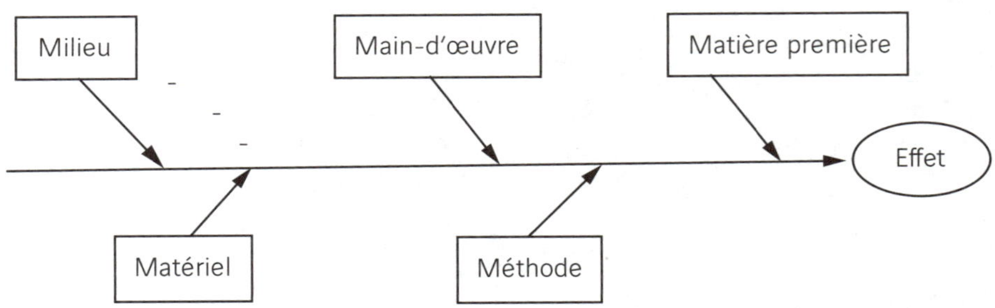

Source : Coralie Gravier

Figure 64.1 Le diagramme causes-effet.

Une autre représentation peut être faite sous forme de tableau dans lequel l'incidence de chaque cause est alors indiquée.

Problèmes liés ...	Causes	Incidences sur le travail, sur l'organisation...
... au milieu		
... à la main-d'œuvre		
... à la matière première		
... au matériel		
... à la méthode		

2 Le diagramme de Pareto : une méthode de priorisation des causes

Ce type d'outil vise à classer des données selon leur fréquence d'apparition et s'appuie sur les résultats d'une enquête qui permet de recenser la fréquence des causes (soit par observation, soit par questionnaire ou par entretien).
Par exemple, lors d'une enquête sur les difficultés liées à l'accueil au sein de la CAF, sur 100 personnes interrogées, la fréquence d'apparition des causes d'un mauvais accueil ont été : un accueillant non chaleureux (60 fois), une attente trop longue (50 fois), le bruit (50 fois), le manque de communication (30 fois), le manque d'espace (20 fois) et les horaires d'ouverture trop restreints (5 fois).
Dans un tableau à double entrée, il faut classer les causes par valeurs décroissantes et calculer les taux, puis les valeurs cumulées :

Causes classées	Valeurs simples		Valeurs cumulées
	Absolues	Relatives %	Relatives %
Accueillant non chaleureux	60	27,9	27,9
Attente trop longue	50	23,3	51,2
Bruit	50	23,3	74,5
Manque de communication	30	13,9	88,4
Manque d'espace	20	9,3	97,7
Horaires	5	2,3	100
TOTAL	**215**	**100**	

→ **La loi de Pareto (ou loi 20/80) repose sur le constat suivant : 20% des causes provoquent 80% des effets.**

Ici, les 3 premières causes qui représentent environ 20% des causes chacune cumulent plus de 70% des problèmes. Ce sont donc les 3 causes principales sur lesquelles agir. Les 3 dernières n'ont qu'une incidence secondaire.
Il est également possible de réaliser un classement par cotation A, B et C :
- **catégorie A** : les 20% qui génèrent 80% des effets (les trois premières causes du tableau) ;
- **catégorie B** : les causes qui provoquent entre 10 et 20% des effets (par exemple le manque de communication) ;
- **catégorie C** : les causes secondaires qui provoquent moins de 10% des effets (ici, les horaires et le manque d'espace).

L'objectif est d'agir pour limiter les causes classées A.

3 L'analyse des champs de force : outil de visualisation de l'équilibre entre causes et solutions

Toute situation peut être comprise comme le résultat de forces en mouvement. Les forces sont les éléments qui font augmenter ou réduire le problème identifié. On appelle **forces motrices** les éléments qui permettent de réduire le problème (donc des solutions) et **forces restrictives** les éléments qui font augmenter le problème (donc des causes).

Pour résoudre un problème, il faut identifier les forces en jeu et leur influence relative sur la situation. Il convient alors de s'appuyer sur les forces motrices (les multiplier ou les renforcer), supprimer ou affaiblir les forces restrictives, ou combiner les deux types d'interventions.

L'ensemble peut être représenté sous forme schématique : la longueur des flèches correspond à la « puissance » de la force : plus elle est longue, plus cette force est importante. La puissance d'une force est déterminée en fonction des résultats de l'analyse de besoins.

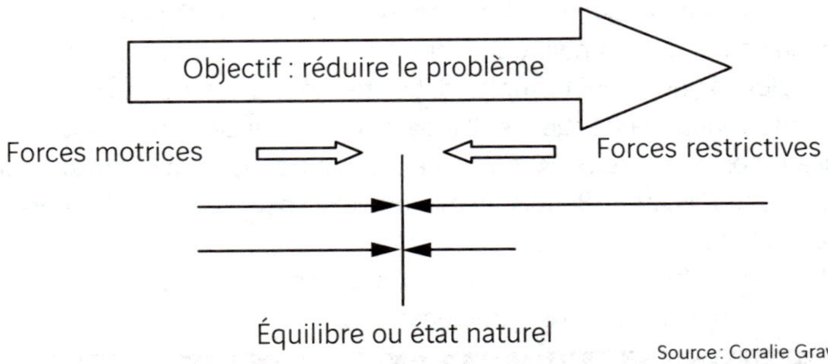

Source : Coralie Gravier

Figure 64.2 L'analyse des champs de force.

L'étude des différentes solutions peut se faire par la technique du benchmarking (recenser les solutions efficaces) et la grille MOFF (analyser les solutions en interne et en externe). Voir Carnet professionnel.

4 Le choix des solutions

Le choix des solutions doit être cohérent avec les besoins du commanditaire qui ont été exprimés soit au sein de l'appel à projet, soit au travers d'une « fiche d'expression des besoins ».

Fiche d'expression des besoins

Généralités sur le projet

- Demandeur : qui a eu l'idée ?
- Date de la demande : quand est née l'idée ? Pourquoi à ce moment là ?
- Population cible du projet : pour qui ?
- Objectif général
- Responsable pressenti
- Personnes ressources : à interroger pour la compréhension de la population cible et de ses besoins

Caractéristiques de la demande

- Contexte
- Problématique : pourquoi le demandeur a eu cette idée ?
- Plan d'actions préconisé (dont un volet à court terme et un à long terme)
- Délai de réalisation souhaité
- Documents à consulter
- Contraintes éventuelles déjà identifiées

→ → →

→ → →

Perspectives de moyens

- Moyens financiers : quel sera le coût ?
- Moyens humains : avec qui ?
- Moyens matériels
- Personnes ressources : à interroger pour la compréhension de la population cible et de ses besoins

A Le tableau « avantages – inconvénients » : un outil d'analyse de chaque solution

Ce tableau, classique, présente une liste d'avantages et d'inconvénients pour chaque solution. Il est intéressant de le construire au cours d'un *brainstorming* avec l'équipe. Pour être plus affinée, cette méthode peut être complétée par un système de hiérarchisation permettant d'identifier les solutions les plus importantes.

B La méthode FARE : un outil d'analyse comparatif de toutes les solutions

C'est un tableau comparatif de toutes les solutions fondé sur des critères préalablement définis et qui sont classés selon la méthode FARE (faisabilité – acceptabilité – rentabilité – efficacité). En fonction du projet et d'éléments prioritaires, les critères seront précisés par des sous-critères pertinents. Par exemple :

– **faisabilité** : complexité, moyens humains nécessaires, délai de mise en place, partenariat disponible… ;

– **acceptabilité** : motivation des acteurs, participation du public, respect des croyances, respect de la culture… ;

– **rentabilité** : coût, rapport qualité/coût, rapport qualité/moyens… ;

– **efficacité** : immédiate, évolution dans le temps, objectifs mesurables…

À chaque critère et pour chaque solution est attribuée une note, de 1 à 4 selon l'échelle suivante :

– 1 : insuffisant

– 2 : médiocre

– 3 : assez bien

– 4 : très bien

Pour tenir compte de l'importance d'un critère par rapport à un autre, il est intéressant d'attribuer un cœfficient (par exemple, cœfficient 2 pour le coût), ou d'attribuer un barème (l'efficacité est notée sur 20, le coût sur 10…).

Chaque solution obtient une note ou un score. Les solutions choisies seront celles qui obtiendront les scores les plus élevés, en fonction des critères qui semblent prioritaires pour ce projet. Afin de le rendre plus pertinent, ce tableau doit être construit en équipe, car l'attribution des notes ou cœfficient dépend de l'analyse de besoins, mais aussi de l'implication et du ressenti de chacun. Le tableau prend alors cette forme :

Critères	Solution 1	Solution 2	Solution 3
Coût	2	4	1
Moyens humains nécessaires	1	2	3
Délai de mise en place	4	2	1
Total	7	**8**	5

La solution 2 semble la plus pertinente.

65 LA MÉTHODOLOGIE DE PROJET

La formulation des objectifs

La détermination des objectifs est essentielle car la mise en place du projet va dépendre de leur précision. Ils induisent également la mise en place d'indicateurs servant à suivre l'évolution du projet et à l'évaluer au fur et à mesure de sa réalisation.

1 La détermination des objectifs

A Les caractéristiques d'un objectif

Un objectif est un résultat que l'on souhaite atteindre. Il doit être :
- **pertinent**, c'est-à-dire en adéquation avec les besoins de la population auxquels le projet doit répondre ;
- **conforme** aux valeurs et à la réglementation de l'organisation ;
- **réalisable** en tenant compte des différents types de contraintes ;
- **quantifiable** par des indicateurs d'évaluation permettant de mesurer l'atteinte de l'objectif dans le temps, dans l'espace, par rapport à la population ciblée...

B Les types d'objectifs

Il existe plusieurs niveaux d'objectifs qui n'expriment pas tous le même degré d'intensité de réalisation. Il est nécessaire de les identifier, de les ordonner, de les organiser.
On distingue :
- l'objectif **général** qui donne le sens général du projet ;
- les objectifs **stratégiques** qui déterminent les grandes orientations (ou axes) à mettre en œuvre pour atteindre l'objectif général. On les appelle aussi les objectifs spécifiques.
- les objectifs **opérationnels** qui correspondent souvent aux actions à réaliser sur le terrain et qui apportent une réponse aux besoins identifiés. Ils commencent par un verbe d'action (réaliser, construire, mettre en place...)

2 Un outil de visualisation : l'arbre des objectifs

A L'utilité de l'outil

- Cette présentation a pour but de repérer et de rassembler les moyens nécessaires pour la réalisation des objectifs. Cet outil de visualisation prépare donc la suite du projet, en évitant la confusion entre objectifs et moyens. De ce fait, les objectifs sont clairement identifiés ce qui facilite leur suivi et leur évaluation.
- C'est un outil évolutif, qu'il est possible d'améliorer au fur et à mesure de l'avancée du projet.
- Cet outil peut être accompagné d'un tableau de bord (fiche 72) qui permet de mesurer le degré de réalisation de certains objectifs et de s'assurer que tous les niveaux sont couverts par un questionnement évaluatif. Un calendrier offrirait aussi la possibilité de constater si les objectifs sont atteints ou en passe de l'être, complètement ou partiellement.

B La construction de l'outil : une présentation en arbre inversé

L'ensemble est ordonné de façon visuelle en cascade, du haut en bas ou de gauche à droite. Chaque niveau de l'arbre correspond à un type d'objectif : général, stratégique ou opérationnel. Il est possible que ces appellations soient changeantes d'une équipe à l'autre (on trouve parfois les termes d'objectifs intermédiaires ou secondaires).

L'arbre des objectifs doit être **simple** dans sa présentation. Outil visuel, il est indispensable qu'il soit bien compréhensible. Il est discuté et validé par l'ensemble des acteurs et partenaires engagés mutuellement dans le futur projet.

Exemple : le salon TAF

La ML de Carcassonne organise chaque année le salon TAF (Travail Avenir Formation) qui consiste à regrouper en un seul lieu l'ensemble des professionnels offrant un emploi ainsi que les organismes de formation à destination des demandeurs d'emploi du département de l'Aude.

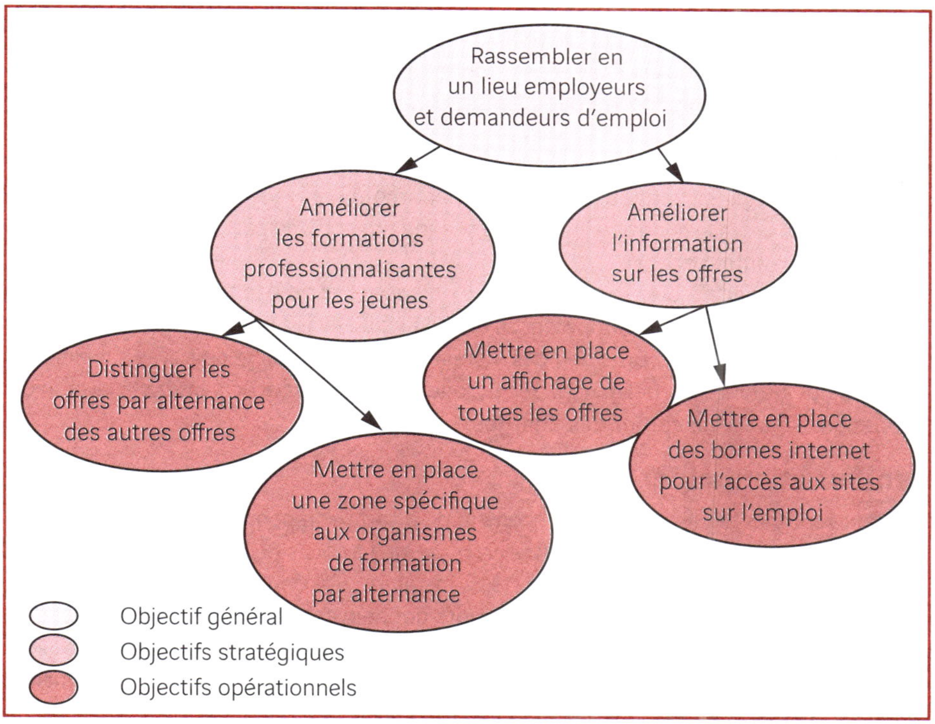

Source : Coralie Gravier

Figure 65.1 Présentation des objectifs en arbre inversé.

66 LA MÉTHODOLOGIE DE PROJET

La coordination et le suivi

Il convient de trouver un juste milieu entre une organisation trop rigide qui risquerait de bloquer le déroulement du projet et une trop grande improvisation, qui aboutirait à une certaine inefficacité. La conduite de projet exige donc de respecter des dates et des délais, mais aussi de gérer des moyens, notamment humains.

1 Les fonctions de coordination

La coordination consiste à :
- **contrôler l'avancement physique du projet**, notamment au travers de la mise à jour des budgets et plannings prévisionnels ;
- **détecter les éventuels écarts** par rapport aux prévisions ;
- **décider des actions correctives** à mettre en place.

A Organiser

Une bonne organisation repose sur le respect mutuel et l'acceptation des engagements réciproques entre le commanditaire et le chef de projet d'une part, et entre le chef de projet et l'équipe d'autre part.

Le chef de projet affecte les ressources aux tâches et estime le travail de chacun, dans un souci de respect de leurs compétences et de leurs souhaits. En effet, la plupart des acteurs sont bénévoles et le projet ne doit pas représenter une contrainte de travail supplémentaire.

Afin de déterminer les obligations réciproques de chaque participant dans le projet, il est possible d'établir **un cahier des charges**.

B Planifier et anticiper

Il faut contrôler régulièrement l'avancement du projet par rapport aux prévisions du planning de référence. Cela permet de mettre en place des actions correctives rapidement, ou au contraire, de réfléchir à d'autres activités à instaurer.

Anticiper, c'est réfléchir aux divers éléments qui peuvent causer des problèmes en cours de réalisation, comme par exemple un partenaire qui décide de se retirer du projet, une dépense exceptionnelle, une activité qui prend plus de temps que prévu… Le commanditaire peut également donner de nouvelles directives à intégrer rapidement dans la conduite du projet. Planifier ces éventuelles modifications est indispensable.

C Piloter et animer

Piloter consiste à suivre le projet afin d'en maîtriser les coûts, les délais et la performance de chacun. Un chef de projet ou le comité de pilotage doit savoir prendre des décisions fiables et pertinentes, parfois dans l'urgence. Il est capable de faire face aux aléas.

Le pilotage passe aussi par la mise en place de divers outils qui facilitent le suivi du projet : le budget prévisionnel, le tableau de bord, les outils de recueil de données… Enfin, une communication constante et efficace entre le chef de projet et l'équipe, et au sein de l'équipe elle-même est nécessaire pour maintenir un niveau d'efficacité satisfaisant, entretenir la motivation et prendre les bonnes décisions. La communication permet aussi de déceler les comportements à « surveiller » (l'absentéisme récurrent aux réunions, la lenteur dans l'exécution des tâches, la rétention d'informations...) et d'agir en conséquence.

D Négocier

La négociation fait partie intégrante du projet, et notamment dans la phase de recherche de partenaires financiers. Il s'agit bien de les « persuader » de l'intérêt de leur implication dans le projet. Il faut aussi décider des orientations à prendre dans le cas où des écarts sont mis en évidence, ce qui oblige le chef de projet à négocier avec les acteurs du projet, revoir leur tâche et leur implication.

2 Les écrits nécessaires à la coordination

A Le cahier des charges

Le cahier des charges retrace exactement le rôle et l'implication de chacun (qui fait quoi et comment, avec quels moyens). Il peut prendre la forme d'un tableau :

Extrait du cahier des charges du projet TAF

Acteurs concernés	Rôle dans le projet	Moyens nécessaires
Conseil régional	• Donne les directives concernant les salons sur toute la région • Finance le projet • Définit la stratégie de communication, harmonisée sur toute la région	
Mission locale de Carcassonne (ML)	• Coordonne les acteurs • Anime les comités de pilotage et comités techniques • Fait appliquer les décisions prises dans les comités • Participe au comité de pilotage régional • Démarche les entreprises • Informe les usagers relevant de sa compétence • Organise le salon	• Tous les outils de suivi et de coordination, de communication • Tout le matériel nécessaire au salon • Fichier « jeunes »
Conseil départemental	• Participe à l'organisation au sein des comités de pilotage départemental et régional • Met à disposition les panneaux sucettes sur le département • Prête les grilles d'affichage dans le salon • Doit gérer l'espace « insertion » sur le salon : mobilise les structures d'insertion et demandeurs d'emploi relevant de sa compétence	• Grilles • Fichier « structures d'insertion » • Fichier « demandeurs d'emplois »
Pôle Emploi	• Participe aux prises de décisions au sein des comités de pilotage • Mobilise l'ensemble des demandeurs d'emploi	• Lettre • SMS • Campagne de communication au sein des agences

B Le journal de bord

Pour faciliter le suivi du projet, un **journal de bord** est souvent mis en place. C'est un document qui regroupe tous les éléments concernant le projet, étape par étape et qui sont ajoutés au fur et à mesure :

- **analyse de la situation** : enquête, rapports, méthodologie suivie, dossiers documentaires, schémas… ;
- **définition du sujet et des objectifs** : étude sur le sujet, énoncé des objectifs et leur justification, compte rendu de brainstorming… ;
- **étude de faisabilité** : compte rendu de réunion, d'entretien, budget, délais… ;
- **réalisation du projet** : planning, diagramme de PERT, fiche de répartition des tâches, plan d'actions… ;
- **évaluation et réajustement** : enquête, bilan, rapports, compte rendu des revues de projet…

Le journal de bord est présenté sous forme de dossier plus ou moins épais (chemise, boîte à archives…), des sous-chemises permettent le classement des différents éléments.
Il peut être entièrement informatisé et suivra le même ordre de classement.

La communication dans le projet

Communiquer au cours d'un projet est primordial pour informer les membres de l'équipe projet ainsi que les partenaires, les supérieurs hiérarchiques, les commanditaires et le public ciblé. Cette communication se déroule pendant et après le projet et n'a donc pas les mêmes objectifs. Elle peut être orale, écrite ou visuelle.

1 Communiquer avec l'équipe, les partenaires, les supérieurs hiérarchiques et les commanditaires

La communication orale permet aux différents acteurs de se concerter afin d'assurer la coordination et la réalisation. Elle a pour but de transmettre des informations rapidement et d'obtenir une réponse immédiate. Elle vise également à s'assurer que le message a bien été reçu en le reformulant éventuellement pour atteindre l'effet attendu.
Des supports écrits ou visuels sont parfois utilisés, en complément de la communication orale, pour faciliter la compréhension ou maintenir l'attention. Ils peuvent être produits *a posteriori*.

A La communication orale

1. Organiser des réunions

La réunion a pour objectif de présenter le projet ou de faire le point sur l'avancement de celui-ci (voir fiches 4 et 11).
Une réunion du comité de pilotage vise à :
- informer et à transmettre des données aux différents acteurs ;
- choisir des orientations en fonction des avis des acteurs.

Une réunion d'un comité technique permet :
- de produire les outils nécessaires au projet ;
- de former les acteurs du projet.

Si les participants sont à distance, il est possible d'utiliser la technique de la visioconférence.

2. Créer des groupes de travail

Si la réunion est utile pour partager des informations entre les acteurs, elle n'est pas forcément adaptée pour effectuer certaines tâches au cours du projet. Le chef de projet peut donc organiser des groupes de travail restreints (voir fiche 9). Le groupe de travail a deux fonctions :
- **une fonction de production** qui est fixée sur la tâche à effectuer. Chaque membre d'un groupe apporte, suivant ses compétences ou/et ses qualités, les éléments qui permettent au projet de se construire. La création ou la prise de décision en groupe augmente la créativité et réduit le risque d'erreurs puisque les décisions ne sont pas prises de manière isolée. Elle est aussi vecteur d'audace puisque la responsabilité ne repose pas sur une seule personne ;
- **une fonction relationnelle** qui vise à renforcer la cohésion de l'équipe et à favoriser un élan de travail. L'individu n'est pas isolé face à une tâche à accomplir. Le groupe renforce également le sentiment d'appartenance des membres au projet.

B La communication écrite et visuelle

- Les actions de communication écrite ou visuelle sont importantes pour conserver la cohésion entre les acteurs de projet. Un autre intérêt est de garder une trace écrite des différentes étapes du projet. Ces informations peuvent être conservées pour une consultation ultérieure ou transmises de manière directe (distribution, affichage) ou indirecte (voie postale, mail ou Intranet).
- Le **compte rendu** expose le déroulement d'une action ou d'une réunion (voir fiche 6). Il sert notamment à informer les personnes absentes. Par exemple, dans le cadre d'un projet impliquant de multiples interlocuteurs, les divers comités de pilotage font parfois l'objet de comptes rendus diffusés par mail à chacun des protagonistes.
- Pour synthétiser une situation ou mettre en évidence des liens entre différents éléments, la **note de synthèse** est souvent utilisée. Elle représente un gain de temps et permet aux supérieurs hiérarchiques et aux commanditaires de suivre l'avancement du projet. Elle reprend l'essentiel des différents écrits ou événements et les expose de manière structurée.
- Le **rapport** est un document de fin d'action ou de fin de projet (voir fiche 73). Il présente tous les éléments assortis d'une analyse. Il doit être exhaustif et argumenté. Il est parfois étayé par des éléments visuels (graphique, schémas), issus des évaluations.

2 La communication envers le public

A La communication orale

Les supports oraux ou audiovisuels de communication externe visent à informer le public pour une meilleure implication dans le projet. Il s'agit de réunions, de conférences de presse ou d'information, de messages utilisant les médias de masse comme les annonces radios ou télévisuelles. Le développement des nouvelles technologies facilite la diffusion des documents oraux type vidéos via Internet.

B La communication écrite et visuelle

Les moyens de communication externe à destination du public sont variés (voir fiches 16, 17 et 18):
- dépliant pour présenter le projet ou une activité;
- tract pour inciter à venir participer à une action ou à changer un comportement;
- affiches et sites Internet pour informer la population;
- utilisation des réseaux sociaux.

Exemple de communication autour du projet TAF

La mission locale de Carcassonne organise chaque année le salon TAF (Travail Avenir Formation) qui consiste à regrouper en un seul lieu l'ensemble des professionnels offrant un emploi ainsi que les organismes de formation à destination des demandeurs d'emploi du département de l'Aude.

La communication envers le public, lors du projet TAF, a représenté une part de budget conséquente, pas moins de 230000 euros sur la région, financée par le conseil régional. Elle a pris différentes formes:
- des annonces radios (100 %, RFM, Chéri FM – entres autres –);
- des articles de presse dans le journal *Midi libre*;
- une campagne d'affichage: 110 panneaux sucettes, 12 arrières de bus, 15 abris bus et 500 affiches format A3 sur le département de l'Aude;
- 5 000 cartes com (format carte postale) distribuées;
- plus de 8 000 plans de salon distribués sur les 2 jours.

1 206 OFFRES D'EMPLOI SONT PROPOSÉES CETTE ANNÉE, CONTRE 1 523 EN 2011.

© Photo Claude Boyer

Devant le stand du centre hospitalier, il fallait prendre son mal en patience, hier matin. Pas moins d'une vingtaine de personnes faisaient la queue pour s'entretenir avec le recruteur, à l'occasion du 5e salon TAF (« Travail, avenir, formation »), au Dôme. Il est vrai que l'hôpital était un des rares participants à proposer quelques emplois non saisonniers.

À quelques mètres de là, l'armée était venue en forte délégation. Mais les métiers de la Défense semblaient recueillir moins de succès...

« Les candidats n'ont pas les compétences »

Côté entreprise, l'essentiel des tables était occupé par l'hôtellerie et la restauration. Plusieurs établissements de Carcassonne avaient dépêché leurs représentants sur ce salon. Comme l'hôtel L'Aragon, qui avec les deux autres établissements du groupe proposait quatre à cinq postes pour cet été.

« Grâce à ce salon, nous pouvons engranger beaucoup de contacts en un minimum de temps », expliquait Franck Jaillette, un des responsables de la société. Même réflexion pour Elodie Teisseire, du Jardin de la Tour, adresse bien connue de la Cité : « Le problème, c'est que bien souvent, les candidats n'ont pas les compétences requises. On voit des maçons ou des vendeurs postuler pour faire de la plonge ! ».

Signe de la progression du chômage, il y avait du monde, hier, dans les allées du Dôme.

Malheureusement, l'offre n'était pas à la hauteur. Renaud Fabart, directeur départemental de Pôle Emploi, annonçait un total de 1 206 offres proposées cette année pour 1 523 lors de la 4e édition ! Ce dernier se satisfaisait toutefois de la progression du nombre de demandes formulées en direct, sans relais par Pôle Emploi, pour ce TAF (683 contre 600 l'an dernier) avec 130 entreprises présentes.

« Nous avons mis l'accent cette année sur l'apprentissage et la formation. Les centres présents offrent de belles opportunités », temporisait Béatrice Négrier, vice-présidente du conseil régional chargé de ce dossier.

Source : *Encore aujourd'hui*, le 14/03/12, par Laurent Costes

Figure 67.1 Exemple d'article de presse.

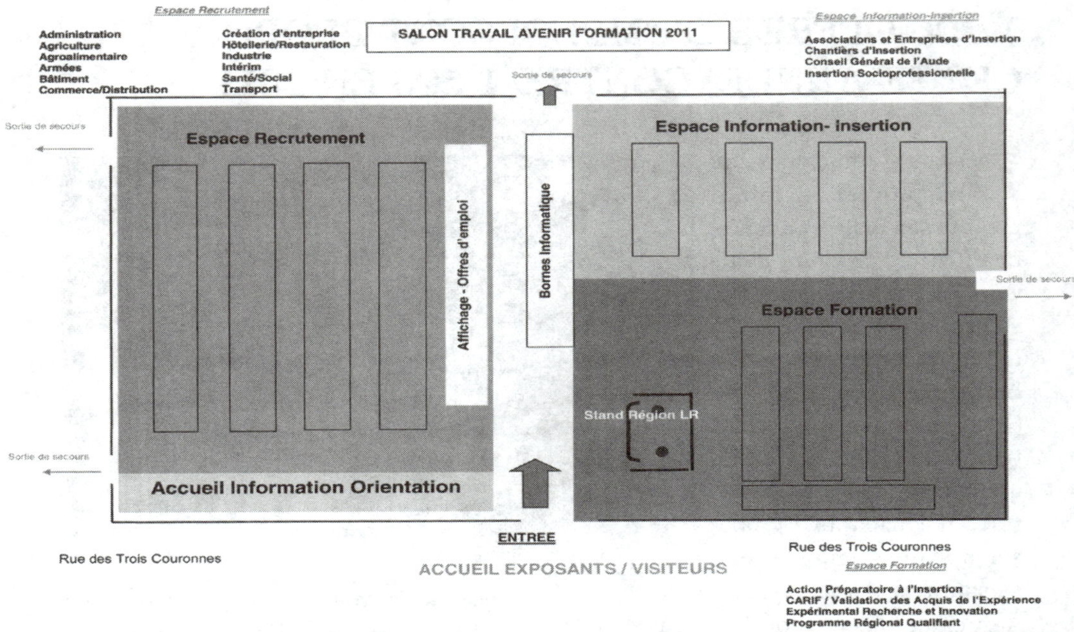

Source : Mission locale de Carcassonne

Figure 67.2 Plan du salon.

Identification des moyens et budget prévisionnel

Dans le domaine sanitaire et social, la plupart des projets sont subventionnés par des organismes publics. De ce fait, leur budget est contraint. Avant de réaliser le budget prévisionnel, il est donc impératif de recenser l'ensemble des moyens dont la structure dispose afin de chiffrer les différents postes de dépenses.

1 Le recensement des moyens disponibles et à rechercher

A Les moyens humains

Il s'agit de faire le point sur les acteurs et partenaires qui participent au projet. Le personnel de la structure organisatrice et la plupart des partenaires interviennent dans le cadre de leurs missions et ne sont donc pas rémunérés. Néanmoins, il peut être nécessaire de prévoir un budget pour la rémunération éventuelle des participants extérieurs, experts d'un domaine particulier, qui pourraient ajouter une plus-value au projet.

B Les moyens logistiques et matériels

Ils correspondent à l'achat de matériel et aux dépenses logistiques, notamment la communication ou les transports. L'implication de plusieurs partenaires permet la mutualisation des ressources, en particulier en termes de « petit matériel » et du matériel informatique, tel que vidéoprojecteur, ordinateur, imprimante. Les mairies prêtent souvent du matériel lourd (tables, chaises), ou proposent la location de salles à prix préférentiel. Enfin, il faut aussi recenser les outils de communication disponibles et à créer. C'est souvent le volet le plus onéreux de tout projet.

C Les moyens financiers

Le recensement de l'ensemble des moyens disponibles a pour but de déterminer les postes de dépenses les plus importants dans le projet. Il faut alors estimer rapidement les subventions possibles et mobiliser les partenaires financiers sur le projet. Il est préférable d'intégrer à cette prévision une partie de financement liée à des coûts exceptionnels, qui ne sont pas prévisibles au début du projet.

2 Le budget prévisionnel : un outil de suivi

- Le budget prévisionnel doit refléter fidèlement l'analyse de besoins et les ressources acquises ou celles apportées par les partenaires financiers sollicités. C'est sur cet élément du dossier que les acteurs et partenaires jugeront du sérieux et de la rigueur de la démarche.

- La conception d'un budget prévisionnel obéit à différentes règles :

– **les recettes d'une part et les dépenses d'autre part sont toujours présentées en colonnes équilibrées**, c'est-à-dire que leur montant global est identique. Une des colonnes correspond au montant estimé et l'autre au montant réel ;

– **chaque poste de dépenses doit être justifié** et le montant avancé être réaliste. Les coûts exceptionnels sont intégrés sous forme d'une marge d'imprévus d'au moins 8 % des dépenses ;

– **dans la colonne recette, apparaissent les ressources déjà présentes** (apport personnel, autofinancement, subventions diverses...). Pour les partenariats, il faut préciser s'ils sont acquis, en cours ou à acquérir. Il faut distinguer les apports financiers de ceux en nature.

– **il est toujours daté**. En effet, le budget prévisionnel permet de suivre l'avancement du projet ; il est donc évolutif.

- Le budget prévisionnel n'est utile que s'il fait l'objet d'un suivi régulier, à chaque étape du projet. En effet, les prévisions et les réalisations sont rarement totalement identiques. Il s'agit alors de constater les écarts afin de l'ajuster régulièrement. La fréquence des actualisations rend le budget fiable et pertinent.
- Un budget prévisionnel présente une estimation des coûts qui est comparée avec le coût réel. Ainsi, le chef de projet peut mettre en place des actions correctives pour limiter les écarts (supprimer une action trop onéreuse, revoir le plan de communication, demander de nouvelles subventions...). Ce contrôle budgétaire permet d'améliorer le processus prévisionnel, pour mieux concevoir les futurs budgets.
- Cependant, il est difficile de tout prévoir car l'organisation d'un projet subit des fluctuations : événements conjoncturels, réalisations d'actions exceptionnelles, erreurs d'appréciation... Il est fréquent d'actualiser les budgets à chaque étape du projet et de reconsidérer la responsabilité de chacun dans la réalisation de nouveaux objectifs.
- De ce fait, la construction d'un budget nécessite obligatoirement la conception d'un tableau de bord (voir fiche 72).

Exemple de budget prévisionnel pour l'organisation du salon TAF.

Postes de dépenses	Montant estimé TTC	Montant réel TTC
Location de la salle	2000	2000
Logistique	6000	6000
Appui technique et mobilier pour le salon : Tables Chaises Panneau d'affichage Moquette	7000	7000
Implantation et gestion des stands	7000	7000
Gestion des participants	2000	2000
Restauration	1500	1500
Communication : Panneau sucette Affiche arrière de bus Affiche abris bus Carte com Annonces journaux Annonces radio	9000	9000

→ → →

→ → →

Postes de dépenses	Montant estimé TTC	Montant réel TTC
Navettes de bus pour le public	4500	4500
Divers (assurance, électricité...)	1000	1000
TOTAL	**40000**	**40000**

Recettes	Montant estimé TTC	Montant réel TTC
Financement conseil régional pour la communication	40000	40000
Conseil général	Prêt de matériel	Prêt de matériel
Société de publicité (% de réduction)	–	Réduction sur appel d'offres
Intervenants	Bénévoles	Bénévoles
Accueil du salon	BTS SP3S bénévoles	BTS SP3S bénévoles
Mairie	Prêt de matériel	Prêt de matériel
Résultats intermédiaires	**40000**	**40000**
Reste à trouver	**0**	**0**
TOTAL	**40000**	**40000**

Ce projet est entièrement financé par le conseil régional. Ce budget évolue peu d'année en année, seul le financement des outils de communication fait l'objet d'une discussion au sein des comités de pilotage. En effet, en 2012, l'accent a été mis sur la communication envers les entreprises, plus que vers le public. Comme le salon est une manifestation présente depuis plusieurs années sur le territoire, le budget devient fixe d'une année sur l'autre.

69 LA MÉTHODOLOGIE DE PROJET

Les outils de planification et de suivi du projet

La planification consiste à définir le déroulement et la gestion des différentes actions dans le temps.

1 Le plan de convergence : un outil pour visualiser les étapes

Après avoir établi une liste des étapes à effectuer, le chef de projet doit les classer et les diviser selon différentes activités. Il peut alors construire un schéma qui reprend les étapes, activités par activités. Elles correspondent généralement aux phases de la démarche de projet, mais peuvent être complétées par des étapes plus spécifiques au projet mis en place. Les activités précisent les objectifs opérationnels, donc les actions.
Dans l'ordre de précision : les actions sont déclinées en activités, les activités en tâches.
Les différentes étapes répondant à un même objectif stratégique sont ensuite rassemblées. Certaines activités peuvent alors être modifiées, regroupées ou bien supprimées si nécessaire (répétition, ressemblance...).

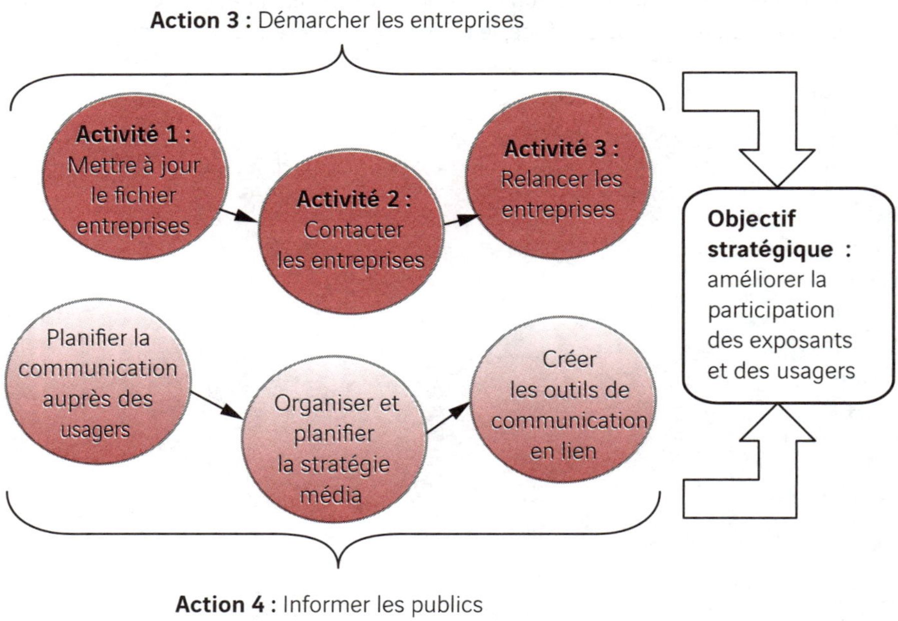

Source : Coralie Gravier

Figure 69.1 La stratégie de communication envers les exposants et les usagers.

2 Le plan d'action : un outil pour planifier et suivre les tâches

Le plan d'action permet une planification dans le temps, et par conséquent une vision de l'avancement du projet. Chaque activité est découpée en tâches précises et concrètes afin de comprendre le rôle de chacun, et surtout de déterminer le temps consacré à chacune des activités, puis des étapes.
Le plan d'action est régulièrement réajusté en fonction de l'évolution du projet et de son contexte. Ainsi, il possible que de nouvelles tâches soient à prévoir.

Extrait du plan d'action du projet TAF qui a lieu en mars.

Action/ Échéance	Activités/ Échéance	Tâches	Fait	Ressources à mobiliser
Action 3 : Démarcher des entreprises (durée : 2 mois)	**Activité 1 :** Mettre à jour le fichier « entreprises » (mi-janvier)	**1** Rechercher les contacts de l'an dernier	OK	Fichier « entreprise »
		2 Rechercher de nouveaux contacts		Internet Annuaire
		3 Prendre contact par téléphone		Téléphone + bureau calme
		4 Compléter le fichier « entreprises »		Fichier « entreprise »
	Activité 2 : Contacter les entreprises (fin janvier)	**5** Réaliser la lettre d'invitation	OK	Logiciel Word
		6 Envoyer les lettres par mailing – retour pour le 20 février		Internet
	Activité 3 : Relancer les entreprises (fin février)	**7** Procéder aux relances par SMS et par téléphone		Portable et téléphone
		8 Procéder aux relances par mailing		Mail / Internet

3 Deux outils pour ordonner les tâches

A Le diagramme de PERT

La méthode PERT (Program Evaluation Research Task) est utilisée pour ordonner les tâches de toutes les activités du projet et les présenter sous forme d'un diagramme. Celui-ci permet de réfléchir aux tâches qui peuvent être réalisées simultanément.
Le diagramme est mis à la disposition de tous les acteurs du projet pour qu'ils puissent s'y référer si nécessaire.
Avant d'élaborer le diagramme, il est possible de réaliser un tableau :

Tâches à réaliser	Tâches à effectuer en même temps	Tâches antérieures	Tâches postérieures
Tâche 2	Tâche 5	Tâche 1	Tâche 3
Tâche 4	Tâche 6	Tâche 3	Tâche 7

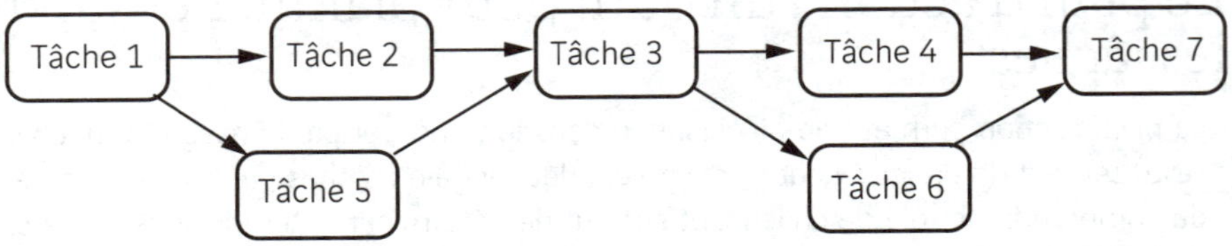

Source : Coralie Gravier

Figure 69.2 Diagramme de Pert.

Les tâches 2 et 5 sont réalisées sur le même temps. La tâche 3 n'est réalisable que si ces tâches sont déjà effectuées.

B Le planning de Gantt

Le planning de Gantt est un outil de gestion pour le chef de projet, mais aussi un outil de communication entre les différents acteurs. Pour construire le planning, il faut avoir réalisé le plan d'action. Il est possible d'informatiser le planning, par exemple avec un logiciel spécifique appelé Ganttproject (voir Carnet professionnel).

L'axe vertical représente les diverses tâches, placées dans un ordre chronologique de haut en bas. L'axe horizontal symbolise le temps, généralement en semaine ou en mois.

Chaque tâche correspond à un trait horizontal, dont la longueur est égale à la durée. Un trait en pointillé reliant la fin d'une tâche avec le début d'une autre signifie que celle-ci ne peut commencer que lorsque l'autre est finie.

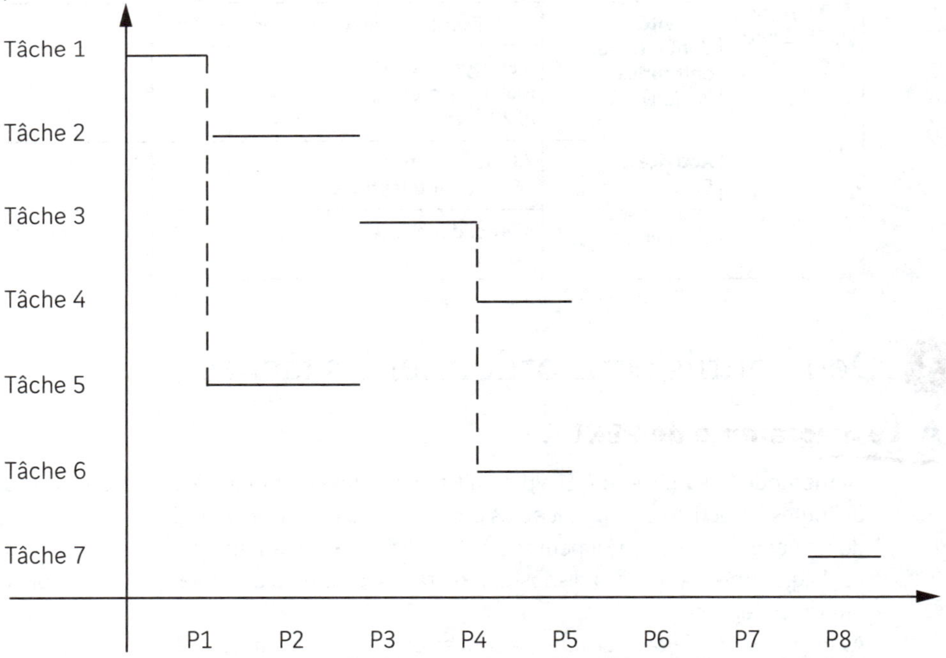

P : Période en temps (unité à déterminer : jour, semaine, mois) : ici, en semaine.
—— Durée d'une tâche
-----Lien entre les tâches (l'une doit être finie pour commencer l'autre).

Source : Coralie Gravier

Figure 69.3 Exemple de présentation d'un planning de Gantt.

La formalisation du projet

La formalisation du projet est l'engagement écrit du projet. C'est une étape essentielle car elle atteste de sa réalité et de sa pertinence. Elle est aussi l'étape préalable à la recherche des partenaires.

1 Le dossier de présentation

Lorsque suffisamment d'éléments ont été réunis, un dossier de présentation du projet est alors réalisé. Il permet de mettre en place un cadre méthodologique précis qui renforce la légitimité du projet. L'objectif est de convaincre les partenaires d'y participer, notamment les partenaires financiers.

Le dossier de présentation intègre un volet **financier** et un volet **communication**. Il doit être :
- **court et clair** : une dizaine de pages environ, avec un style synthétique et aéré, afin que les partenaires puissent en prendre connaissance facilement ;
- **fiable** : toutes les informations doivent être vérifiées et argumentées, notamment sur le volet financier car il représente un élément de prise de décision important pour les partenaires qui souhaitent s'engager dans le projet ;
- **modifiable en fonction des interlocuteurs** : certains partenaires peuvent être plus particulièrement intéressés par une partie du projet.

Exemple de composition du dossier

- Une couverture avec le titre et les coordonnées.
- Un court sommaire avec une pagination ou un système de fiches numérotées.
- La présentation du ou des porteurs de projet et de son origine.
- Le descriptif global du projet : quoi, où, quand.
- Les moyens à mobiliser : humains, matériels, financiers et comment les réunir.
- Le budget prévisionnel.
- La communication du projet.
- Les annexes éventuelles : engagement de soutien déjà acquis, contacts en cours, articles de presse, photos…
- L'argumentaire adapté en fonction du partenaire.

→ L'utilisation et la diffusion de ce dossier peut aussi avoir un coût, il faut donc le prendre en compte dans le budget prévisionnel.

2 La fiche projet

Le projet peut aussi faire l'objet d'une fiche projet, beaucoup plus synthétique. Cette fiche sera plutôt réservée aux acteurs du projet (chef de projet, comité de pilotage et équipe), afin d'avoir une vision synthétique des éléments essentiels.

Intitulé du projet

Identification du contexte et contraintes

- Identification du demandeur (commanditaire).
- Date de la demande.
- Contextes et justification du projet.
- Projets déjà existants.
- Contraintes à prendre en compte.

Identification du public ciblé et des objectifs

- Population cible.
- Objectifs visés : général, spécifique, opérationnel.

Identification des acteurs et moyens

- Acteurs du projet : chef de projet, équipe de projet.
- Partenaires.
- Moyens matériels.
- Moyens financiers : budget prévisionnel.

Conception du projet

- Planification et calendrier.
- Coordination : méthodes et outils.
- Communication interne.
- Communication externe.
- Évaluation.

Dans le cadre d'une réponse à un appel à projet, le dossier de demande de subvention permet déjà de présenter le projet dans la totalité. Le chef de projet peut donc utiliser directement ce dossier ou le synthétiser pour produire une fiche.

La recherche de partenaires

Chaque organisation possède et construit progressivement son réseau partenarial. Participer à la mise en place d'un projet permet non seulement d'élargir son réseau, mais également de le consolider par un véritable travail en commun. Au-delà du projet, c'est la notoriété de l'organisation qui est en jeu.

1 La phase de recensement

Cette phase, qui a lieu avant toute rencontre avec un potentiel partenaire, offre la possibilité :
- **d'identifier les partenariats déjà existants** : il est utile de faire le point sur les divers acteurs qui participent déjà à la bonne marche de l'organisation. De plus, c'est l'occasion, dans le cadre d'une réunion d'équipe, de mutualiser les réseaux individuels créés par chacun. Un partenariat déjà existant est un réel avantage pour la bonne marche du projet et surtout un gain de temps considérable.
- **de repérer sur le terrain les partenaires potentiels** et notamment les partenaires clés du territoire et leur positionnement. Selon l'envergure du projet, certains partenaires sont incontournables, tels que les partenaires officiels (maire, président du conseil régional ou départemental, le préfet).

2 La phase de sélection

Il est impératif de procéder à une sélection. On distingue par exemple les partenaires officiels, ceux qui apportent plutôt une aide en nature, les médias, les partenaires financiers...
La sélection ne doit pas être trop large, car la recherche de partenaires est chronophage dans un projet. Il s'agit de cibler les partenaires susceptibles d'être les plus intéressés et intéressants par et pour le projet.

3 La phase de contact

A La préparation de l'argumentaire

Avant toute prise de contact, il est impératif de préparer des arguments adaptés à chaque partenaire. Le dossier de présentation du projet est donc complété par cet argumentaire. Celui-ci est basé sur les besoins de l'équipe par rapport au projet, et sur l'aide éventuellement apportée au futur partenaire.

→ Un partenariat est avant tout une réciprocité, chacun doit en tirer profit.

B La prise de contact

Il peut être judicieux de commencer par contacter les partenaires qui apportent une aide en nature (prêt de salle, de matériel type tables et chaises, etc.). Ils sont plus faciles à obtenir et c'est un bon moyen de faire des économies. Cela permet également de donner du corps au dossier de présentation en montrant que l'équipe a su déjà convaincre des partenaires. Il s'agit de gagner en crédibilité auprès des partenaires financiers.

La prise de contact avec les partenaires financiers nécessite une attention particulière. Il est plus judicieux de les rencontrer afin d'exposer clairement le projet et les bénéfices qu'ils pourront en tirer.

Les partenaires officiels sont d'abord contactés par courrier car leur emploi du temps est chargé. Il est intéressant de les rencontrer par la suite afin d'assurer une pérennité et une notoriété à un projet qui est renouvelé.

4 La phase de formalisation du partenariat

Il est préférable d'asseoir le partenariat par la signature d'une « convention de partenariat », qui établit les règles réciproques et équitables entre les parties. La signature d'une convention suppose de maintenir et d'entretenir le lien. C'est un travail sur le long terme qui dépasse la simple participation au projet.

Exemple : le salon TAF

La ML de Carcassonne organise chaque année le salon TAF (Travail Avenir Formation) qui consiste à regrouper en un seul lieu l'ensemble des professionnels offrant un emploi ainsi que les organismes de formation à destination des demandeurs d'emploi du département de l'Aude.

Dans le cadre du projet TAF, de nombreux partenaires participent au projet :

- **le conseil régional est le commanditaire**, donc le financeur. Il assure la coordination des salons sur les 5 départements, et la communication autour des salons ;
- **le conseil départemental participe à la réflexion** au sein des comités de pilotage régional et départemental et comités techniques. Il met à disposition l'ensemble des panneaux sucettes répartis sur le département (70 en tout). Il prête les grilles d'affichage à disposition des exposants dans le salon. Enfin, il a en charge l'espace « insertion » du salon. Dans cette dernière mission, il doit inviter et mobiliser les structures d'insertion et les demandeurs d'emploi relevant de ses compétences. Enfin, il est présent sur le salon ;
- **les pôles emploi mobilisent les demandeurs d'emploi et participent au salon** ;
- **les élus et officiels viennent inaugurer le salon le premier jour.**

L'évaluation

Gérer un projet demande un suivi très précis afin que le résultat obtenu soit le plus proche possible du résultat attendu. Le chef de projet est responsable de ce suivi et des évaluations. Ainsi, bien avant la réalisation des actions, les évaluations et leurs indicateurs doivent être précisés.

1 Le tableau de bord

Toute évaluation repose sur des indicateurs fiables, pertinents et disponibles. Pour cela, le chef de projet peut utiliser un **tableau de bord**. Cet outil synthétique permet de :
- **mesurer les effets des actions mises en place**. Il est conçu à l'aide d'indicateurs qui vérifient si la démarche répond aux objectifs. Ces indicateurs doivent être fiables et facilement compréhensibles par tous ;
- **piloter et d'aider à la décision**. Il rend compte du présent, de ce qui est réalisé. Il établit des comparaisons entre ce qui était attendu et ce qui a été réalisé et aide à modifier ce qui est nécessaire. Les objectifs peuvent donc être révisés suivant les constatations ;
- **donner une vision globale du projet**. Il facilite la discussion entre les différents acteurs puisqu'il offre une vision d'ensemble.

Extrait du tableau de bord pour le projet TAF

Volet	Objectifs	Indicateurs à utiliser	Outils utilisés
Contexte et état des lieux	• Décrire les caractéristiques de la population cible • Faire le bilan de l'organisation des salons antérieurs	• Nombre de visiteurs (par catégories : nombre de chômeurs, nombre de jeunes…) • Caractéristiques des visiteurs (âge, sexe, ville d'origine pour chaque catégorie) • Nombre d'exposants • Caractéristiques des exposants • Nombre d'offres à disposition sur le dernier salon • Améliorations proposées	• Questionnaire visiteurs • Recherche documentaire • Questionnaire exposants
Acteurs du projet	Connaître la satisfaction des acteurs du projet à l'égard de l'organisation	• % d'acteurs satisfaits de l'organisation • Propositions de remédiation	• Questionnaire exposant • Entretiens
Moyens financiers	Connaître les coûts exacts de chaque poste de dépenses	• Coût de fonctionnement par poste • Adéquation avec le budget prévisionnel • Solution d'amélioration budgétaire	• Étude réelle des dépenses • Budget prévisionnel
….			

→ Un tableau de bord est évolutif. Chaque état doit être daté, signé et explicite, mais les indicateurs restent les mêmes tout au long du projet. Le tableau de bord permet de réfléchir et de mettre en place les évaluations en cours ou à la fin du projet.

2 L'évaluation du projet

Dans le cadre d'un projet, il est autant nécessaire d'évaluer la méthodologie mise en place que les résultats du projet. Il s'agit de mesurer jusqu'à quel point et avec quelle efficacité les actions menées ont permis de régler la problématique initiale. L'évaluation est utile pour déterminer si le projet a été pertinent, cohérent, efficace, s'il a eu un impact réel et si les résultats sont durables.

A Les caractéristiques de l'évaluation

Pour être utile, il faut que l'évaluation soit menée de manière rigoureuse. Elle doit être :
- **complète et systématique** : chacune des étapes est évaluée sur la procédure et sur les résultats obtenus ou perçus. Elle s'établit donc tout au long du projet ;
- **notée sur des critères précis** déterminés en fonction des objectifs (utilisation du tableau de bord) ;
- **effectuée auprès de différentes personnes** (équipe projet, commanditaire, partenaires et usagers) ;
- **analytique**, c'est-à-dire que les résultats sont étudiés en fonction du contexte et font l'objet d'un rapport ;
- **objective**.

B Évaluer en cours de démarche

- Les évaluations sont programmées **dès la conception du projet**. Chacune des étapes est validée par une mesure de la qualité et de la méthodologie employée. Les données de cette évaluation sont portées à la connaissance des différents acteurs selon leur implication. Les résultats de ces évaluations font l'objet d'une **revue de projet**. Ils peuvent influer sur le déroulement du projet et/ou modifier le contenu.
- Les revues de projet sont des réunions rassemblant les différents acteurs (commanditaire, comité de pilotage, chef de projet avec ou non son équipe). Sont présents soit tous les acteurs, soit, si les membres du dispositif sont trop nombreux pour être réunis, les acteurs décisionnels seulement.
- Ces revues de projet servent à :

- **suivre l'avancement du projet** en vérifiant si les résultats attendus sont obtenus ;
- **valider l'étape présentée** avant de passer à la suivante ;
- **contrôler si les coûts, objectifs et délais de l'opération sont bien respectés** pour envisager la poursuite ou la modification du projet. La mesure des résultats offre la possibilité d'avoir une vision précise du déroulement du projet ;
- **faire une synthèse des actions déjà réalisées** et de celles qui sont en cours ;
- **coordonner et réajuster les tâches** des différents acteurs.

- Les revues de projet doivent avoir lieu régulièrement et fréquemment : il est inutile de continuer à avancer s'il existe le moindre défaut d'organisation ou de réalisation. Ces réunions permettent aussi aux différents acteurs d'avoir une vision d'ensemble du travail accompli et à accomplir et sont parfois source de remotivation pour les membres du groupe de travail. Par exemple, lors de l'organisation du projet TAF (dont la manifestation se déroule en mars), le 4e comité de pilotage s'est réuni en février et a permis de faire le bilan sur le mailing auprès des exposants. Le comité a également fait le point sur l'avancement du plan de communication sur le département, permettant ainsi de répartir les tâches relevant de la stratégie de communication auprès des usagers.

C Évaluer l'ensemble du projet

Il faut évaluer les résultats obtenus par rapport aux divers problèmes identifiés lors de l'analyse de situation. Le but de cette démarche est de vérifier si les objectifs fixés ont été atteints partiellement ou non.

Cette évaluation se réalise par des **outils de recueil de données** : questionnaire, entretien, observation ou autres (comptage des participants, brainstorming).

Il est possible de faire une seconde évaluation quelques mois plus tard pour vérifier si les résultats obtenus restent acquis ou ont évolué dans le temps.

Dans le cas où les résultats ne sont pas satisfaisants, il est possible de mettre en place un nouveau projet correctif.

Dans le cadre du projet TAF, l'évaluation a pris la forme suivante :

- une enquête par questionnaire auprès des exposants ;
- une enquête par questionnaire auprès des usagers ;
- une réunion bilan avec l'ensemble de l'équipe ;
- des statistiques : le comptage des personnes venant au salon (taux de fréquentation), le nombre d'offres offertes et pourvues...

Exemple du questionnaire exposant sur le salon TAF

Que pensez-vous de... ?	Nb	Très satisfaisant	Satisfaisant	Peu satisfaisant	Pas satisfaisant	Observations éventuelles
La prise de contact par les organisateurs						
La date choisie pour le forum						
Le lieu						
Les horaires						
Les participants						
La communication faite autour de la manifestation						
L'accueil que vous avez reçu et les conditions de votre organisation						
L'emplacement de votre stand						
La qualité de contacts avec les candidats						
Combien d'offres d'emplois avez-vous proposé ?						
Combien de contacts avez-vous réalisé ?						
L'intérêt d'une telle manifestation pour votre entreprise						
Remarques						

Le rapport final

À la fin d'un projet, il est nécessaire de rédiger un rapport à l'intention des partenaires et des acteurs qui y ont participé. Il s'agit du bilan écrit du projet mené. Son objectif est quadruple: présenter l'ensemble du projet, identifier les problèmes rencontrés afin de mettre en place des réajustements, conserver une trace des meilleures pratiques pour la mise en place d'un projet, inciter les partenaires à renouveler leur participation dans un projet récurrent.

1 Préparer le contenu du rapport

Il s'agit de:
- **rassembler les documents**: un rapport présente l'ensemble des documents utilisés lors de la préparation, de la réalisation et de l'évaluation du projet;
- **trier les documents par étape**: les différents documents doivent être regroupés selon l'étape durant laquelle ils ont été utilisés ou élaborés. Cette étape est facile si un journal de bord a été tenu tout le long de la démarche (voir fiche 66).

Il est préférable de préparer le contenu du rapport dès le début du projet afin d'éviter de perdre trop de temps dans le classement.

2 Construire le rapport

Le rapport doit contenir les parties listées ci-dessous.

A Une page de garde

Elle présente le titre du projet, les noms des auteurs, le logo de l'organisation et du commanditaire.

B Une introduction

L'introduction expose le contexte dans lequel se situe le projet et présente globalement le projet et ses objectifs. Les termes du sujet sont définis. L'introduction se termine par une présentation du plan du rapport.

C Une description du projet

Les éléments suivants sont développés:
- un constat de la situation;
- une liste des objectifs classés par catégorie (arbre des objectifs);
- la description de la population cible (caractéristiques démographiques, problèmes particuliers, besoins...);

- les acteurs du projet (commanditaire, chef de projet, équipe de projet);
- les partenaires classés par catégorie;
- le recensement des moyens et le budget prévisionnel;
- les modalités des actions et leur déroulement (le plan d'action);
- les délais à respecter ou le diagramme de PERT et le planning de GANTT;
- les modalités d'évaluation.

Cette description est éventuellement complétée par la fiche projet qui est plus synthétique.

D Une analyse des résultats

L'analyse consiste à déterminer si les objectifs ont été atteints et à expliquer pourquoi. Les résultats attendus et les résultats obtenus doivent être comparés. La comparaison porte sur la qualité de réalisation des objectifs.

L'efficacité des changements en cours de réalisation peut éventuellement être évoquée dans cette partie.

Ce volet du rapport doit aussi contenir une analyse de la perception du public ciblé car les bénéficiaires du projet peuvent avoir une perception différente des acteurs du projet. Leur opinion est en effet fondamentale.

E Une analyse de la méthodologie

L'analyse de la méthodologie permet de dresser un bilan des méthodes employées durant la démarche. Ce bilan porte sur la coordination et la répartition du travail entre les différents acteurs, l'efficacité des outils utilisés, la participation des partenaires, les retards de réalisation, le respect des coûts... Cette partie doit présenter et expliquer les résultats obtenus en termes d'organisation.

F Des propositions d'amélioration

Cette partie permet de présenter des recommandations sur ce qu'il faut faire ou au contraire, éviter de faire lors de la mise en place de futurs projets de même envergure. Elle comporte des conseils et peut proposer d'autres actions à mettre en place pour améliorer la démarche.

G Une conclusion

La conclusion rappelle le plan et synthétise les principales informations du rapport. Le bilan général de l'action est présenté de manière concise et claire. Il présente les différents succès et problèmes.

Chaque rapport est adapté au projet et aux destinataires. Il est donc intéressant de mettre l'accent sur certaines parties plus que d'autres. De ce fait, il peut aussi contenir des images des manifestations, des articles de presse, des remerciements ou encore les logos de tous les partenaires impliqués.

Les deux dernières parties doivent être soignées car ce sont souvent les deux seules qui sont lues par les partenaires.

Le rapport final du salon TAF

Source : Mission locale d'insertion conseil régional du Languedoc-Roussillon

Figure 73.1 La page de couverture du salon TAF.

La page de couverture

Elle présente l'intitulé du salon « 5e salon du TAF Travail Avenir Formation », le logo du conseil régional du Languedoc-Roussillon, le titre du rapport « Bilan 2012 », le lieu et les dates et horaires du salon, les logos des prestataires (Pôle emploi, conseil général de l'Aude, la mission locale de Carcassonne).

Le sommaire du rapport

Ce rapport de 19 pages comporte :

- ***Une présentation du contexte et du salon :***

- un passeport pour l'emploi : étude du contexte actuel sur l'emploi dans la région ;
- les dates des 5 salons sur la région, et les nouveautés concernant l'édition 2012 ;
- les services gratuits : transport, assistance téléphonique et adresse mail ;

- vers une stabilité et un succès confirmé : évolution au cours des années, concernant le nombre de visiteurs et d'exposants ;
- dans les coulisses du TAF : l'organisation, les moyens mobilisés (présentation du prestataire et des partenaires) ;
- l'accueil sur le salon : présentation et photo des étudiantes BTS SP3S ;
- des espaces thématiques : l'espace accueil, information, orientation, l'espace formation, l'espace insertion, l'espace recrutement, avec des explications et des photos ;
- le plan du salon.

Les résultats d'une enquête de satisfaction auprès des entreprises sur :
- la prise de contact avec les organisateurs ;
- leur secteur d'activité ;
- le lieu, la date et les horaires choisis ;
- la qualité de la communication autour de la manifestation ;
- la qualité de l'accueil ;
- la qualité de l'emplacement du stand ;
- le public ciblé et la qualité des contacts avec les candidats ;
- les programmes de formation proposés ;
- leur volonté de renouveler l'expérience.

Les résultats d'une enquête auprès des visiteurs sur :
- le lieu de résidence des visiteurs ;
- leur inscription à un organisme de formation ou pôle emploi ;
- la répartition par âge, sexe, niveau d'études ;
- la durée moyenne de recherche d'emploi ;
- le secteur d'emploi recherché ;
- le lieu des recherches ;
- la communication autour du salon.

Y sont ajoutés :
- les photos du salon présentant les divers espaces ;
- les échos de la presse : les différents articles de presse dans les divers journaux locaux, tel que la dépêche du midi et l'indépendant ;
- la liste de tous les organismes et entreprises présents, classés selon leur secteur d'activité ;
- une dernière page de remerciements, avec les logos des partenaires classés par catégories (partenaire financier, partenaires opérationnels, prestataires).

La démarche qualité

5

La notion de qualité

Dans le champ sanitaire et social, la qualité se mesure en termes d'amélioration du service rendu à l'usager. Son appréciation est différente pour un décideur, un professionnel ou un usager.

1 Qu'est-ce que la qualité ?

• Le concept de qualité est apparu dans le domaine de l'industrie. Il correspond à la prise en compte des propriétés et des caractéristiques d'un produit afin de satisfaire des besoins, exprimés ou implicites. À l'origine, le contrôle qualité s'effectuait *a posteriori* en éliminant les produits non conformes. La démarche a ensuite évolué vers la prévention des dysfonctionnements à l'origine de non-conformités.

• Cette notion s'est ensuite appliquée aux services en mettant en adéquation le service rendu et la satisfaction de l'usager. Dans le domaine sanitaire et social, la recherche d'une meilleure qualité a d'abord été mise en place dans le domaine hospitalier. Puis, elle s'est élargie à tous les secteurs d'activité sanitaire et sociale.

• Aujourd'hui, la démarche qualité repose sur :

– des programmes **d'amélioration de la qualité** : nouvelles méthodes de travail liées à la performance et à l'efficacité du service ;

– des programmes **d'assurance qualité** garant d'un niveau de qualité conforme au référentiel fixé.

2 La mesure de la qualité

La qualité peut être appréciée selon les prestations et services proposés aux usagers par l'organisation. Il s'agit de la **qualité offerte**. Les usagers, quant à eux, expriment une **qualité perçue ou attendue**. Pour obtenir une mesure fiable, des critères doivent être définis et quantifiés au travers d'indicateurs.

A La notion de critères et d'indicateurs

• **Un critère est un élément mesurable** propre à une activité. Par exemple, dans le secteur hospitalier, un des critères qui peut être retenu est l'accès d'un patient à son dossier médical.

• **Un indicateur est un outil de mesure** et de suivi d'un critère. Il est quantitatif et donc exprimé en taux ou en nombre absolu. Ainsi, les indicateurs associés au critère d'accès au dossier médical correspondent au nombre de personnes demandant la consultation de leur dossier médical par mois et au délai de réponse. Il peut être aussi qualitatif, lorsque par exemple, il s'agit de rassembler les raisons du non-respect du délai de réponse.

• La définition d'indicateurs quantitatifs permet de déterminer un seuil d'acceptabilité en dessous duquel on considère que le service est non rendu. Dans le cadre de la loi du 4 mars 2002, le délai de réponse suite à une demande de consultation du dossier médical doit être de 8 jours à compter de la date de réception. Dans cet exemple, le seuil d'acceptabilité correspond à la norme, qui est législative.

• Dans d'autres cas, le seuil ne correspond pas à la norme. Cette dernière est la valeur cible à atteindre dans un temps limité. Le seuil est donc inférieur à la norme et il est révisé à la hausse chaque année, afin d'atteindre la norme au bout du temps imparti. Par exemple, dans le cadre de l'informatisation d'un service prévue sur 4 ans, la norme sera de 100 % de dossiers informatisés au terme de 4 ans. La première année, le seuil peut être de 30 %, la seconde année de 50 % et la troisième, de 70 %.

B Les notions de norme et de référentiel

Les professionnels, engagés dans une démarche qualité, doivent atteindre et maintenir les indicateurs à un niveau optimal. Ils sont tenus de respecter un ensemble de normes.

• Les **normes** sont des règles auxquelles le service doit se conformer pour atteindre un niveau de qualité maximal. Chaque norme est spécifique à un service. Si l'organisation respecte cette norme, elle peut obtenir un certificat, émanant d'organisme certificateur, choisi en fonction du type de normes mises en place (voir fiche 78). L'obtention du certificat n'est pas toujours une obligation réglementaire.

• Le « **référentiel qualité** » est un document présentant les dispositifs à mettre en place pour atteindre les normes. Il peut rassembler :

– les critères et indicateurs ainsi que la norme visée pour chacun ;

– les protocoles d'actions ou procédures, les moyens et outils à mettre en place pour respecter ces normes ;

– un système de mesure et de contrôle de chaque critère au travers de ses indicateurs.

Critère	Indicateur	Norme souhaitée	Protocole d'action	Mesure de l'indicateur
Consultation du dossier médical par le patient	Délai de transmission du dossier au patient	Délai de 8 jours maximum à compter de la demande	Mise en place d'une procédure informatisée	Indicateur de suivi du délai : date de demande, date de réponse finale

• Chaque critère fait l'objet d'une évaluation. Chaque organisme évaluateur fixe une échelle de cotation qui lui est spécifique :

– **cotation A** : le critère est respecté ;

– **cotation B** : le critère est partiellement respecté avec des points à améliorer ;

– **cotation C** : le critère est entièrement à reconsidérer.

La mesure de la qualité dans une organisation résulte donc de l'analyse précise des procédures suivies et de l'identification des points de non-conformité, pouvant être source de dysfonctionnements. Dans le domaine sanitaire et social, cette analyse doit tenir compte des facteurs humains, comme les caractéristiques du public accueilli et les facteurs organisationnels, tels que les contextes politiques ou budgétaires.

Actuellement, un système respecte une norme qualité quand il est **efficient**. Cela signifie que son efficacité est évaluée par rapport aux moyens alloués et qu'il est **équitable et sécurisé**. Cette évaluation de la qualité prend en considération les méthodes de travail et la satisfaction des usagers par rapport au service rendu.

75 LA MÉTHODOLOGIE DE LA DÉMARCHE QUALITÉ

Les objectifs de la démarche qualité

La démarche qualité peut aussi bien être mise en place dans une petite association au sein de laquelle aucune procédure n'est formalisée, que dans une structure de grande envergure où chaque activité est codifiée. Quels que soient la taille et le mode de fonctionnement de l'organisation, les objectifs de la démarche qualité demeurent identiques.

1 L'optimisation de l'utilisation des ressources

Une démarche qualité impose de faire un bilan de tous les moyens disponibles (humains, matériels, financiers) et de la façon dont ils sont utilisés. L'amélioration du travail par la formalisation et l'optimisation des processus permet de limiter les erreurs, d'identifier les dysfonctionnements et de les résoudre. Il s'agit de travailler dans de meilleures conditions, de manière plus efficace et rapide avec l'ensemble des ressources disponibles. L'objectif final est, pour une activité donnée, de diminuer les ressources financières à efficacité constante. Il s'agit alors d'augmenter l'efficience.

→ Dans la majorité des organismes du domaine sanitaire et social, dont la plupart des financements sont publics, la mise en place d'une démarche qualité est une obligation législative, qui fait l'objet de contrôles réguliers.

2 La gestion des risques

Les risques représentent un surcoût temporel et financier pour l'organisation. Ils peuvent aussi engendrer des complications pour l'usager ou le patient. Le but d'une démarche qualité est donc d'anticiper ces risques ou de trouver des solutions pour les résoudre rapidement.
Par exemple, à l'hôpital, les infections nosocomiales sont liées aux conditions d'hygiène qui doivent être irréprochables. Malgré cela, les hôpitaux sont tenus de faire face au développement de ces infections. Cela représente un danger considérable pour la santé des patients. Ces affections engendrent également des coûts de soins et de prise en charge supplémentaires pour la structure hospitalière. Ainsi, la lutte contre ces infections est une priorité de toute démarche qualité hospitalière.

3 L'attention portée aux clients et aux usagers

La compréhension et la satisfaction des attentes et des besoins des usagers représentent aujourd'hui une orientation fondamentale de la démarche qualité. Elles conditionnent le développement et la pérennité de l'organisation.

En effet, un client ou un usager satisfait est une personne qui sera fidèle. Même dans le domaine sanitaire et social, les organisations souhaitent avoir « une bonne image », afin de rassurer les usagers et de maintenir et développer leur activité. C'est le cas des associations d'aide à domicile qui sont positionnées sur un marché privé et donc fortement concurrentiel. L'évaluation de la satisfaction des usagers permet également de sonder leurs attentes et de réduire les écarts entre ce que l'organisation propose et ce qui est attendu par eux. Ceci correspond au différentiel entre qualité attendue et qualité offerte. Dans la majorité des organisations, les usagers peuvent intervenir dans la conception de la politique d'établissement, par le biais d'instances spécifiques comme le Conseil de la vie sociale ou les associations de malades auprès desquelles ils proposent des solutions d'amélioration. La plupart des organisations mettent aussi en place des questionnaires afin de sonder leur opinion.

4 La lutte contre la pollution environnementale

L'ensemble des normes que les organisations doivent respecter tiennent compte des risques environnementaux. Ainsi, toutes les améliorations proposées sont nécessairement en adéquation avec la lutte contre la pollution environnementale.

Par exemple, à l'hôpital, la destruction des déchets hospitaliers suit une procédure très précise. Dans un cabinet de radiologie, le matériel de radiologie est vérifié régulièrement pour limiter les effets ionisants. Au sein des organismes de protection sociale, l'informatisation et la dématérialisation des documents permettront dans l'avenir d'éliminer la totalité des documents papier.

➜ Intégrer une démarche qualité au sein d'une organisation oblige les dirigeants à revoir leur système de management. En effet, cette démarche suppose l'implication et l'adhésion de tous. Pour qu'une démarche soit efficace, chacun doit être acteur et responsable. Cette démarche impose donc un management participatif, basé sur une communication interne efficace.

Les acteurs de la démarche qualité

Tout comme une démarche de projet, la démarche qualité suit une méthodologie précise qui implique tous les professionnels d'une organisation. Mettre en œuvre une démarche qualité nécessite d'avoir clairement identifié les acteurs concernés et le rôle de chacun.

1 Le comité directeur ou comité stratégique

Ce groupe est composé de la direction et des sous-directeurs qui :
– **choisissent le système qualité retenu** : certification ou label en fonction du type de services concernés par la démarche qualité et des obligations réglementaires, par exemple ;
– **déterminent les orientations données à la démarche** en lien avec l'objectif final ;
– **font le lien avec les organismes certificateurs**, comme la Haute autorité de santé pour organiser leur visite, ou avec les organismes financeurs comme l'Agence régionale de santé pour négocier les conditions d'obtention du budget.

Il appartient au directeur d'assurer une bonne information générale à propos de la démarche qualité, en insistant sur les enjeux, les principaux concepts et la méthodologie, afin de mobiliser tous les acteurs de l'organisation. C'est grâce à cette sensibilisation que peut émerger un groupe de pilotage, porteur de la démarche.

2 Le groupe de pilotage

Constitué de professionnels aux compétences diverses qui travaillent dans l'organisation, il suit la mise en œuvre de la démarche. Dans le domaine social et médico-social, ces professionnels sont généralement volontaires et sont formés à la démarche qualité par un organisme extérieur le plus souvent.

3 Les référents ou correspondants qualité

- Un responsable qualité, manager de la démarche, est désigné au sein du groupe de pilotage. Quelquefois, c'est un service complet qui assure cette fonction comme au sein des CPAM, où le management de la qualité est confié au service « Maîtrise des activités ». Dans ce cas, les professionnels impliqués ont des missions spécifiques à cette démarche. C'est le cas également dans les établissements hospitaliers.
- Les référents sont des professionnels choisis en fonction de leurs champs d'intervention et de leur compétence. Ils sont référents qualité pour une prestation ou un domaine particulier. Par exemple, au sein des CPAM, les référents qualité sont appelés « pilotes de processus » et sont les chefs des différents services. Au sein de l'hôpital, un référent qualité au sein de

chaque service et pour chaque type de profession peut être désigné : une secrétaire référente, une infirmière référente, un médecin référent...

- Le référent qualité doit veiller à la bonne application de la démarche au sein de son service ou pour son activité. Il participe au comité de pilotage. Il peut aussi constituer des groupes qualité au sein de son unité de travail (petit groupe de 3 à 10 personnes) pour identifier des problèmes et les solutions à apporter. Ces groupes constituent l'une des modalités de participation des salariés. L'intérêt est que les propositions d'amélioration émanent d'eux-mêmes et sont appliquées par eux, ce qui garantit une adhésion totale des salariés à la démarche. Ce fonctionnement est en place au sein des CPAM par exemple.

4 Les groupes d'auto-évaluation

Ils sont composés de membres du personnel qui sont formés à l'évaluation (par une société extérieure en général). Ces professionnels évaluent les pratiques en fonction des référentiels qualité utilisés par l'organisme certificateur.

Les étapes de la démarche qualité

Dans la plupart des organisations, la démarche qualité est une obligation réglementaire imposée par l'État. L'objectif est de garantir un système sanitaire et social efficient, en limitant les coûts.

1 La phase de diagnostic

Les étapes de la démarche sont présentées par la roue de Deming, aussi appelée « processus d'amélioration PDCA ». La phase de diagnostic est identifiée par P sur le schéma, ce qui signifie *to plan* (= planifier). Cette étape consiste à faire l'état des lieux des pratiques professionnelles existantes et des moyens utilisés et disponibles pour les réaliser. C'est une analyse de besoins précise, qui repose sur l'observation, des entretiens professionnels ou encore des questionnaires adressés aux usagers. Des réunions régulières servent à confronter les points de vue. Il est possible d'utiliser des outils de résolution de problème, tel que le CQQCOQP, le diagramme cause/effet ou le benchmarking (voir Carnet professionnel) pour élaborer cet état des lieux (voir fiche 64). L'analyse de l'existant conduit à faire émerger des actions et procédures à mettre en œuvre rapidement. Cette étape implique également une planification de la démarche.

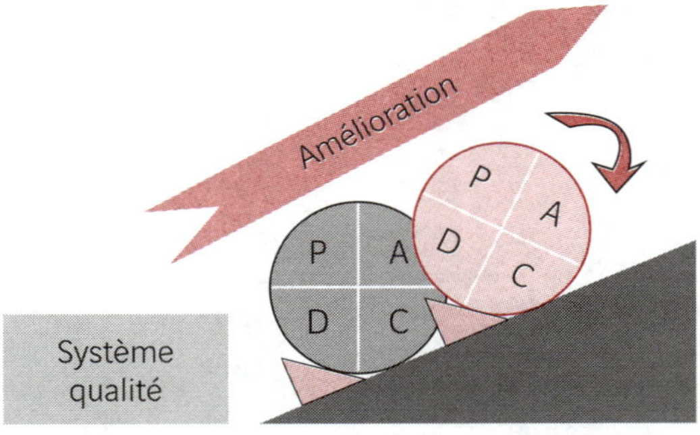

Figure 77.1 La roue de Deming.

2 La phase opérationnelle

Elle est identifiée par D sur le schéma, ce qui signifie *to do* (= faire).

Dans la plupart des organisations sanitaires et sociales, la démarche qualité repose sur des référentiels pré-existants de bonnes pratiques à appliquer, réalisés par des organismes certificateurs (Haute autorité de santé, Agence nationale d'évaluation et de la qualité des établissements et services sociaux et médico-sociaux...). Les professionnels s'appuient sur cet outil pour créer les actions, les procédures et les documents susceptibles de répondre aux problématiques identifiées précédemment. Cette étape doit respecter les échéances fixées par le comité de pilotage.

3 La phase d'évaluation

Elle est identifiée par C sur le schéma, ce qui signifie *to check* (= mesurer, vérifier).
Cette étape permet de constater les écarts éventuels entre ce qui était prévu et ce qui est vraiment réalisé. Il existe trois possibilités pour mettre en œuvre cette étape :

- **soit l'organisation pratique l'auto-évaluation** : les professionnels évaluent entre eux leurs propres pratiques à l'aide d'une grille d'auto-évaluation. Cette dernière a été construite au préalable par un groupe de travail à l'aide du référentiel de bonnes pratiques. Cette solution peut être choisie par de petites associations qui n'ont pas les moyens financiers pour un audit externe ;
- **soit l'organisation opte pour une évaluation externe** : dans ce cas, une société d'experts extérieurs à l'organisation réalise un audit de plusieurs jours sur l'ensemble du fonctionnement de l'organisation. Elle établit ensuite un rapport d'audit qui est envoyé à la direction, et souvent, aux organismes financeurs. C'est le cas de l'hôpital par exemple (voir fiche 80) ;
- **soit l'organisation choisit une solution intermédiaire** : l'évaluation interne précède l'audit externe, afin de corriger les dysfonctionnements déjà mis en évidence. Cela permet de gagner du temps sur l'audit externe et d'en diminuer son coût. L'évaluation interne est par conséquent une anticipation et une préparation à l'audit externe. C'est le cas des centres de radiologie qui décident d'obtenir un label (voir fiche 84).

4 La phase d'actions correctives

Elle est identifiée par A sur le schéma, ce qui signifie *to act* (= agir).
Cette étape vise à corriger les manquements à la qualité, à faire de nouvelles propositions d'amélioration et à les mettre en place. Si l'organisation a fait l'objet d'un audit externe, des préconisations d'amélioration sont proposées dans le rapport d'audit et l'organisation dispose d'un temps plus ou moins limité pour les appliquer. Si l'organisation a procédé uniquement à une évaluation interne, les préconisations d'amélioration émanent alors du groupe d'auto-évaluation.
Dans tous les cas, les référents qualité et les groupes qualité doivent alors proposer des moyens pour appliquer les solutions. Ces moyens sont ensuite affinés par le comité de pilotage et validés par le comité directeur. L'ensemble des solutions mises en œuvre fait aussi l'objet d'une évaluation interne ou externe.

➜ L'organisation est tenue d'appliquer régulièrement de nouvelles législations dans un contexte qui évolue. De plus, les attentes et besoins des usagers sont également susceptibles de changer. Par conséquent, certaines solutions d'améliorations sont valables dans un temps limité et peuvent devenir rapidement obsolètes. La démarche qualité s'inscrit dans la **continuité**, elle doit donc se pérenniser en tenant compte de **l'évolution des contextes**.

La certification et la labellisation

La certification correspond à l'attestation par un organisme spécialisé que l'entreprise a mis en œuvre des moyens standardisés pour obtenir un produit ou un service conforme à une norme.

1 La certification : une obligation ?

- En France, toutes les organisations publiques ou privées assurant une mission de service public comme l'hôpital ou les organismes de sécurité sociale, dans le domaine sanitaire et social, font l'objet d'une certification. Il s'agit alors d'une exigence réglementaire ou contractuelle. La certification peut cependant être limitée à un domaine particulier.
- Les autres organisations privées, telles que les entreprises d'aide à domicile du type ADMR (aide à domicile en milieu rural) sont autorisées à demander, sur la base du volontariat, une certification ou une labellisation pour certaines de leurs activités. Celle-ci représente un gage de qualité pour les clients. La loi du 3 juin 1994 a permis la certification de services, dont ceux du champ sanitaire et social. Celle-ci est délivrée pour un temps limité, généralement trois ans, mais elle est renouvelable.
- Dans tous les cas, l'engagement dans une démarche de certification représente aussi un moyen de motiver le personnel en présentant un objectif clair à atteindre.
- Une certification peut prendre appui sur une norme ISO.

2 Qu'est-ce que ISO ?

- ISO (*International Standardization Organisation* ou organisation internationale de normalisation) est le premier producteur mondial de normes internationales d'application volontaire. Ces normes établissent des spécifications de pointe applicables aux produits, aux services et aux bonnes pratiques, pour accroître l'efficacité de tous les secteurs de l'économie. Fondée en 1947, elle a depuis lors publié plus de 19500 normes internationales dans presque tous les domaines technologiques et économiques : agriculture, sécurité des aliments, systèmes informatiques, santé, secteur médico-social...
- ISO n'effectue pas de certifications ou d'évaluations de la conformité. Il faut pour cela contacter un organisme de certification national ou régional. Ces organismes de certification externes sont pour la plupart des organismes privés qui peuvent être accrédités par le COFRAC.

3 Les organismes accréditeurs et certificateurs

A Le Comité français d'accréditation (COFRAC)

Le Cofrac, organisme d'accréditation créé en 1994 sous le régime de la loi du 1er juillet 1901, a été désigné comme unique instance nationale d'accréditation par le décret du 19 décembre 2008, reconnaissant ainsi l'accréditation comme une activité de puissance publique.
Sa mission est de **valider les compétences et la pertinence d'une organisation qualité**, c'est-à-dire **accréditer un organisme dans le domaine de la certification**.
L'accréditation est obtenue pour un domaine ou une compétence, des sites géographiques précis et pour une durée déterminée renouvelable, pendant laquelle ont lieu des audits de surveillance. Les critères de choix se basent sur l'indépendance, l'impartialité, la transparence et la confidentialité.
L'accréditation n'est pas obligatoire. Un organisme qui n'est pas accrédité peut parfaitement être fiable dans le domaine de la certification. Néanmoins, l'accréditation reste un gage de compétence et d'indépendance dans le domaine.

B Le groupe AFNOR : un exemple d'organisme certificateur

L'organisation la plus connue accréditée par le COFRAC est le groupe AFNOR, Agence française de normalisation, qui est le **premier regroupement d'organismes de certification et d'évaluation de systèmes, services, produits et de personnes en France**.
Le groupe AFNOR (http://www.afnor.org) propose tout un ensemble de certifications (ISO et autres) de services et personnes qui ont pour objectif de faire reconnaître leur qualité et d'attester de la conformité des engagements pris envers les clients. L'AFAQ, Association française pour l'assurance de la qualité, qui fait partie du groupe AFNOR, est souvent chargée d'évaluer des organismes du domaine sanitaire et social.
Dans le domaine du service à la personne (entreprise ou association), AFNOR propose la norme NF « Service aux personnes à domicile » qui certifie sur plusieurs engagements : respect du lieu de vie et de l'intimité, confidentialité des informations échangées, continuité du service, accueil, service adapté et élaboré avec le client... Par exemple, avec 350 associations certifiées, l'ADMR est le 1er réseau de proximité certifié NF « Services aux personnes à domicile ».
La gamme AFNOR est l'une des plus compétentes du marché. On la retrouve notamment sous des marques à forte notoriété comme NF, CE, AFAQ et l'éco label européen (reconnaissable à la petite fleur).

4 La labellisation

Un label est une marque de qualité établie par un organisme privé. Ce label correspond à un gage de qualité sur certains points à évaluer. Il n'y a pas forcément de reconnaissance officielle des labels, sauf si l'organisation qui propose le label est accréditée par le COFRAC.
Par exemple, AFNOR propose le label Marianne qui garantit la qualité de la relation à l'usager et valorise ses services d'accueil.
Actuellement, il n'existe aucune démarche qualité obligatoire au sein des cabinets de radiologie ou des laboratoires d'analyses médicales. Les cabinets de radiologie peuvent néanmoins demander l'obtention du label Labelix, qui est fourni par la société du même nom. La société Labelix a demandé l'accréditation par le COFRAC afin d'obtenir une légitimité dans le domaine de la certification (voir fiche 84).

79 LES ÉTAPES DE LA DÉMARCHE QUALITÉ

Les certifications du domaine sanitaire et social

La certification ISO 9001 est la plus courante dans le domaine sanitaire et social. Tous les organismes de ce champ peuvent s'engager dans cette démarche de certification. Néanmoins, les établissements hospitaliers ou les établissements et services sociaux et médico sociaux disposent d'une certification spécifique obligatoire.

1 Les normes du groupe AFNOR

A La norme ISO

• **La famille ISO 9000** couvre les divers aspects du **management de la qualité**. Un système de management est un ensemble de procédures qu'une organisation doit suivre pour atteindre ses objectifs. Se conformer à des normes permet aux organisations d'améliorer l'efficacité et la rentabilité de leurs activités.

• **La norme ISO 9001V2015** définit les critères pour un système de management de la qualité. Il s'agit de la **seule norme de cette famille à pouvoir être utilisée pour la certification**. Elle aide à s'assurer que les clients obtiennent des produits et services uniformes et de bonne qualité. Une composante essentielle d'ISO 9001V2015 est de **vérifier le bon fonctionnement du système de management de la qualité** qui repose notamment sur les principes suivants:
- une forte orientation client;
- la motivation et l'engagement de la direction;
- le management des ressources;
- l'approche processus;
- l'amélioration continue.

Une organisation procède à cette vérification par des audits internes. Elle peut également inviter un organisme de certification indépendant à vérifier sa conformité à la norme. Elle peut aussi inviter ses clients à auditer pour leur propre compte le système qualité.
Aujourd'hui, la norme ISO 9001 évolue, en intégrant les meilleurs pratiques sur lesquelles les utilisateurs du monde entier s'accordent. La version 2015 est donc en cours de généralisation dans toutes les organisations et doit être appliquée dans les 3 années à venir.

B Les autres normes

AFNOR développe tout un ensemble de certifications intéressantes dans le domaine sanitaire et social. Par exemple, on peut citer:
- la certification QSE Qualité Environnement et Sécurité dans le cadre du système de management;
- la norme NF531 Service- téléassistance au domicile;

– l'engagement de service – complémentaire santé – REF 202 ;
– l'engagement de service – qualité santé REF 256 qui offre une prise en charge de qualité tout au long du parcours du patient ;
– ... voir liste complète sur le site AFNOR.

2 La certification spécifique aux établissements de santé

• Introduite au sein du système de santé français par l'ordonnance n° 96-346 du 24 avril 1996 portant sur la réforme hospitalière, la procédure de certification des établissements de santé a pour objectif de **porter une appréciation indépendante sur la qualité des prestations d'un établissement**.
• Cette évaluation est confiée à la Haute autorité de santé (www.has-sante.fr). La HAS est l'organisme phare de l'évaluation des établissements de santé. Il est le garant de la mise en place de bonnes pratiques professionnelles et élabore l'ensemble des guides référentiels.
• La certification repose sur le manuel de certification version 2014 qui porte sur 5 objectifs (voir fiche 80) :
– une procédure personnalisée par établissement en fonction de sa situation et de ses principaux risques ;
– une évaluation centrée sur la qualité des soins et des prises en charge et sur les démarches d'amélioration ;
– une économie de la charge de travail de l'établissement ;
– une meilleure articulation avec les autres démarches contribuant à la qualité des soins et de l'accompagnement ;
– la valorisation et la reconnaissance de ce qui est réalisé dans chaque établissement.

➔ **La certification porte donc à la fois sur le management de l'organisation et la prise en charge du patient. Elle concerne l'ensemble du fonctionnement de l'organisation et non le fonctionnement de chaque service.**

3 La certification spécifique à certains établissements sociaux et médico-sociaux

• **La loi n° 2002-2 du 2 janvier 2002** rénovant l'action sociale et médico-sociale rappelle l'obligation et précise les modalités de l'évaluation.
• **L'article L 312-1 du Code de l'action sociale et des familles** précise la liste des établissements qui sont soumis à cette réglementation. Les établissements concernés sont, entre autres, tous les établissements d'accueil et de prise en charge des personnes âgées, handicapées, enfants confiés à l'aide sociale à l'enfance, les demandeurs d'asile... (voir fiche 90).
• **L'article L 312-8 du Code de l'action sociale et des familles** stipule que « les établissements et services sociaux et médico-sociaux procèdent à l'évaluation de leurs activités et de la qualité des prestations qu'ils délivrent, au regard des procédures, des références et des recommandations des bonnes pratiques professionnelles, validées ou élaborées par l'ANESM (Agence nationale d'évaluation et de la qualité des établissements et services sociaux et médico-sociaux(ESSMS) : www.anesm.sante.gouv.fr). Les résultats des évaluations sont communiqués à l'autorité ayant délivré l'autorisation. Les établissements et services rendent compte de la démarche d'évaluation interne engagée. Le rythme des évaluations et les modalités de restitution de la démarche d'évaluation sont fixés par décret ».

- **Selon le décret n° 2010-1319 du 3 novembre 2010** relatif au calendrier des évaluations et aux modalités de restitution des résultats des évaluations des établissements sociaux et médico-sociaux, les établissements doivent procéder à une évaluation interne tous les 5 ans et doivent rendre des comptes aux conseils départementaux et/ou à l'État et une évaluation externe tous les 7 ans.
- **L'article D 312-205** précise que la première évaluation externe doit être « effectuée au plus tard 7 ans après la date de l'autorisation et la seconde au plus tard 2 ans avant la date du renouvellement » du contrat pluriannuel. L'évaluation externe des établissements doit donc être réalisée par un établissement agrée par l'ANESM. L'agence fournit aux ESSMS les conditions pour que l'évaluation de leurs activités et de la qualité de leurs prestations soit mise en œuvre et que les autorités compétentes soient destinataires de ces résultats. Il existe des spécificités pour certains ESSMS. Par exemple, les établissements relevant du secteur de l'addictologie (alinéa 9 du 1 du L312-1) dont les centres de soins, d'accompagnement et de prévention doivent communiquer les résultats de l'évaluation au plus tard 2 ans après la date du renouvellement de leur autorisation.

80 LA DÉMARCHE QUALITÉ DANS LE SECTEUR SANITAIRE

Le référentiel qualité en milieu hospitalier

La certification hospitalière s'effectue selon un référentiel qualité, appelé « manuel de certification ». Cette démarche est obligatoire et fait l'objet d'un contrôle de la part de la Haute autorité de santé (HAS) et de l'Agence régionale de santé (ARS).

1 Le manuel et les règles de la certification version 2014 (V2014)

A L'architecture du manuel

- Ce manuel contient les références (ou normes), les critères et les éléments d'appréciation de la version 2010 de la certification. Ainsi, la version 2014 apporte des changements sur l'appréciation de certains critères et la mise en place de procédures mais pas sur la réécriture du manuel (qui reste le même). Cette nouvelle édition contextualise le manuel de certification V2010. Ainsi, l'introduction a été réécrite pour faire le lien entre le manuel et la nouvelle procédure 2014 publiée au journal officiel du 21 décembre 2013.
- Il est structuré en deux grands chapitres, l'un sur le management de l'établissement (chapitre 1) et l'autre sur la prise en charge du patient (chapitre 2).
- Chaque chapitre est divisé en parties et en sous-parties, appelées références, dans lesquelles plusieurs critères à évaluer sont indiqués.

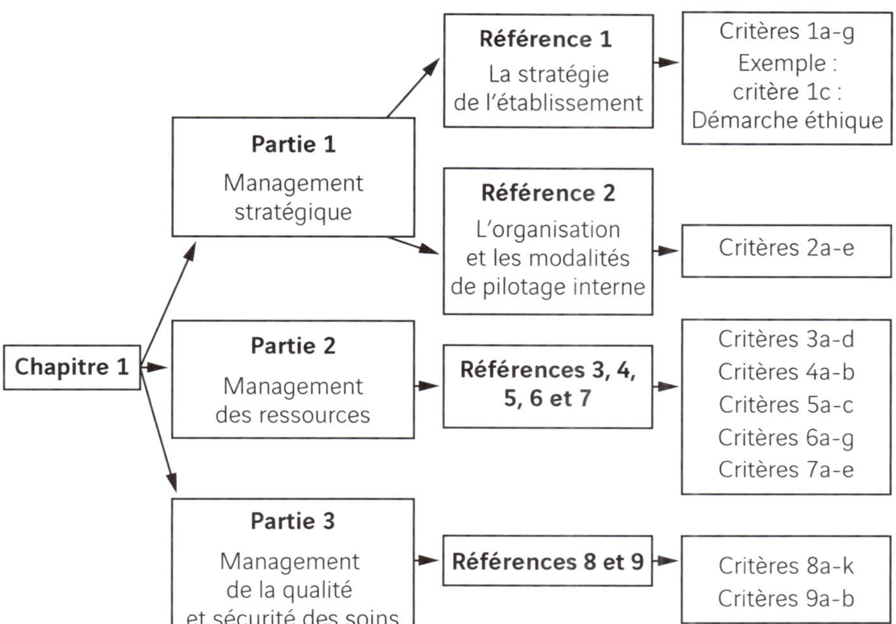

Source : Coralie Gravier

Figure 80.1 Arborescence du chapitre 1 du manuel.

Le manuel contient 28 références :
– 9 sont associées à 46 critères sur le management de l'établissement ;
– 19 sont associés à 39 critères sur la prise en charge du patient qui correspond aux droits et à la place des patients, à la gestion des données, à son parcours et aux prises en charges spécifiques, à l'évaluation des pratiques professionnelles.

B L'évaluation des critères

Chaque critère est évalué par rapport aux 3 étapes (E) de la démarche qualité : E1. Prévoir, E2. Mettre en œuvre, E3. Évaluer et améliorer.

Exemple pour la référence 3 « Gestion des ressources humaines » et le critère 3c : Santé et sécurité au travail

E1 : Prévoir	E2 : Mettre en œuvre	E3 : Évaluer et améliorer
• Les risques professionnels sont identifiés à périodicité définie. • Le document unique* est établi. • Un plan d'amélioration des conditions de travail est défini.	• Des actions de prévention des risques sont mises en œuvre en collaboration avec le CHSCT (Comité d'hygiène et de sécurité des conditions de travail) et le service de santé au travail. • Des actions d'amélioration des conditions de travail sont mises en œuvre.	• Le programme de prévention des risques et le document unique sont évalués à périodicité définie sur la base du bilan du service de santé au travail, du CHSCT, des déclarations d'accidents du travail et d'événements indésirables. • Ces évaluations donnent lieu à des actions d'amélioration.

*Document présentant l'évaluation des risques professionnels, permettant d'envisager des mesures de prévention.

Certains critères sont dits « PEP » (pratiques exigibles prioritaires) : ce sont des critères prioritaires qui doivent obligatoirement faire l'objet d'un contrôle rigoureux par les experts de la HAS. Ces critères sont jugés fondamentaux pour la qualité et la sécurité des soins. C'est le cas par exemple du critère 8g qui concerne la maîtrise du risque infectieux. Les autres critères (non PEP) sont évalués mais moins précisément.

C La cotation des critères

Un critère est évalué selon une échelle de valeur :
– réalisé totalement (= oui) ;
– partiellement ;
– pas réalisé (= non) ou non applicable.
À chaque appréciation est attribué un nombre de points, qui est pondéré différemment selon que le critère est PEP ou non et qui permet d'obtenir un score par critère. Selon le score obtenu, une cotation à quatre niveaux (A, B, C, D) est obtenue par calcul automatique, à partir des réponses apportées sur le logiciel SARA (saisie des auto-évaluations et des rapports de certification).

Exemple du critère prioritaire 8g « Implication du centre hospitalier dans la lutte contre les risques infectieux »

- Si le critère est apprécié positivement aux 3 étapes : l'étape E1 rapporte 20 points, E2 et E3, 60 points chacune. L'étape E2 est pondérée 2 fois c'est-à-dire qu'elle a deux fois plus de poids que E1 et E3. Le score final maximum pour ce critère sera donc de 200 points (20 + (60×2) + 60) : c'est la référence ou **norme** attendue.
- Pour un critère PEP, la cotation A est donnée si le score est supérieur ou égal à 90 % du score maximum. La plus mauvaise cotation est la D avec un score inférieur ou égal à 44 % du score maximal.

Les critères non prioritaires bénéficient d'un calcul similaire, mais les 3 étapes sont affectées de 20 points maximum.

2 Les indicateurs de qualité des soins

A Qu'est-ce que c'est ?

Dans le manuel de certification, onze critères sont signalés par un logo spécifique car ils sont associés à un ou plusieurs indicateurs de qualité des soins.
Dans le cadre d'une approche globale d'amélioration de la qualité et de la sécurité des soins, le ministère des Affaires sociales et de la Santé et la Haute autorité de santé obligent les établissements de santé à mettre en œuvre un recueil de ces indicateurs afin d'évaluer la qualité des soins.

B Les indicateurs relatifs à la lutte contre les infections nosocomiales

- Depuis 2004, des indicateurs nationaux sont mis en place pour évaluer la maîtrise des infections nosocomiales ou infections associées aux soins. Ces indicateurs permettent une comparaison entre établissements et sont consultables sur le site Internet du ministère des Affaires sociales et de la Santé (www.sante-sport.gouv.fr) et sur le site Platines (www.platines.sante.gouv.fr).
- Ces indicateurs recouvrent l'implication du centre hospitalier dans la lutte contre les risques infectieux (critère 8g), les indices de consommation et de bon usage des antibiotiques (critère 8h), etc.

C Les indicateurs de qualité de la prise en charge du patient

- Ces indicateurs sont regroupés sous l'appellation « Indicateurs pour l'amélioration de la qualité et de la sécurité des soins ». Ils permettent de mesurer l'engagement permanent du centre hospitalier dans la qualité et la sécurité de la prise en charge du patient. Les établissements ont obligation de les publier depuis le 1er janvier 2010.
- Ces indicateurs correspondent par exemple à la qualité de tenue du dossier patient, à la traçabilité de l'évolution de la douleur (critère 12a), au délai d'envoi de courrier de fin d'hospitalisation, aux indicateurs de dépistage des troubles nutritionnels (critère 19b) comme la traçabilité du poids, l'indice de masse corporelle, etc. À cela s'ajoutent des indicateurs sur le pilotage de l'établissement (critère 2e).

→ **Tous ces indicateurs doivent être mis à la disposition des patients, sur le site Internet du centre hospitalier et par voie d'affichage.**

3 Le contrôle de l'ARS

- La direction du centre hospitalier négocie un contrat pluriannuel d'objectifs et de moyens (CPOM) avec l'ARS. Ce contrat reprend beaucoup d'éléments présents dans le manuel de certification, présentés sous forme d'objectifs, eux-mêmes déclinés en indicateurs, à évaluer sur les 5 ans à venir.
- Il se présente sous la forme d'un fichier Excel pré-rempli précisant les objectifs, les indicateurs de suivi, la norme nationale et la norme régionale à atteindre. L'établissement doit effectuer un suivi chaque année, pendant 5 ans.
- La visite des experts de la HAS prend appui sur ce contrat. Entre deux visites de certification, l'établissement renseigne un document intitulé «Fiche interface ARS-HAS». Cette fiche permet de faire le point sur l'avancée de la démarche qualité et le suivi du CPOM. Elle se présente sous la forme d'une grille d'auto-évaluation qui rassemble des éléments d'information sur l'établissement. Ces éléments portent sur tous les changements opérés depuis la dernière certification: des changements dans le pilotage général de l'établissement, les fusions et regroupements, les coopérations hospitalières, la conformité des activités de soins soumises à autorisation, les équipements et matériels lourds, les plaintes et contentieux...
- En fonction des résultats indiqués sur cette fiche, l'ARS peut diligenter des inspections sur des domaines particuliers, comme par exemple, une visite de contrôle pour le développement de risques infectieux, du type légionellose. Elle a aussi la possibilité de demander aux experts de la HAS d'établir une visite plus précoce. [1]

1. D'après le manuel de certification de la HAS. Entretien avec Madame Soldano, responsable assurance qualité au centre hospitalier de Castelnaudary.

La démarche qualité en milieu hospitalier

La démarche qualité d'un centre hospitalier vise à l'obtention de la certification par l'identification des axes d'amélioration de la qualité de prise en charge et la mise en place de plans d'actions. Pour se faire, un état des lieux doit être conduit selon une méthodologie préconisée par la HAS. [1]

1 La constitution du comité de pilotage et des groupes de travail

- Le **comité de pilotage** est constitué du directeur, des chefs de pôles, des cadres de santé de pôle, des cadres logistique et médico-technique, du responsable qualité et gestion des risques et de 1 ou 2 agents volontaires. Il est chargé de valider la méthodologie de travail, de contrôler l'avancement de l'état des lieux et de mesurer les écarts entre l'ancien rapport de certification et le diagnostic en cours.
- Les **groupes de travail** par thématique peuvent être constitués par un appel à candidature. Pour chaque thématique, un pilote est désigné. Il sera la personne ressource lors de la visite des experts de la HAS.
- Le **responsable du service qualité** et gestion des risques est le garant de la démarche. Il prend en charge les aspects liés à :
  - l'organisation comme la méthodologie de travail à mettre en œuvre, le planning des réunions ;
  - la communication dans les diverses instances obligatoires telles que le CRUQPC (Commission des relations avec les usagers et de la qualité de la prise en charge) ; le CME (Commission médicale d'établissement) et le CLIN s'il existe (Comité de lutte contre les infections nosocomiales) ;
  - la rédaction du Compte qualité ;
  - l'accueil des experts de la HAS et leur mise à disposition des documents nécessaires à la certification.

2 La mise en œuvre du diagnostic : le Compte qualité

A Objectif du Compte qualité

La V2014 a apporté une nouveauté dans la méthodologie de travail : la création du Compte qualité. Ce nouvel outil, intégralement informatisé et mis à disposition des établissements, propose une nouvelle approche de l'auto-évaluation tournée vers l'action et a pour vocation de traduire les engagements prioritaires de l'établissement concernant son système de management de la qualité et des risques et sa démarche d'évaluation. L'établissement traduit au travers du compte qualité l'analyse de ses risques, le dispositif établi pour les maîtriser et les résultats atteints. Il peut ainsi expliquer les priorités d'action qu'il

1. Sources : D'après le manuel de certification de la HAS, Guide sur le Compte qualité, Novembre 2014, HAS. Site internet du Centre Hospitalier de Castelnaudary. Entretien avec Mme Soldano, responsable assurance qualité au centre hospitalier de Castelnaudary.

a identifiées et ses engagements dans l'amélioration continue des sujets retenus. Cette approche est beaucoup plus large que la précédente version, puisque l'accent est mis sur la hiérarchisation des risques et les plans d'action mis en place pour les réduire. Ce nouvel outil prend également en compte les autres types de démarches ou certifications mises en place au sein de l'établissement, afin d'améliorer la qualité. En effet, en complément de la certification obligatoire délivrée par la HAS, un établissement peut s'engager dans d'autres dispositifs de certification, comme par exemple, la certification ISO 9001 ou la labellisation du service de radiologie ou bien encore l'accréditation des laboratoires de biologie médicale. L'objectif n'est donc plus de regarder uniquement les critères d'évaluation du manuel de certification, mais de **réfléchir aux priorités propres à l'établissement et aux décisions prises**. Cela suppose d'intégrer le patient, son entourage et les représentants des usagers à part entière dans la démarche.

B Les thématiques abordées dans le Compte qualité

Le Compte qualité présente des thématiques obligatoires à aborder au sein des équipes, et des thématiques complémentaires pouvant être analysées en fonction de l'activité de l'établissement. En fonction des évaluations réalisées, il peut être intéressant de procéder à l'analyse d'autres thématiques (l'établissement et la HAS décident).

Thématiques obligatoires	Thématiques complémentaires
Management de la qualité et des risques	Urgences et soins non programmés
Droits des patients	Bloc opératoire
Parcours du patient	Secteurs à risque
Prise en charge de la douleur	Fonctions logistiques au domicile du patient (HAD)
Prise en charge et droits des patients en fin de vie	
Identification du patient	
Dossier patient	
Prise en charge médicamenteuse du patient	
Gestion du système d'information	
Qualité de vie au travail	

Source : Le Compte qualité, novembre 2014, HAS.

C La méthodologie

1. La mise en place des groupes de travail

Pour la tenue des réunions, deux méthodologies différentes sont envisagées :
– **méthode 1** : planification de réunions régulières avec **tout le groupe** de travail afin d'étudier **l'ensemble des thématiques** dont le groupe a la responsabilité. L'avantage est de formaliser un temps d'échange prévu de manière régulière. La difficulté consiste à trouver un créneau horaire suffisamment important pouvant convenir à l'ensemble des participants ;
– **méthode 2** : chaque semaine, le responsable qualité se déplace dans les services, pour une **courte réunion de 30 à 45 minutes** au moment de la relève du personnel. Au cours de cette réunion, une ou quelques thématiques sont étudiées, ainsi que les indicateurs et les critères associés à la thématique. L'intérêt de cette méthode est que chaque semaine, les groupes changent, ce qui a pour objectif d'impliquer tous les professionnels des services,

qui ne considèrent plus cette démarche comme une contrainte, puisqu'ils ne reviennent pas sur leur temps personnel. Les réunions régulières permettent également de voir l'avancée de l'application des mesures d'amélioration.
L'ensemble du personnel doit, au cours de ces réunions, signaler rapidement les événements indésirables tels qu'une erreur de dosage de médicament ou un patient mécontent, qui seront traités en urgence.

2. La méthode d'analyse des thématiques

L'analyse d'une thématique se réalise selon 5 étapes :
- **étape 1** : l'identification des risques ;
- **étape 2** : l'évaluation de la criticité et du niveau de maîtrise du risque (selon 5 niveaux – voir encadré ci-dessous) ;
- **étape 3** : la hiérarchisation des risques : identification des priorités d'actions de l'établissement ;
- **étape 4** : la définition des plans d'actions (incluant les objectifs d'amélioration, la désignation d'un pilote, les échéances de mise en œuvre et la définition des modalités de suivi) ;
- **étape 5** : le suivi des plans d'actions : l'évaluation des données et des résultats utilisés pour analyser la thématique et identifier les risques permet également de mesurer l'impact du plan d'action mis en œuvre.

La HAS propose de recourir à une méthode de priorisation et de maîtrise des risques en 5 niveaux :
- **niveau 1** : bonne maîtrise : plans avec exercices et formations, veille, contrôle et amélioration continue faits ;
- **niveau 2** : on a tout prévu : plans d'action en place avec indicateurs prévus ;
- **niveau 3** : on a organisé : organisation en place sans évaluation ;
- **niveau 4** : on est en alerte : quelques actions mais insuffisantes –veille mais sans actions ;
- **niveau 5** : on découvre le risque : aucune action mise en place – études en cours –actions inefficaces…
L'établissement doit proposer une classification par niveau de chaque thématique, en la justifiant par les actions mises en place, les calendriers, les évaluations…

La méthode d'analyse de chaque thématique repose donc sur l'identification et l'analyse des risques. Elle est fondée sur les données pertinentes et utiles dont dispose l'établissement et qu'il utilise pour analyser la thématique. Ces données peuvent être de plusieurs types :
- les décisions de certification ;
- les indicateurs qualité et sécurité des soins nationaux ;
- les indicateurs nationaux (hôpital numérique par exemple) et régionaux (décrit dans les contrats pluriannuels d'objectifs et de moyens par exemple) ;
- les résultats d'évaluation propres à l'établissement ;
- les évaluations des pratiques professionnelles.

D La création de documents

Au sein de chaque groupe de travail, tout participant, en fonction de sa compétence, peut être amené à réaliser des documents servant à l'amélioration de la démarche qualité. Par exemple, l'équipe opérationnelle d'hygiène peut rédiger des documents sur la maîtrise du risque infectieux ; ceux chargés des relations avec les usagers, des documents relatifs aux droits des patients, etc.
Le responsable qualité se charge de la mise en forme, du référencement et de la diffusion du document. Il a également pour mission de recenser toutes les données et plans d'amélioration afin d'alimenter le Compte qualité.

3 La place des usagers dans la démarche qualité

La loi du 4 mars 2002 instaure la démocratie sanitaire. Elle consacre les droits individuels et collectifs des usagers au sein du système de santé en inscrivant notamment leur participation dans le processus de définition des politiques sanitaires. C'est donc une priorité au sein des établissements de santé.

A Les enquêtes de satisfaction

Le centre hospitalier doit réaliser des enquêtes de satisfaction auprès des patients et résidents. Ces enquêtes s'appuient sur des questionnaires de satisfaction qui sont distribués à l'entrée du patient, mais également sur des questionnaires spécifiques pour certains services, notamment la radiologie et l'unité de soins de longue durée.

B La CRUQPC (Commission des relations avec les usagers et de la qualité de la prise en charge)

C'est une instance obligatoire dans tout établissement hospitalier. La commission est constituée de membres hospitaliers et de représentants des usagers. C'est l'instance principale dans la prise en compte des réclamations et des avis des patients.

4 Renseignement du Compte qualité

Toutes les informations nécessaires à la certification sont renseignées sur le logiciel SARA:
- **présentation de l'établissement**: sites hospitaliers, activités, autres certifications, coopérations, arrêts et fermeture d'activités, création de nouvelles activités, indicateurs d'activités;
- **informations relatives à la méthodologie de la qualité et des risques**: pilotage, organisation, représentation des usagers, prestataires extérieurs, l'engagement de la direction et des instances décisionnaires dans le management de la qualité, la date de la dernière certification avec les décisions prises pour les critères de management de la qualité, les plans d'actions mis en place...;
- **analyse des thématiques**: il n'est pas attendu de la part de l'établissement qu'il établisse une liste exhaustive des données pouvant avoir un lien avec la thématique analysée. Les données présentées dans chaque thématique contribuent à la définition des risques prioritaires identifiés ou permettent de mesurer l'impact des actions mises en place. On doit donc y trouver l'identification des risques, les dispositifs mis en place pour les maîtriser, les résultats d'évaluations et indicateurs, l'analyse des résultats et le plan d'actions.

Les critères du manuel de certification sont rattachés à chaque thématique correspondante, ainsi que les indicateurs de qualité et de sécurité des soins nationaux obligatoires (dans un tableau d'exploitation). Il est précisé dans le Compte qualité, les décisions prises par la HAS lors de la dernière certification, concernant les différents critères (pas de décision, recommandation, réserve ou réserve majeure). Certains critères sont prioritaires et sont renseignés obligatoirement dans le Compte qualité.

Le Compte qualité est une démarche totalement innovante qui oblige les professionnels à revoir entièrement la méthodologie de travail au sein des établissements. Actuellement, cette démarche est en cours de généralisation sur le territoire. Elle va évoluer en fonction des diverses remarques de retour d'expérience des établissements de santé. Aujourd'hui, les établissements sont dans un « entre deux », entre le système de rapport d'auto-évaluation basé essentiellement sur l'atteinte des critères inscrits dans le manuel, et le système du compte qualité qui est une démarche plus globale et axée sur les plans d'amélioration.

La certification d'un établissement de santé

La certification est une procédure d'évaluation externe d'un établissement de santé indépendante de l'établissement et de ses organismes de tutelle. Mise en œuvre par la HAS, la procédure de certification s'effectue tous les 4 ans. Son objectif est de porter une appréciation sur la qualité des prestations de l'établissement de santé et repose sur l'analyse du Compte qualité.[1]

1 Avant la visite des experts : l'analyse du Compte qualité

Le point d'entrée de chaque établissement dans la procédure est le Compte qualité. En effet, celui-ci est transmis à la HAS **tous les 2 ans**, afin d'instaurer une démarche plus pérenne dans le temps. Les experts visiteurs de la HAS s'en saisissent afin de préparer leur visite.

L'analyse du compte qualité est une phase préparatoire qui consiste à définir avec la HAS, **les objectifs de la visite des experts**. La HAS contrôle à la fois l'analyse réalisée par l'établissement, mais également la « qualité » du Compte qualité, afin de demander des compléments d'informations. Ce contrôle porte par exemple sur la capacité de l'établissement à mobiliser des données pertinentes et utiles pour l'analyse d'une thématique, sa priorisation des risques, la définition et le suivi des actions, le suivi des indicateurs obligatoires…

Concrètement, l'analyse des thématiques se fait au regard d'un certain nombre de documents, tels que les rapports d'inspection, la fiche interface ARS/HAS, le bilan de la CRUQPC… L'analyse de tous les éléments (Compte qualité, documents…) peut conduire la HAS à ajouter une thématique au programme de la visite. Elle donne lieu à la rédaction d'une synthèse partagée avec les experts visiteurs.

Le programme de visite comprend :

– **des audits de processus sur les thématiques communes à tous les établissements de santé** (par exemple, l'identification du patient à toutes les étapes de son parcours ou la gestion du risque infectieux) ;

– **des audits de processus sur des thématiques spécifiques à l'établissement**, après analyse du Compte qualité et de toutes autres informations nécessaires (par exemple, la biologie ou l'imagerie médicale) ;

– **une liste des patients traceurs** précisant pour chaque patient : la population, la pathologie ou activité à appréhender, le secteur d'activité, le mode d'entrée, le type de parcours… Le patient traceur est une méthode d'évaluation rétrospective qui consiste, à partir d'un séjour d'un patient hospitalisé, à évaluer le processus de soins, les organisations et les systèmes qui concourent à sa prise en charge.

1. Sources : D'après le manuel de certification de la HAS. Guide méthodologique à destination des établissements de santé – certification V2014, Octobre 2014, HAS. Site internet du Centre Hospitalier de Castelnaudary. Entretien avec Mme Soldano, responsable assurance qualité au centre hospitalier de Castelnaudary.

Ce sont les experts qui proposent le calendrier des visites avec la liste des audits de processus et des services, environ 10 semaines avant la visite. L'établissement doit ensuite valider le déroulement de la visite.

2 Pendant la visite des experts

Les experts de la HAS sont des professionnels hospitaliers (en établissement public ou privé assurant une mission de service public) ayant 10 ans d'expérience minimum et formés par la HAS pour assurer cette fonction. Généralement, ce groupe d'évaluation est constitué d'un médecin, d'un cadre infirmier et d'un directeur.
Tout d'abord, une restitution des éléments principaux issus de l'analyse du Compte qualité est réalisée par le responsable qualité en **réunion d'ouverture de la visite**. Les experts visiteurs utilisent les éléments du Compte qualité pour orienter leurs **investigations**. La cohérence entre les informations du Compte qualité et les résultats des investigations menées peut faire l'objet d'une discussion avec les pilotes des thématiques.
La visite porte à minima sur les thématiques communes à tous les établissements de santé. Pour chacune des thématiques, l'attention est portée sur :
- la capacité de l'établissement à mobiliser des données pertinentes et utiles à l'analyse de la thématique et aux suivis des actions ;
- la mise en évidence par l'établissement de ses risques prioritaires (risques identifiés critiques par l'établissement et non suffisamment maîtrisés, des risques maîtrisés mais sur lequel l'établissement souhaite maintenir ses efforts, des freins et dysfonctionnements relevant du management ou des fonctions logistiques qui a un impact sur la qualité de la prise en charge du patient) ;
- la mise en œuvre des plans d'actions sur les risques prioritaires ;
- le suivi des précédentes décisions de certification ;
- le suivi des indicateurs obligatoires.

La visite est l'occasion de vérifier la capacité de l'établissement à maîtriser l'ensemble de ses risques selon une approche systémique. La satisfaction au manuel reste un objectif prioritaire.
De manière pratique, les experts consultent toutes les preuves fournies par l'établissement, ils procèdent à des investigations au sein des services (notamment auprès des chefs de pôles et de service) sur les processus, ils rencontrent les membres de la CRUQPC et les représentants des usagers. Selon l'importance de l'établissement, la visite peut se dérouler sur plusieurs jours.
Un **bilan journalier** est établi entre les experts et les professionnels désignés par eux afin de délivrer les premiers constats ou demander des documents supplémentaires.
Un **bilan de fin de visite** est organisé en présence de la direction et des instances décisionnelles, du coordinateur, et des professionnels désignés, afin de faire un rappel de la visite et de faire part des points de conformité et des écarts relevés par thématique.

3 Après la visite des experts : la certification ou non

Le rapport des experts visiteurs est mis en ligne via l'application SARA pour des observations éventuelles de l'établissement de santé. Après passage à l'instance délibérante de la HAS, le rapport de certification est envoyé à l'établissement via SARA et l'établissement reçoit un courrier lui signifiant la décision de certification. Un constat sur la place du Compte qualité dans la démarche de l'établissement est restitué systématiquement dans le rapport de certification.

Le rapport présente les écarts de conformité pour chaque thématique, observés lors des audits de processus et du patient traceur, selon 3 niveaux de conformité : point sensible, non-conformité ou non-conformité majeure. Il présente aussi le niveau de maturité d'analyse d'une thématique, selon un code couleur. Il y a 5 niveaux de maturité qui précisent pour chaque thématique si l'établissement maîtrise et met en œuvre des améliorations continues pour les processus identifiés dans la thématique.
Ce sont ces deux éléments (niveau de conformité et de maturité) qui permettent à la HAS d'établir sa décision dans la certification ou non de l'établissement.
Il existe 5 niveaux de certification, soit :
- **la certification sans précision** est accordée pour 4 ans ;
- **la certification est prononcée avec recommandations**. L'établissement doit établir dans ce cas un plan d'actions d'amélioration avec une échéance déterminée ;
- **la certification est prononcée avec réserve**. L'établissement a obligation de fournir un compte qualité de suivi à échéance déterminée, apportant la preuve de la mise en œuvre des actions correctives ;
- **la HAS décide de surseoir à la certification**. Dans ce cas, il existe deux possibilités : s'il y a au moins une réserve majeure sur un critère prioritaire ou si au moins un tiers des thématiques fait l'objet de réserve, l'établissement ne sera certifié que s'il améliore significativement les points ayant donné lieu aux réserves. La HAS procédera à une visite de suivi. L'établissement devra transmettre un nouveau Compte qualité de suivi au plus vite.
Si les réserves concernent des points de sécurité incendie, la certification sera prononcée quand l'établissement aura un avis favorable ou un plan d'actions validé par l'ARS.
Depuis la V2010, la HAS a la possibilité de ne pas certifier un établissement si au moins la moitié des thématiques du manuel fait l'objet d'une réserve ou d'une recommandation ou si l'établissement ne rectifie pas dans les délais impartis les critères PEP qui font défaut.
À réception de sa décision de certification et du rapport de certification via SARA, l'établissement de santé dispose d'un délai de 2 mois pour formuler une demande de recours gracieux.

La labellisation en imagerie médicale

La Fédération nationale des médecins radiologues a créé une association afin de mettre en place une labellisation de service en imagerie médicale pour l'obtention du label « Labelix - Référentiel qualité en imagerie médicale ». Cette démarche est ouverte aux centres d'imagerie privés et publics. La société Labelix, prochainement agréée par le COFRAC, pourra délivrer des certifications.

1 Les objectifs de cette labellisation

Labelix est un dispositif spécifique à la profession, adapté aux cabinets et services d'imagerie médicale, cohérent avec la démarche de certification de la HAS, c'est-à-dire que cette labellisation se rapproche de la certification hospitalière (www.labelix.org). C'est une démarche d'anticipation, car à terme, les cabinets de radiologie finiront probablement par faire l'objet d'une obligation réglementaire de certification. Le but de Labelix est de sensibiliser les médecins radiologues sur :

- leurs obligations réglementaires ;
- la démarche qualité, qu'ils ont déjà, pour beaucoup, mise en place lors de la campagne de dépistage organisé du cancer du sein ;
- l'extension de cette démarche aux domaines, notamment, de l'hygiène, de l'accueil, de la prise en charge et de l'information des patients.

2 Le référentiel Labelix

Sur le modèle de la HAS, le référentiel propose plusieurs chapitres contenant les bonnes pratiques et les moyens nécessaires pour les mettre en place :

- **accueil du patient**, information et obtention de son consentement éclairé par les secrétaires, les médecins, les manipulateurs ;
- **sécurité des locaux**, des systèmes informatiques et mise en place d'une identito-vigilance (vérification de l'identité du patient tout au long de son parcours de soins pour éviter les erreurs médicales…) ;
- **hygiène des locaux** et mesures d'hygiène respectées pendant les examens… ;
- **pharmaco-vigilance et matério-vigilance** impliquant un suivi de la réglementation et la traçabilité du matériel et des substances utilisées pour les examens ;
- **radioprotection des professionnels et des patients** par le contrôle des appareils, formations obligatoires périodiques des radiologues et manipulateurs ;

- **démarche d'anticipation et de résolution des incidents et accidents** dans tous les domaines. Par exemple, la vérification systématique des appareils est une démarche d'anticipation des risques;
- **planification et organisation** de la démarche qualité, évaluation et amélioration, gestion électronique des documents.

3 Les acteurs intervenant dans la labellisation

Labelix comporte une **commission de labellisation** composée:
- d'un **comité délibératif** chargé d'attribuer la labellisation de service en imagerie médicale. Il est composé de représentants de la Fédération, des organismes payeurs (par exemple, des actionnaires), des associations d'usagers et de personnes qualifiées (dans l'évaluation notamment). Ce comité peut s'appuyer sur un **comité consultatif** dans lequel sont représentés: les agences et services de l'État (HAS, Agence nationale de sécurité du médicament, institut de radioprotection et de sûreté nucléaire...), l'Ordre national des médecins...;
- d'un **comité technique** qui a notamment pour mission d'élaborer, développer et actualiser les référentiels, les méthodes et programmes d'évaluation.

La méthodologie pour la labellisation d'un cabinet de radiologie

Un cabinet de radiologie est un établissement public ou privé à but lucratif, rassemblant des médecins radiologues, des manipulateurs en radiologie et des secrétaires médicales. Actuellement, il n'existe aucune réglementation et donc aucune obligation concernant la mise en place d'une démarche qualité au sein de ces organisations. Cependant, certains cabinets ont décidé de s'engager dans l'obtention d'un label.[1]

1 Étape 1 : préparer la labellisation

Au sein du cabinet, la démarche qualité est impulsée par un directeur ou le responsable qualité. Celui-ci peut être secondé par un manipulateur en radiologie (en charge de l'organisation de la démarche et du système qualité par exemple), qui consacre quelques heures à cette mission chaque semaine.

A L'état des lieux

Il consiste à faire le point sur les pratiques professionnelles existantes, sans jugement. Cet état des lieux est basé sur l'observation et des entretiens avec les divers professionnels. L'auto-évaluation est la première étape de mise en route de la démarche qualité.

B La mise en œuvre des actions de mise à niveau et de progrès

- Un comité de pilotage est mis en place ainsi que des groupes de travail, constitués chacun d'un radiologue, d'un manipulateur et d'une secrétaire. La mixité de la représentation des groupes professionnels est un facteur clé du succès de la démarche. Des objectifs sont définis chaque année par le comité de pilotage. Chaque groupe de travail a en charge un ou plusieurs chapitres du référentiel (voir fiche 83).
- Au début de la mise en place de la démarche, toutes les procédures pour chaque chapitre sont créées et référencées dans un classeur (un classeur par chapitre). Les groupes de travail peuvent s'appuyer sur les procédures hospitalières. Tous les documents créés sont débattus et mis à disposition de l'ensemble des professionnels du cabinet, sur Intranet. Comme aucun logiciel spécifique à la radiologie n'existe, l'ensemble des documents sont réalisés sur support papier, avec des logiciels de base, type Word et Excel.
- Des audits internes sont régulièrement réalisés au sein de l'entreprise par l'équipe. Ces audits sont définis chaque année en interne par le comité de pilotage. L'ensemble du système qualité doit faire l'objet de plusieurs audits internes dans l'année.

1. Entretien professionnel avec Madame Montagné, manipulatrice radiologie et référente qualité au cabinet du Dôme de Carcassonne.

C La réalisation d'un audit blanc

L'audit blanc est réalisé par une société d'accompagnement agréée par Labelix. Quelques auditeurs, issus du personnel du cabinet, sont formés pour être auditeurs internes. Leur rôle est d'observer les pratiques et d'évaluer l'écart avec les procédures mises en place. Des solutions d'amélioration sont proposées. Cet audit a lieu environ 2 mois avant l'audit officiel de labellisation. L'objectif est de passer en revue l'ensemble des exigences du référentiel dans les conditions réelles de l'audit (notamment la pertinence et la bonne application des procédures), et de corriger les éventuelles non-conformités avant l'audit officiel.

2 Étape 2 : réalisation de l'audit externe de labellisation

Il est réalisé par une société indépendante agréée par l'association Labelix.
Sur la base du référentiel Labelix et selon les documents adressés par le cabinet, la société d'audit rédige un programme spécifiant les exigences auditées et les personnes interviewées.
L'audit commence par une **réunion d'ouverture** dont le programme est le suivant :
- présentation du cabinet, de son personnel (au minimum l'encadrement) et de l'équipe d'audit ;
- confirmation du périmètre de labellisation ;
- confirmation du programme d'audit ;
- information sur le déroulement de l'évaluation et les critères avec demande éventuelle de justification (preuves documentaires, observation des pratiques, etc.).

L'audit est ensuite réalisé sur quelques jours.

- À la fin de l'audit, un compte rendu **oral** est exposé à l'ensemble de l'équipe. Il présente le bilan des constats (points forts, non-conformités majeures, non-conformités mineures, points sensibles, pistes d'amélioration) et des informations sur les suites données à l'audit.
- L'équipe d'audit peut remettre **son rapport** à l'issue de l'étude ou l'adresser au cabinet de radiologie 15 jours maximum suivant le dernier jour d'audit.
- Si des non-conformités doivent être soldées avant présentation au comité de labellisation, le cabinet dispose de 30 jours pour adresser à l'équipe d'audit des propositions d'actions correctives et les preuves de leurs mises en œuvre. Ces propositions d'amélioration sont discutées en groupe de travail au sein du cabinet.
- La société d'audit envoie par mail une copie du rapport d'audit à l'association Labelix dans les 8 jours suivant sa réception.
- La labellisation délivrée par le collège délibératif est obtenue pour 4 ans avec un audit de suivi documentaire tous les 2 ans. Toutes les procédures doivent faire l'objet d'un audit dans l'année.

3 La réalisation des audits de suivi documentaire

Ils permettent de vérifier que le système est toujours mis en œuvre, que les points sensibles et remarques notés lors de l'audit initial ont été suivis d'actions, que la dynamique d'amélioration continue est maintenue et que les modifications apportées au système sont cohérentes.
Ces constats sont réalisés au travers des documents opérationnels requis par le référentiel Labelix. Préalablement à l'audit et au moins 1 mois avant la date fixée, le cabinet de radiologie adresse à la société d'audit les documents suivants :
- comptes rendus de comités de pilotage ou de direction depuis le dernier audit ;
- rapports d'audit interne ;

– tableaux de bord, suivi des indicateurs qualité mesurés (avec le logiciel Excel), plans d'actions prenant notamment en compte les remarques de l'audit précédent ;
– documents du système ayant été modifiés depuis le dernier audit ;
– tout autre document qui est susceptible de justifier du bon fonctionnement du système.

La société en charge de l'audit a la possibilité de demander d'autres éléments si elle estime que ceux mentionnés ci-dessus ne sont pas suffisants pour le réaliser. Après une première étude documentaire, un rendez-vous téléphonique peut être organisé à la date convenue avec le référent qualité afin de compléter les constats et préciser éventuellement certains points.

Le déroulé de l'audit de surveillance sur site est le même que celui décrit pour un audit de labellisation. Cependant, les investigations sont partielles vis-à-vis de l'ensemble des exigences du référentiel. La société d'audit établit son programme d'audit en fonction des constats réalisés lors du dernier audit et des changements intervenus et déclarés dans le cabinet. L'équipe se réserve toutefois la possibilité d'analyser d'autres exigences que celles initialement prévues au programme si, lors de ses investigations, des doutes sur la mise en œuvre d'une exigence apparaissent.

Au terme des 4 années, un audit de renouvellement de labellisation est réalisé afin de s'assurer que l'ensemble des exigences du référentiel sont respectées et ainsi délivrer une nouvelle attestation. Cet audit suit les mêmes dispositions que celles de l'audit initial de labellisation.

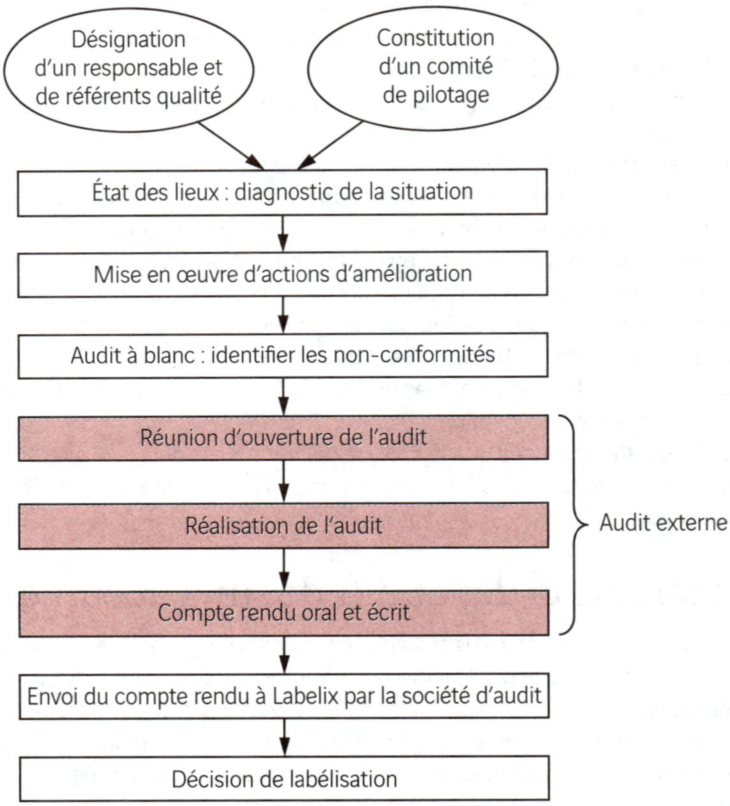

Source : Coralie Gravier

Figure 84.1 Les étapes de la labellisation.

85

Les référentiels qualité en éducation pour la santé

La Fédération nationale d'éducation et de promotion pour la santé (FNES) regroupe les instances régionales d'éducation et de promotion de la santé (IREPS), composées d'une structure régionale et/ou de comités départementaux (CODES) ou antennes selon les régions. De ce fait, la méthodologie de la démarche qualité est fixée nationalement par les instances régionales.

1 Le référentiel de la FNES

Ce référentiel est rédigé en collaboration avec l'INPES (Institut national de prévention et d'éducation pour la santé). Il propose des guides d'auto-évaluation de la qualité des activités des comités départementaux d'éducation pour la santé (CODES).

A L'organisation du référentiel

Il est organisé en **deux parties** :

- **Partie 1 :** « l'organisation et l'assurance qualité » contenant les rubriques :

– « **Missions et politique d'établissement** » décrit l'établissement et son projet d'établissement comprenant les pistes de développement stratégique et les partenariats ;
– « **Organisation** » concerne le fonctionnement des instances, la communication interne, le pilotage, l'administration ;
– « **Ressources** » correspond à toutes les ressources humaines, logistiques, environnementales, financières ;
– « **Assurance qualité** » associe la méthodologie de la démarche qualité, la garantie qualité et l'amélioration de la politique qualité.

- **Partie 2** : les diverses « activités », organisées en **quatre axes** correspondant :

– à la **formation initiale et continue** en éducation pour la santé ;
– à l'**accompagnement** de divers acteurs sur la méthodologie de projet ;
– à l'**activité documentaire** ;
– aux **actions ou programmes d'actions**.

Chaque axe est divisé en **trois chapitres** :
– **orientation** : cette rubrique présente les éléments dont il faut tenir compte pour faire un état des lieux et pour choisir les actions les plus pertinentes ;
– **mise en œuvre** : ce sont les éléments à évaluer dans la mise en œuvre de l'action ;
– **évaluation** : les indicateurs à évaluer à la fin de l'action.

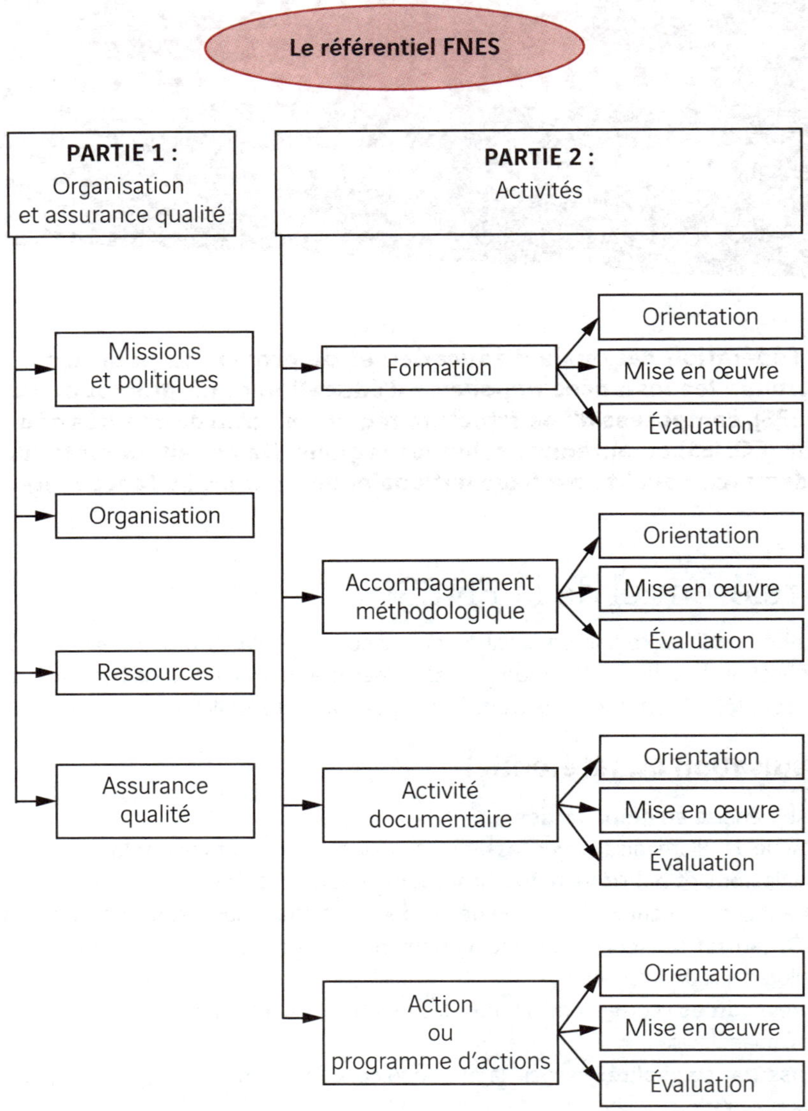

Source : Coralie Gravier

Figure 85.1 Arborescence du référentiel FNES (à partir du sommaire du référentiel FNES).

B Le contenu du référentiel

Les 3 chapitres sont structurés de la même manière :
- **un argument** pour expliquer en quoi les normes contribuent à la qualité de l'activité ;
- **des normes**, appelées références, présentant l'objectif qualité à atteindre
- **des indicateurs qualité** mesurant le degré d'atteinte de la norme. Ils sont adaptés en fonction du contexte spécifique de chaque comité régional.

Axe	Formation initiale et continue en éducation à la santé.
Chapitre	Orientation.
Argument	La finalité d'une action de formation est de contribuer à la construction et au développement de compétences utiles à un exercice futur.
Références	Les compétences attendues font l'objet d'une analyse collective par les producteurs de formation, préalable à l'élaboration des objectifs d'apprentissage et de professionnalisation.
Indicateurs	• Des espaces de construction collective, rassemblant les producteurs de formation sont prévus et mis en œuvre. Des comptes rendus de réunion en faisant référence existent. • Ces documents font le lien entre compétences et objectifs d'apprentissage.

2 Le référentiel de l'INPES

- Il s'intitule « Comment améliorer la qualité de vos actions en promotion de la santé ? ». Ce guide est utilisé par les pôles régionaux de compétences en éducation et promotion de la santé et présenté dans le cadre de formations aux professionnels. Il peut être appliqué par tous les professionnels qui mettent en place des actions d'éducation à la santé.
- Il se présente sous la forme d'un livret composé de grilles contenant des questions précises à se poser à toutes les étapes de la démarche de projet d'action. Une auto-évaluation concerne chaque point. Il propose également les éléments à aborder pour rédiger le rapport de synthèse ainsi qu'un plan d'amélioration de la qualité pour préparer les discussions internes.

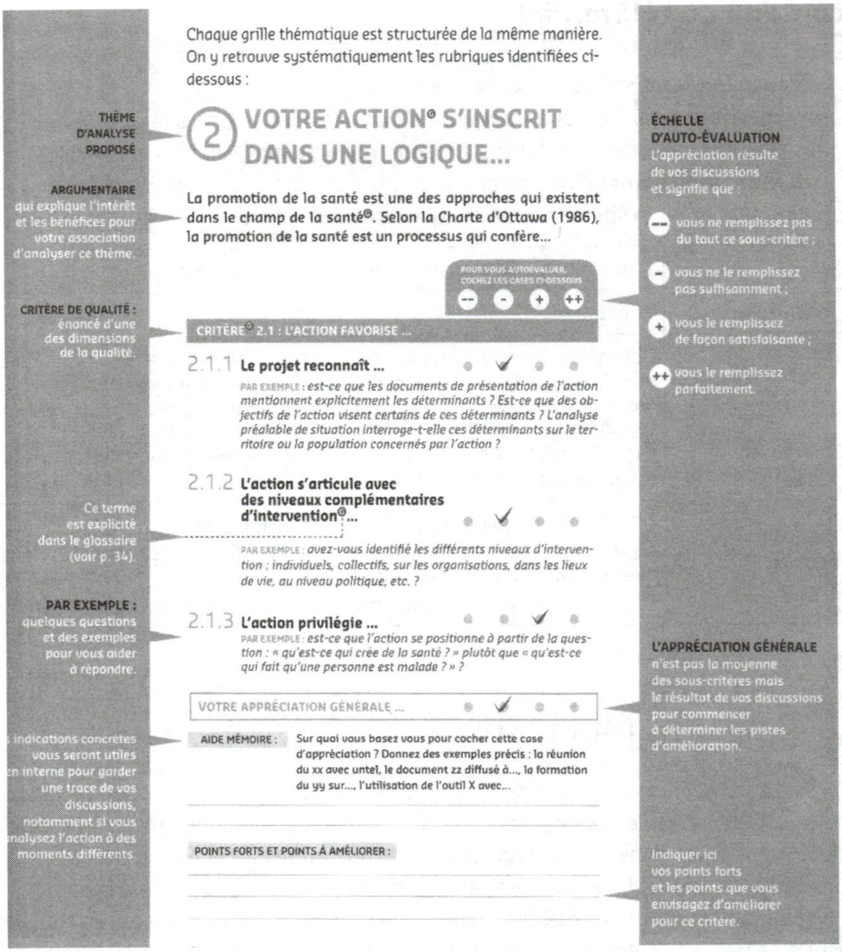

Chaque grille thématique est structurée de la même manière. On y retrouve systématiquement les rubriques identifiées ci-dessous :

THÈME D'ANALYSE PROPOSÉ

2 VOTRE ACTION® S'INSCRIT DANS UNE LOGIQUE...

ARGUMENTAIRE qui explique l'intérêt et les bénéfices pour votre association d'analyser ce thème.

La promotion de la santé est une des approches qui existent dans le champ de la santé®. Selon la Charte d'Ottawa (1986), la promotion de la santé est un processus qui confère...

POUR VOUS AUTOÉVALUER, COCHEZ LES CASES CI-DESSOUS

-- - + ++

ÉCHELLE D'AUTO-ÉVALUATION L'appréciation résulte de vos discussions et signifie que :

- -- vous ne remplissez pas du tout ce sous-critère ;
- - vous ne le remplissez pas suffisamment ;
- + vous le remplissez de façon satisfaisante ;
- ++ vous le remplissez parfaitement.

CRITÈRE DE QUALITÉ : énoncé d'une des dimensions de la qualité.

CRITÈRE® 2.1 : L'ACTION FAVORISE ...

2.1.1 **Le projet reconnaît ...**

PAR EXEMPLE : *est-ce que les documents de présentation de l'action mentionnent explicitement les déterminants ? Est-ce que des objectifs de l'action visent certains de ces déterminants ? L'analyse préalable de situation interroge-t-elle ces déterminants sur le territoire ou la population concernés par l'action ?*

2.1.2 **L'action s'articule avec des niveaux complémentaires d'intervention®...**

Ce terme est explicité dans le glossaire (voir p. 34).

PAR EXEMPLE : *avez-vous identifié les différents niveaux d'intervention : individuels, collectifs, sur les organisations, dans les lieux de vie, au niveau politique, etc. ?*

PAR EXEMPLE : quelques questions et des exemples pour vous aider à répondre.

2.1.3 **L'action privilégie ...**

PAR EXEMPLE : *est-ce que l'action se positionne à partir de la question : « qu'est-ce qui crée de la santé ? » plutôt que « qu'est-ce qui fait qu'une personne est malade ? » ?*

VOTRE APPRÉCIATION GÉNÉRALE ...

L'APPRÉCIATION GÉNÉRALE n'est pas la moyenne des sous-critères mais le résultat de vos discussions pour commencer à déterminer les pistes d'amélioration.

AIDE MÉMOIRE : Sur quoi vous basez vous pour cocher cette case d'appréciation ? Donnez des exemples précis : la réunion du xx avec untel, le document zz diffusé à..., la formation du yy sur..., l'utilisation de l'outil X avec...

indications concretes vous seront utiles en interne pour garder une trace de vos discussions, notamment si vous analysez l'action à des moments différents.

POINTS FORTS ET POINTS À AMÉLIORER :

Indiquer ici vos points forts et les points que vous envisagez d'améliorer pour ce critère.

Source : référentiel INPES

Fiche 85.2 Fiche de présentation générale des grilles.

Les référentiels de l'INPES et de la FNES sont complémentaires sur l'axe « actions ».

La démarche qualité au sein du CODES

Le réseau des comités d'éducation pour la santé (IREPS et CODES) s'inscrit dans une démarche d'amélioration permanente de l'efficacité et de la qualité des actions d'éducation pour la santé. L'un des objectifs de cette démarche est de professionnaliser leur activité et labelliser leurs interventions notamment en adhérant au référentiel de qualité des actions d'éducation pour la santé élaboré par la FNES et l'INPES.

1 La phase de diagnostic

A L'organisation des groupes de travail régionaux

- Le réseau des comités d'éducation pour la santé est composé d'IREPS (instances régionales) elles-mêmes composées par un comité régional et/ou par des structures départementales. Il n'y a pas de contrôle externe direct de chaque comité par la FNES.
- Dans le cas du Languedoc-Roussillon, à la mise en œuvre, le réseau était composé d'une IREPS et d'un comité par département. La mise en œuvre de la démarche qualité se décide au niveau régional.
- Un **référent régional** est désigné parmi les chargés de projet de l'IREPS régionaux, particulièrement impliqué au sein de la fédération. Il a pour mission d'élaborer l'échéancier, de coordonner les groupes de travail, notamment en organisant les réunions et de transmettre les bilans au groupe qualité national, qui rassemble tous les référents régionaux.
- Dans le Languedoc-Roussillon, des **groupes de travail** régionaux se sont constitués pour chacun des cinq axes du référentiel FNES :

1. organisation et assurance qualité ;
2. formation ;
3. accompagnement méthodologique ;
4. activité documentaire ;
5. actions ou programme d'actions.

L'ensemble du personnel de tous les CODES de la région sont alors répartis dans chacun des groupes, de façon à ce que chaque département soit représenté dans chaque axe, afin de valoriser les échanges de pratiques. Lors de la mise en œuvre, ils se réunissaient 2 à 5 fois par an.

Un **référent** est désigné dans chaque groupe de travail. Ce référent est chargé d'animer son groupe et de transmettre les informations au référent régional.

B La conception du contrat de progrès

À l'aide du référentiel, chaque groupe de travail reprend les indicateurs de l'axe concerné afin d'évaluer l'écart par rapport à la norme. Afin d'atteindre cette dernière, une analyse des pratiques des différents comités en éducation pour la santé (EPS) est menée. De cette phase découle la proposition d'outils à mettre en place tels que des conventions de partenariat, des procédures, des plans de formation, etc. ainsi qu'un système d'évaluation de l'axe.

L'ensemble des propositions est formalisé sous forme d'un document intitulé « contrat de progrès ». Les items du référentiel FNES sont repris en mentionnant les engagements d'amélioration décidés par le groupe de travail et les moyens associés.

Ce contrat est présenté sous forme d'un tableau Excel avec les rubriques suivantes :

- axes d'amélioration ;
- acteurs concernés ;
- moyens envisagés pour y répondre ;
- échéance ;
- suivi des actions proposées au bout d'un an.

Par exemple, pour l'axe « formation », un extrait du contrat de progrès est :

Axes d'amélioration	Acteurs concernés	Moyens envisagés pour y répondre	Échéances	Suivi
Mieux cerner les besoins avec le commanditaire de la formation	Chargés de formation et commanditaire	• Réunion/contact téléphonique avec commanditaire. • Formalisation des besoins dans le projet de formation.	À partir de janvier 2010	Projet soumis au commanditaire

C La validation du contrat de progrès

Les contrats réalisés sont proposés par les référents régionaux au **comité directeur**, constitué de l'ensemble des référents régionaux et de membres qualité de la fédération. Ce comité valide ou amende les propositions, qui sont ensuite diffusées au réseau des comités d'éducation pour la santé, pour application. De ce fait, la démarche est harmonisée dans toutes les régions de France.

2 La mise en œuvre du contrat de progrès et des outils

Le personnel des comités d'éducation pour la santé doit intégrer les propositions d'amélioration et les outils dans leurs méthodes de travail. Les outils font l'objet d'une phase test, de 6 mois à un an, donnant lieu à des synthèses au référent régional. Les outils sont ainsi améliorés et validés à la prochaine réunion du groupe de travail responsable de l'axe.

3 L'auto-évaluation et l'amélioration des pratiques

• Une fois par an, chaque comité en EPS est invité à procéder à son auto-évaluation sur chacun des axes, en tenant compte des contrats de progrès qui ont été validés. Il établit ensuite un bilan **en réunion d'équipe**. Autant que possible, les usagers sont associés à l'ensemble de la démarche afin de mettre les actions en cohérence avec les besoins.

- La réunion d'équipe de chaque comité précède une dernière réunion de **groupe de travail par axe, réunissant un représentant de chaque comité**. Le groupe élabore le rapport d'évaluation pour son axe, en identifiant les écarts avec le contrat de progrès et en proposant des nouvelles solutions d'amélioration.
- Le **référent régional** doit rassembler les rapports de chaque axe et préciser les points méthodologiques de la démarche qualité : le pilotage, le calendrier, les acteurs impliqués, le processus de concertation...
- Au niveau national, le **comité directeur** met en perspective les résultats de cette démarche d'autoévaluation de chaque région, dans l'objectif de l'amélioration continue de la qualité en soulignant notamment les axes de progrès, les objectifs identifiés, les priorités et les actions correctives envisagées.

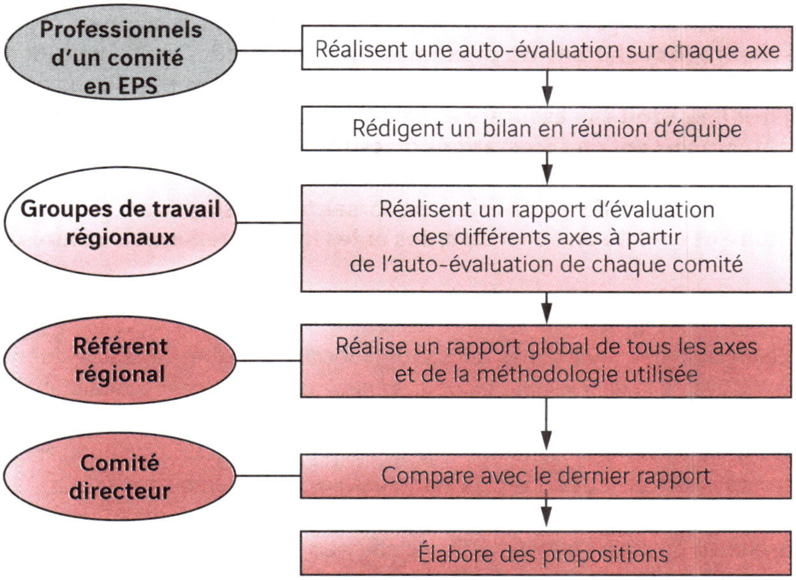

Source : Coralie Gravier

Figure 86.1 La démarche d'auto-évaluation et d'amélioration au sein des comités d'éducation pour la santé.[1]

1. Entretien avec Elodie Lagneaux, directrice du CODES 11

L'assurance maladie : contractualisation et performance du réseau

La CPAM est un organisme de droit privé exerçant une mission de service public. Elle assure les relations de proximité avec les publics de l'assurance maladie. Dans ce cadre, plusieurs missions lui sont confiées: affilier les assurés sociaux et gérer leur droits à l'assurance maladie, traiter les feuilles de soins et assurer le remboursement des prestations d'assurance maladie, maternité et d'accident du travail/ maladies professionnelles. Elle développe également une politique de prévention et de promotion de la santé, ainsi qu'une politique d'action sanitaire et sociale en accordant des aides individuelles aux assurés précaires.

1 La contractualisation

La supervision des organismes de Sécurité Sociale par l'État se réalise au moyen d'une contractualisation, définissant des objectifs et l'évaluation des résultats atteints sur une période donnée. Cette contractualisation passée entre l'État et la CNAMTS se concrétise par la signature d'une convention d'objectifs et de gestion (COG) sur une période de 3 ans. Toutes les caisses ont des objectifs communs liés aux différents axes de la COG.

Les COG sont ensuite déclinées localement sous la forme de contrats pluriannuels de gestion (CPG) entre la Caisse nationale d'assurance maladie des travailleurs salariés (CNAMTS) et les caisses primaires. On y trouve les objectifs que doivent atteindre les CPAM et l'affectation des moyens donnés aux caisses pour atteindre ces objectifs.

2 De la contractualisation à la performance du réseau de l'assurance maladie

Au sein de la CPAM, c'est un responsable de service qui coordonne le système pour favoriser l'atteinte régulière des objectifs associés aux prestations délivrées en optimisant l'organisation des processus. Ce responsable, missionné par la direction, est garant du système appelé « Système de management intégré » (SMI). Le SMI est un système qui implique toutes les caisses d'assurance maladie, le but étant d'harmoniser les pratiques et de développer un référentiel et des processus communs. Ce dispositif est applicable depuis le 1er janvier 2015. C'est l'axe 4 de la COG 2014-2017 qui correspond aux missions du SMI :

– **déployer le système de management intégré (SMI) et améliorer la gestion des processus** (finaliser le nouveau référentiel SMI, élaborer une cartographie des processus commune à l'ensemble de l'assurance maladie, renforcer la politique de maitrise des risques, développer les référentiels nationaux de processus);

– **accroître la connaissance des activités des organismes et réduire les écarts de performance** (déploiement des outils de pilotage de la performance, actualisation du schéma directeur de contrôle de gestion, réduction des écarts dans le réseau);

– **poursuivre la dynamisation du patrimoine immobilier** (optimisation du parc immobilier, modernisation du réseau d'accueil, politique de réduction des coûts énergétiques).

La performance du réseau s'appuie donc sur un référentiel commun (en construction), qui utilise par exemple des outils tels que les enquêtes auprès des clients et des agents qui mesurent leur satisfaction par rapport aux services et prestations rendus. Le contrôle interne, le traitement des réclamations et des produits non conformes contribuent à améliorer le système.

Un plan d'action d'amélioration par processus permet de suivre les actions mises en place pour corriger les dysfonctionnements (actions correctives) constatés ou pour prévenir un risque (actions préventives).

Sous la responsabilité d'un pilote national et d'un pilote des réseaux CPAM, un référentiel pour chaque processus va être construit. Les caisses sont donc entre deux systèmes : la certification ISO 9001V2015 et le SMI.

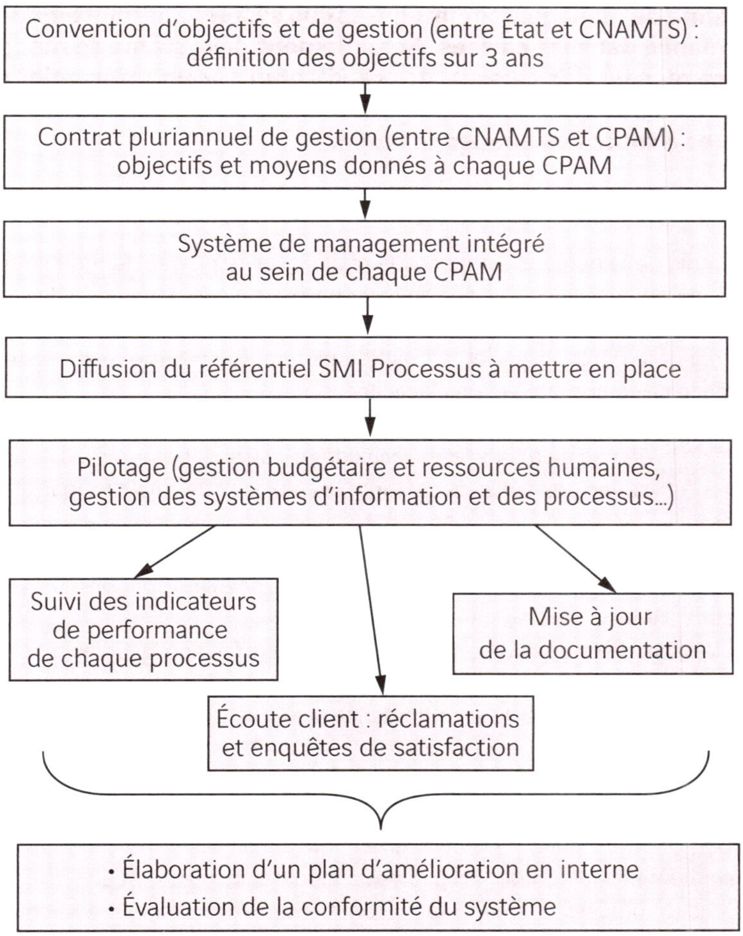

Source : Coralie Gravier

Figure 87.1 La démarche qualité au sein des CPAM.

L'assurance maladie : mise en place du système de performance

Le système de management intégré est un système permettant de garantir la performance dans les caisses. Actuellement, le système se met petit à petit en place au sein des caisses, et prend appui sur un référentiel national. Le but est d'augmenter l'efficience et de réduire les coûts en harmonisant les pratiques à toute l'assurance maladie.

1 Les acteurs et les instances décisionnelles

- L'ensemble de la démarche est sous la responsabilité du directeur de la CPAM. Sa mise en place opérationnelle est confiée au responsable (ou coordonnateur) du service SMI. Il a pour missions de :
  - coordonner le déploiement et le fonctionnement du système de management intégré (SMI), vérifie sa conformité et son efficacité ;
  - assurer un appui et une assistance auprès des différents acteurs afin de garantir la mise en place de la démarche à tous les niveaux de l'organisation ;
  - veiller à l'utilisation des outils de pilotage : les tableaux de suivi des indicateurs, les plans d'actions... ;
  - être garant de la documentation des processus.
- Dans chaque service, un **pilote et copilote de processus** sont désignés. Ils gèrent leur processus conformément au référentiel.
- Chaque pilote de processus, assisté de son copilote, fait appliquer les procédures et référentiels et participe au SMI. Il contribue également aux actions de contrôle interne. Il s'appuie sur son équipe et s'entoure de la compétence de plusieurs cadres fonctionnels notamment en matière de communication, de marketing, de réglementation et de contrôle de gestion.
- Périodiquement, le pilote présente à tous les acteurs du processus (au cours d'une réunion par exemple), les résultats des indicateurs, les dysfonctionnements rencontrés au cours du mois et les solutions qui ont éventuellement été apportées.
- Au minimum une fois par an, les pilotes de processus organisent une revue de processus. Les pilotes de processus en interface (comme ceux des processus « fichiers clients » et « prestations ») et des processus support (comme l'informatique) sont invités à cette réunion.
- La direction et les cadres concernés se réunissent ensuite une fois par an en revue de direction, afin de mesurer l'efficacité du SMI, de discuter des améliorations à mettre en place, en lien avec le projet d'établissement, le plan de communication, l'écoute client. Ils élaborent et valident les plans d'actions à mettre en place.
- Le coordonnateur du SMI assiste à la quasi-totalité des réunions. Il est le pivot du dispositif.

Niveau d'évaluation	Type de réunion	Participants	Objectifs
Service	Communication au sein du service (réunion par exemple)	• Pilote et copilote • Équipe de service	• Suivi des **indicateurs de performance propre au service** au travers des tableaux de bord. • Identification des problèmes dans le service dans tous les domaines. • Réflexion portant sur des solutions éventuelles, immédiates et à long terme. Les appliquer si elles sont jugées pertinentes • Suivi des actions et remontée des problèmes au coordonnateur SMI
Inter-service	Revue de processus (au minimum une fois par an)	• Pilote et copilote • Pilote de processus complémentaire (en interaction) • Parfois 2 ou 3 agents • Coordonnateur du SMI	• Suivi des indicateurs de différents processus complémentaires • Réflexion portant sur des solutions à apporter sur plusieurs processus • Suivi des actions
Ensemble de la CPAM	Revue de direction (une fois par an)	• Cadres de haut niveau • Direction • Coordonnateur du SMI	• Élaboration et validation des **plans d'actions conformes** au projet d'établissement et aux directives nationales • Élaboration du plan de communication en lien • Évaluation de l'efficacité globale de la CPAM

2 Les actions mises en place

Elles visent à la fois à améliorer et maintenir à un niveau optimal la qualité du service offert par l'organisation ainsi que celle ressentie par l'usager.

A L'amélioration de la qualité auprès des agents

1. La mise à jour de la documentation

La documentation doit être maîtrisée afin que tous les agents possèdent des informations pertinentes dans le cadre de leur mission. Il est donc important de veiller à ce que toutes les informations importantes soient à jour et mises en ligne. Elle fait donc l'objet d'un référencement strict afin d'aider les agents dans leur recherche.

Cette documentation concernant les processus (modes opératoires, procédures, fiches pratiques...) est diffusée sur le site Intranet afin de permettre à l'ensemble du personnel d'en prendre connaissance à tout moment.

D'ici 2017, la documentation sera gérée au niveau national pour tous les processus (puisque le but du SMI est d'harmoniser les processus de toute l'assurance maladie).

2. Le suivi des indicateurs

Des tableaux de bord présentent l'ensemble des indicateurs de performance, comme les délais de réponse ou les taux d'erreurs de chaque processus. Localement, ils sont suivis à l'aide d'un tableur. Seuls les indicateurs du référentiel socle et CPG font l'objet d'un suivi obligatoire dans ce tableau de bord. Les autres indicateurs sont suivis en points de supervision au cours des réunions de service et revues de processus.

Les tableaux de bord permettent à tous les agents de consulter les principaux indicateurs de gestion et de pilotage de la caisse. Pour les cadres qui les alimentent, ils permettent d'assurer une meilleure gestion de leur service et d'identifier les problèmes. Il est enfin une source statistique conduisant à apprécier la performance globale de la CPAM.
Le suivi de ces processus est très important d'une année sur l'autre. Les résultats des indicateurs inférieurs aux objectifs font l'objet de mise en place de plans d'actions d'amélioration.

3. Le suivi du plan d'actions d'amélioration

Ce sont les pilotes et copilotes qui planifient la mise en place, le suivi et l'évaluation des actions. Les équipes de chaque service modifient donc constamment leurs pratiques professionnelles afin d'assurer une meilleure qualité et performance de leur processus. Ils représentent donc les piliers de la démarche.

B L'amélioration de la qualité réelle et ressentie auprès des clients

1. Le traitement et l'analyse des réclamations

Une réclamation est une demande d'un client tel qu'un assuré, un professionnel de santé ou un employeur exprimant un mécontentement. Les réclamations doivent être traitées dans un délai imparti. Elles font l'objet d'un suivi, autant quantitatif que qualitatif, suivi d'actions correctives si nécessaire.

2. Les enquêtes de satisfaction

Une enquête nationale étudie la satisfaction des usagers, des professionnels de santé et des employeurs. Ces enquêtes sont exploitées au niveau des caisses locales qui analysent ses résultats. Des investigations locales peuvent la compléter, par exemple, pour évaluer la satisfaction des établissements hospitaliers.
Les résultats sont analysés en ateliers ou réunion, afin de réfléchir aux solutions d'amélioration. Ces solutions seront ensuite présentées en réunion de service et revue de processus.

C Un exemple d'actions d'amélioration auprès des clients (professionnels et usagers) : les parcours attentionnés

Les caisses ont une démarche particulière dans la prise en charge de certains publics : femmes enceintes, personnes en invalidité, personnes en arrêt de travail longue durée, première installation des professionnels de santé, première affiliation... Tous les mois, ce public bénéficie d'une information particulière sur leurs droits, éventuellement sous forme de réunion ou d'ateliers où ils sont conviés. Ces parcours font l'objet d'un suivi par indicateurs, par exemple, des indicateurs de déploiement (nombre de personnes suivies dans le parcours, taux de participation aux ateliers...). Ils sont aussi évalués lors d'enquêtes nationales par la CNAMTS. Évidemment, les indicateurs sont présentés dans les différentes instances et les parcours attentionnés font donc aussi l'objet de plans d'actions d'amélioration.
Les caisses doivent mettre en place de plus en plus de parcours attentionnés, les agents sont de plus en plus impliqués et peuvent même se déplacer auprès des clients.
L'ensemble de cette démarche au sein de la CPAM a bien sûr un objectif national important : la maîtrise des dépenses de santé. Ainsi, le nouveau système de management intègre la notion de performance, les coûts sont alors pris en compte dans tous les processus.

Référentiel qualité pour les établissements et services sociaux et médico-sociaux

La loi n° 2002-2 du 2 janvier 2002 rénovant l'action sociale et médico-sociale a introduit l'obligation, pour les établissements et services sociaux et médico-sociaux (ESSMS), de procéder à une évaluation interne et externe de leurs activités. L'évaluation interne est menée sous forme d'auto-évaluation à partir de référentiels qualité élaborés par les ESSMS eux-mêmes ou proposés par d'autres organismes. L'évaluation externe est conduite par des structures agrées par l'ANESM (Agence nationale d'évaluation et de la qualité des ESSMS).

1 Le guide de bonnes pratiques de l'ANESM

A Qu'est-ce que c'est ?

L'ANESM a pour mission d'accompagner les établissements dans leur démarche d'évaluation. À ce titre, elle a édité en juillet 2009 un guide présentant les recommandations de bonnes pratiques professionnelles, qui retrace l'ensemble des étapes de la démarche qualité à mettre en place au sein des ESSMS.

Les deux principales missions de l'Agence sont ainsi de fournir aux ESSMS les conditions pour que l'évaluation de leurs activités et de la qualité de leurs prestations soit mise en œuvre et que les autorités qui les ont autorisées soient destinataires de ces résultats. Ce dispositif est par ailleurs directement connecté à la décision de renouvellement de l'autorisation de l'établissement ou du service. En effet, l'article L313-1 du CASF précise que cette décision de renouvellement est exclusivement subordonnée aux résultats de l'évaluation externe réalisée par un organisme habilité par l'Agence, selon un cahier des charges défini par le décret n°2007-975 du 15 mai 2007.

Ce guide est un document préparatoire à l'évaluation, qui ne présente pas les critères à évaluer. Ces derniers doivent être déterminés par les établissements en fonction du contexte. Chaque établissement est donc tenu de créer son référentiel.

Dans certains cas particuliers, il existe des référentiels déjà élaborés, comme le référentiel EVA pour les EHPAD, ou encore la grille Angélique (application nationale pour guider une évaluation labellisée interne de la qualité pour les usagers des établissements).

B Les quatre étapes de la démarche qualité en ESSMS

Le guide de bonnes pratiques professionnelles présente les quatre étapes à suivre pour mettre en place la démarche qualité.

- **Phase 1 : « Définir le cadre évaluatif de l'établissement ou du service »**

Cette étape représente un état des lieux sur les activités proposées, les caractéristiques de la population accueillie, les objectifs de l'accompagnement et les critères d'appréciation des activités, comme par exemple, les modalités de coordination des activités, les acteurs concernés, les moyens utilisés...

Cette étape nécessite l'étude poussée du contexte ainsi que celle des attentes et besoins des usagers, difficile à établir du fait des types de publics accueillis. À cette difficulté s'ajoute le fait que l'accompagnement des usagers induit le concours de différents professionnels de champs divers (santé, social, éducatif, psychologique, pédagogique).

- **Phase 2 : « Recueillir des informations fiables et pertinentes »**

C'est une phase de recueil de documents et d'informations en suivant les recommandations de l'ANESM. Cette étape implique la réalisation d'un référentiel spécifique à l'établissement avec des critères d'évaluation adaptés au contexte.

- **Phase 3 : « Analyser et comprendre les informations recueillies »**

Cette partie permet d'établir des constats et de repérer les causes des écarts en évaluant les conditions de faisabilité (moyens, compétences, partenariat, organisation interne, contexte...) à partir du référentiel général ou spécifique.

- **Phase 4 : « Piloter les suites de l'évaluation »**

Elle correspond à l'élaboration d'un plan d'amélioration présentant les objectifs, les actions à mener, les moyens à mobiliser, les services concernés, les résultats et les effets attendus.

C Les préconisations sur les critères à évaluer

L'ANESM préconise de structurer l'évaluation à partir d'un **questionnement centré sur les usagers**. Les critères d'évaluation relèvent de :

- la promotion de l'autonomie et de la qualité de vie des personnes ;
- la personnalisation de leur accompagnement ;
- la garantie de leurs droits et de leur participation ;
- la protection des personnes et la prévention des facteurs de risque liés à la vulnérabilité.

L'évaluation doit aussi permettre d'apprécier des éléments de fonctionnement de l'organisation tels que l'ouverture sur son environnement, son organisation interne, ses ressources humaines et financières, son système d'information, le soutien aux professionnels, la bientraitance, l'éthique (fiche 33).

D Le lien avec le projet d'établissement

L'obligation législative impose aux établissements de formaliser un projet d'établissement ou de service et de l'actualiser tous les 5 ans. De nombreux éléments de l'auto-évaluation sont issus du projet d'établissement. S'il est actualisé, l'établissement peut l'utiliser pour créer son propre référentiel qualité. Dans la situation où l'établissement ne dispose pas d'un projet ou s'il n'est pas actualisé, la conduite de l'évaluation contribue à sa création ou sa révision.

2 Le référentiel EVA : un exemple de référentiel pour les EHPAD

- Le référentiel EVA est un manuel d'évaluation de la qualité propre aux EHPAD, SSIAD (service de soins infirmiers à domicile) et aux USLD (unité de soins longue durée). Il est réalisé par le Comité européen pour le développement de l'intégration sociale et est soutenu par la Fédération hospitalière de France.
- Le référentiel EVA est cité dans l'article 15 de la loi du 2 janvier 2002. Il sert de référence pour les évaluations externes. Les établissements peuvent utiliser le référentiel EVA ou s'en inspirer pour réaliser leur propre référentiel. Il est composé de 6 chapitres, 58 items et 538 questions reprenant les recommandations de bonnes pratiques de l'ANESM. Il se présente sous la forme d'une grille d'auto-évaluation, avec des questions-affirmations et une échelle de cotation.
- **Chapitre 1** : intégration physique précisant l'implantation dans la ville, les commerces, associations et services divers au sein de la ville ainsi que l'adéquation avec son environnement...
- **Chapitre 2** : démarche vers l'intégration sociale (représentation et symboles institutionnels : image et réputation de l'établissement, intégration fonctionnelle et sociale comme par exemple le développement et les modalités du partenariat),
- **Chapitre 3** : promotion du développement de la personne traitant de la connaissance et du respect des libertés et des droits, de la bientraitance, de la prévention et des réponses aux conduites de violence, du confort, de la vie affective et sexuelle des résidents...
- **Chapitre 4** : intensité, pertinence et cohérence des prestations de services et des activités avec la participation des usagers et des familles, le projet individualisé, l'accueil et l'orientation, la santé physique et mentale...
- **Chapitre 5** : politique d'ouverture sur les coordinations et réseaux, l'information et la communication interne et externe, l'évolution des pratiques...
- **Chapitre 6** : pilotage et gestion administrative et financière comprenant le projet d'établissement, la gestion administrative, la formation continue du personnel, la démarche évaluative...

Extrait du chapitre 2 sur le critère « représentation et symboles institutionnels » (2.1)

Questions	Échelle de cotation
2.1.1 **Noms utilisés pour désigner le dispositif** C1 La désignation et le nom de la structure sont valorisants. C2 Le nom du lieu-dit ou de la rue n'est pas dévalorisant. C3 Le nom d'origine du lieu ou du bâtiment n'a pas d'influence sur la perception qu'a la population de la structure ou des usagers qui la fréquentent. C4 La direction et les professionnels veillent à communiquer sur le dispositif pour en faire connaître le nom et les activités valorisantes.	**Niveau A** : Très satisfaisant. Il s'agit de désignations et de noms valorisants qui améliorent l'image des usagers. **Niveau B** : Satisfaisant. Il s'agit de désignations et de noms qui n'évoquent pas d'idées de dévalorisation. **Niveau C** : Insatisfaisant. Les noms sont inappropriés et évoquent une notion de dévalorisation. Des désignations peuvent suggérer par exemple, la pitié, la charité, la dépendance. L'établissement associé a une image négative comme par exemple l'hôpital psychiatrique. **Niveau D** : Très insatisfaisant. Les noms et désignations sont extrêmement préjudiciables à la perception ou tendent à dresser des obstacles à leur intégration.

La démarche qualité et la certification d'un EHPAD

Au sein des EHPAD, la démarche qualité a pour priorité d'améliorer la prise en charge des usagers. Elle s'appuie essentiellement sur des indicateurs qualitatifs issus du référentiel EVA. Les établissements bénéficient d'autonomie dans la mise en place de cette démarche afin de favoriser l'innovation.

1 La convention tripartite et la démarche qualité

Un EHPAD peut accueillir des personnes âgées en perte dautonomie. De ce fait, il doit justifier d'équipements adaptés et de personnel médical et paramédical dont le nombre est fixé en fonction de la capacité d'accueil de l'établissement.

Les modalités de tarification et de financement des EHPAD

Le décret n° 99-316 du 26 avril 1999 fixe les modalités de tarification et de financement des établissements hébergeant des personnes âgées dépendantes. Sa création est soumise à une procédure d'autorisation préalable conjointe du président du conseil général et du directeur général de l'Agence régionale de santé. Il doit être autorisé à dispenser des soins aux assurés sociaux pour l'ensemble de sa capacité et conclure avec l'État et le conseil général une convention tripartite pluriannuelle fixant, pour une durée de 5 ans, les objectifs de qualité de la prise en charge des résidents et les moyens financiers de fonctionnement. Le budget dépendance et hébergement (pour les résidents bénéficiant de l'aide sociale) est pris en charge par le conseil départemental et celui lié aux soins par l'assurance maladie (forfait soin global fixé par l'ARS). L'hébergement et la restauration sont entièrement à la charge des résidents et des familles, éventuelle déduction faite de l'aide au logement (APL).

La **convention tripartite** est indispensable pour qu'un établissement puisse être qualifié d'EHPAD et sert de garantie de qualité pour les résidents. Ainsi, l'EHPAD s'engage à respecter un cahier des charges et une démarche qualité permettant d'accueillir les personnes âgées dans les meilleures conditions. Tous les domaines sont concernés, en particulier la qualité de vie au sein de l'établissement (accessibilité, sécurité, hygiène...), la personnalisation de la prise en charge (projet de vie individualisé, respect des rythmes de vie, proposition d'activités adaptées...) et les relations avec le résident et ses proches (bonne information, participation de la famille...).

Le **renouvellement** d'autorisation de fonctionnement est assuré tous les 15 ans par l'ARS et le conseil départemental et est donc donné **sous condition de mise en place d'une démarche qualité, évaluée de façon interne et externe**. Chaque EHPAD dispose d'une démarche qualité spécifique.

2 La mise en place de la démarche qualité dans un EHPAD

Les EHPAD peuvent avoir différents statuts : associatifs, gérés par la mairie ou le conseil départemental, annexés à un hôpital ou être une entreprise à but lucratif. De ce fait, la méthodologie et les acteurs de la démarche qualité varient. L'exemple choisi est celui d'un hôpital, présentant un pôle dépendance et maintien à domicile qui réunit à la fois l'EHPAD et l'USLD (l'unité de soins de longue durée).

A La préparation de l'évaluation interne

1. La constitution du comité de pilotage et le rôle du responsable qualité

- Le **comité de pilotage** peut être constitué du chef de pôle dépendance et maintien à domicile, d'un cadre de santé, du médecin coordonnateur de l'EHPAD ainsi que du directeur ou d'un cadre administratif du pôle comme le directeur adjoint. Le comité de pilotage valide le choix du référentiel et celui de la méthodologie, contrôle l'avancement de la démarche qualité et effectue le suivi des écarts entre deux évaluations.
- Le **responsable qualité** désigné est souvent le responsable qualité du centre hospitalier. Il est parfois secondé par un référent au sein de l'EHPAD. Il a en charge le suivi de l'application de la méthodologie, l'information auprès du personnel, la rédaction du rapport d'auto-évaluation et l'organisation de l'évaluation externe.

2. L'information aux personnels, usagers et instances

L'ensemble du personnel du pôle et de l'EHPAD doivent être informés de la démarche. Il s'agit ici de favoriser leur participation lors de diverses réunions à venir.
La démarche est également expliquée au cours du conseil de la vie sociale (CVS). Le CVS est une instance obligatoire de représentation des usagers au sein de l'établissement. Il donne son avis et peut faire des propositions sur toute question intéressant le fonctionnement de l'établissement ou du service relevant de la vie quotidienne, des activités, de l'animation socioculturelle, des services thérapeutiques, de la nature et du prix des services rendus, de l'affectation des locaux collectifs, de l'entretien des locaux, de l'animation de la vie institutionnelle et des mesures prises pour favoriser les relations entre ces participants ainsi que des modifications substantielles touchant aux conditions de prises en charge.

3. Le recueil des documents

Il convient de faire un état des lieux des documents existants et de leur date de création, afin de les réactualiser éventuellement. Certains documents sont obligatoires, comme le projet d'établissement, le livret d'accueil ou encore le contrat de séjour. D'autres permettent de formaliser le travail des professionnels : protocoles, fiches de poste, document unique…

B L'évaluation interne : une auto-évaluation

1. La méthodologie

La méthodologie est propre à chaque établissement. La méthode la plus courante consiste à organiser des réunions de personnel régulièrement, afin d'établir un état des lieux de l'existant et de faire des propositions d'amélioration, tout le personnel est ainsi impliqué dans la démarche. Les points particuliers, comme la gestion financière ou la cuisine peuvent être étudiés par chaque responsable de service et son équipe avant d'être abordés en réunion.

Régulièrement, l'avancée des travaux est présentée en CVS. Une dernière réunion permet de prioriser les actions à mettre en place.

2. La rédaction du rapport d'auto-évaluation

Le rapport d'auto-évaluation est rédigé par le responsable qualité. Il n'a pas de forme particulière imposée. Il doit présenter le contexte de l'établissement et la description des activités qu'il propose, la méthodologie engagée, les résultats obtenus par auto-évaluation et les propositions d'amélioration priorisées. Le rapport est ensuite soumis à l'ensemble du personnel, au CVS puis à la direction afin d'être validé.
Le plan d'actions est mis en œuvre selon les délais définis et notamment selon la date de l'évaluation externe.

3 L'évaluation externe

L'établissement contacte un organisme d'évaluation qui est certifié par l'ANESM. C'est une démarche payante en fonction du nombre de jours d'inspection. De ce fait, l'établissement procède à un appel d'offres afin de limiter les coûts de l'évaluation. Ces évaluateurs sont généralement tous des professionnels du domaine social ou médico-social qui ont été formés à la fonction d'évaluateur.
Les évaluateurs rencontrent la direction en premier lieu, afin de présenter la démarche d'évaluation. Ils s'appuient sur la convention tripartite et le rapport d'évaluation interne. Ils visitent les locaux, s'entretiennent avec les professionnels, étudient les documents et le plan d'actions, rencontrent les membres du CVS et les représentants des usagers. En général, l'évaluation externe est réalisée environ 2 ans après l'évaluation interne, le temps de mettre en place les actions d'amélioration.
Selon l'organisme évaluateur, un pré-rapport peut être envoyé à la direction, afin qu'il soit présenté à l'ensemble du personnel et que la direction puisse formuler des remarques éventuelles dont le rapport final pourra tenir compte. [1]

---

1. D'après un entretien avec Madame Soldano, responsable qualité de l'hôpital et de l'EHPAD de Castelnaudary.

Carnet professionnel

6

Messagerie électronique

L'utilisation de la messagerie électronique est de plus en plus courante dans les organisations. En effet, c'est un outil de communication gratuit et permettant une grande réactivité.

→ 1. La rédaction du message électronique

Le message est une communication exclusivement écrite, qui est constitué de phrases brèves et directes. Il doit être court et facilement lisible.
Le message peut être mis en forme par les éléments typographiques courants : gras, souligné, italique, police de couleur… Néanmoins, l'usage des éléments typographiques n'a pas beaucoup d'intérêt vu la taille limitée du message.
La formule de politesse est généralement très courte, du style « Cordialement ». Il est possible d'y intégrer sa propre signature de manière automatique.
L'objet doit être spécifié et doit être précis pour susciter l'intérêt du destinataire.
Des pièces jointes (textes, photos, etc…) peuvent être ajoutées.

→ 2. La réglementation et la protection des usagers

A Une valeur de preuve

Depuis la loi du 13 mars 2000, le message électronique a la même valeur juridique qu'un courrier papier. Pour cela, la provenance du message doit être parfaitement identifiée (soit directement, soit par des logiciels authentifiant la signature, ou des logiciels traceurs) et l'intégrité du texte doit être garantie lors d'une conservation.

B La protection juridique des usagers

La loi du 10 juillet 1991 précise le secret des correspondances émises par la voie des télécommunications. De ce fait, l'employeur a l'interdiction d'accès à la messagerie électronique de ses salariés, cela constitue un délit. Dans le cas où l'employeur souhaiterait mettre en place un système de contrôle des messageries électroniques, le personnel et ses représentants doivent en être informés.

C La protection technique

Chaque salarié peut utiliser sa propre messagerie électronique dans le cadre de son travail, mais souvent, les organisations mettent en place des messageries internes, type outlook. Dans tous les cas, un login et un mot de passe est demandé et est propre à chaque utilisateur.

→ 3. Les intérêts et les limites de la messagerie électronique

Au sein des organisations, la messagerie électronique présente de nombreux avantages :
- les salariés peuvent consulter leur compte sur différents terminaux (ordinateurs, tablettes, portable), ils peuvent donc être mobiles et ne pas être obligés de rester à un poste de travail fixe pour se connecter à leur messagerie ;

- elle permet d'enregistrer les contacts, notamment les partenaires et usagers, et donc de créer des listes de diffusion. L'envoi par liste de diffusion permet un gain de temps considérable pour les professionnels;
- la messagerie offre l'opportunité de rechercher des mails (en fonction des contacts) et donc des discussions, cela représente une trace de l'information et peut donc servir de preuves;
- l'achat de banque de mails permet à certaines organisations de faire de la prospection commerciale.

Néanmoins, la messagerie présente également des inconvénients:

L'utilisation de l'informatique étant nécessaire, la messagerie peut subir des risques de piratage, d'infection par virus... Des mesures de protections informatiques sont donc indispensables (anti-virus, login, mot de passe ayant un fort pouvoir de protection...).

L'envoi de pièces jointes peut être également compliqué, si la taille de celles-ci est trop importante. De plus, la messagerie possède une capacité de stockage importante, mais limitée. Pour éviter ce problème de stockage, beaucoup d'organisations utilisent des plateformes collaboratives, type Dropbox ou Google drive, qui permettent à tous de consulter des messages et documents. Il est possible également de limiter l'accès à certains groupes de diffusion. Ces espaces collaboratifs ont une capacité de stockage importante.

Base de données et publipostage

Le publipostage consiste à envoyer une lettre unique à plusieurs personnes. Pour un gain de temps, il est possible de concevoir un document principal correspondant au courrier et de le fusionner à un fichier de données pour insérer automatiquement les coordonnées des destinataires.

➜ 1. Qu'est-ce qu'une base de données ?

Une base de données est un ensemble structuré d'informations sous forme de tables (ou tableaux) reliées entre elles. Une table permet de :
- décrire des individus (clients, usagers, patients, professionnels) ;
- préciser des objets (consultations, séjours, maladie,...) ;
- donner des informations sur les relations entre les individus (clients et professionnels par exemple) ou entre des individus et des objets (clients et jours de consultation).

Access est un SGBDR (système de gestion de base de données relationnelles) qui permet :
- de créer la structure des tables et de saisir leur contenu ;
- d'établir des liens entre ces tables ;
- de formuler des requêtes (ou questions) sur la base de données ;
- de faire des publipostages.

➜ 2. Comment créer et renseigner une base de données ?

Créer une base de données dans Access 2007

1. Cliquer sur l'icône « **Base de données vide** ». Nommer la base dans la zone « Nom de fichier ».

2. Cliquer sur l'icône « **Chercher un emplacement** » pour la base de données, choisir un emplacement, enregistrer sous un nom significatif.

3. Une **fenêtre** avec le nom de la base de données **apparaît** dans la fenêtre de la base, **une équerre** en haut à gauche symbolise la création d'un élément de la base (table, requête, formulaire, état).

Créer une table

Le champ d'une table permet de décrire :
- un objet : consultation, maladie, interventions ;
- un individu (patient, bénéficiaire...) ;
- un concept.

Par exemple, il est possible de créer une table sur les usagers ou les bénéficiaires d'un service d'aide à domicile, une autre table sur les aides à domicile et une table sur les partenaires et financeurs. En mode « Feuille de données », le contenu des tables est affiché.

La création passe par deux étapes :

1. la conception de la structure de la table.

2. la saisie des données de la table.

Cliquer sur la flèche de liste du bouton « **Affichage** » et sélectionner « **Mode création** ». Le logiciel invite à nommer la table. **Saisir le libellé** choisi (exemple : bénéficiaires) puis cliquer sur le bouton « OK ». **Un tableau** apparaît avec :
- les noms de champs : un champ décrit une particularité d'un individu, d'un objet ou d'un concept ;
- le type de données : dans un champ, elles peuvent être de différents types (texte, chiffre, date, etc.).
Pour chaque champ, il est possible de définir des propriétés précisant la présentation du champ et sa taille, qui s'affiche dès que l'on saisit un élément dans la ligne de la table.
Dans la table, une clé apparaît pour indiquer la clé primaire, c'est-à-dire l'élément qui n'apparaîtra qu'une fois dans la table.

Concevoir la structure de la table

- **Composer le libellé** du premier champ : par exemple le « n° bénéficiaire » puis cliquer sur la touche « entrée » qui fait passer dans la colonne type de données.
- **Choisir le type de données** : placer le pointeur de la souris sur la flèche de liste de la zone type de données et cliquer sur votre choix « type texte », numérique, date/heure, compteur, oui/non) et appuyer sur la touche « entrée ». Ici, « n° bénéficiaire » est de type numérique.
- **Définir une clé primaire** :
  - pour identifier de manière unique chaque individu, déclarer le champ « n° bénéficiaire » comme clef primaire de la table bénéficiaire ;
  - cliquer sur le bouton « **clef primaire** » ;
  - cliquer dans la propriété « **taille de champ** », ramener la taille à 3 (la clef définit sans ambiguïté un individu parmi d'autres et la taille permettra de saisir 999 bénéficiaires).
- **Créer les autres champs**, par exemple : nom, prénom, n° rue, code postal, ville...en continuant à définir les caractéristiques nécessaires de la table concernée.

Saisir le contenu d'une table

- Faire un clic droit sur l'onglet de la table en cours de création.
- Choisir « **mode feuille de données** », cliquez sur le bouton « **affichage** » et saisir les données des bénéficiaires.
- La table est prête à être utilisée pour un publipostage par exemple.

→ 3. Comment réaliser un publipostage ?

Cette réalisation se déroule en six étapes.

Étape 1

- Sélectionner dans **Word 2007,** l'onglet « **Publipostage** », le bouton « **Démarrer la fusion et le publipostage** » et l'option « **Assistant de fusion et publipostage pas à pas** ».
- Sur la droite de la fenêtre Word, le volet office « **Fusion et publipostage** » apparaît : l'assistant propose d'envoyer une lettre identique à un groupe de personnes : sélectionner : « **Lettre** », le groupe de personnes sera celui du fichier « Bénéficiaires ».
- Cliquer en bas, dans **Étape 1 de 6**, sur suivante : « **Document de base** ».

Étape 2

Le document principal qui est l'objet de la fusion existe déjà ou doit être créé. Dans les deux hypothèses, le document actif devient le document principal.

- Sous « **Sélection du document de base** », cocher « **Utiliser le document actuel** » (ou « Utiliser un modèle » ou « Utiliser un document existant »).

- Il est possible de saisir la lettre dans la fenêtre de document ou d'attendre que l'assistant le propose ultérieurement.
- Cliquer en bas, dans étape 2 de 6, sur suivante : « **Sélection des destinataires** ».

Étape 3

- Cocher « **Utilisation d'une liste existante** », puis cliquer sur « **Parcourir** » pour localiser et utiliser une source de données. Elle peut avoir été créée à partir de Word, Outlook, Excel ou Access.
- Ouvrir la base de données qui contient la table « **Bénéficiaires** », la liste des bénéficiaires est affichée.
- Cliquer sur la commande suivante : « **Écriture de votre lettre type** » au bas du volet office.

Étape 4

- **Sélectionner** dans la lettre le libellé d'un bénéficiaire et cliquer sur « **Insérer un champ de fusion** », la liste des champs issus de la table « **Bénéficiaires** » apparaît.
- **Double cliquer** sur les champs « **Nom et Prénom** » et sur le bouton « **Insérer** » et fermer. Introduire un espace entre les champs pour éviter que les contenus de champs soient collés.
- **Sélectionner l'adresse** de ce bénéficiaire et insérer le champ « **Adresse rue** », de même pour le « **Code postal** » et la « **Ville** ». Enregistrer le document.
- **Choisir les destinataires** du publipostage en cliquant sur « **Modifier la liste des destinataires** ». Le tableau des destinataires apparaît. **Désélectionner** éventuellement les noms qui ne sont pas concernés par l'envoi. **Cliquer sur** le bouton « **OK** ».
- **Cliquer** sur la commande suivante : « **Aperçu de vos lettres** ».

Étape 5

- En haut du volet « **Publipostage** » sur la droite, des boutons permettent de faire défiler les lettres du publipostage et de les contrôler.
- Cliquer sur la commande suivante : « **Fin de la fusion** ».

Étape 6

Imprimer les lettres et fermer le document.

Utilisation de Publisher

Publisher est un logiciel de présentation assistée par ordinateur (PAO), c'est à dire qu'il permet la mise en page de documents composés de textes et d'éléments graphiques. Dans ce logiciel, le cadre est la zone qui contient un texte, un graphique ou un texte Wordart.

➔ 1. Étape 1 : Créer une composition

- Lancer l'exécution de Publisher 2007.
- Cliquer sur la commande « **Taille des pages vierges** » et double cliquer sur l'une des icônes proposée, par exemple A4 (Portrait). D'autres formats sont disponibles ainsi que des modèles. Par exemple, pour créer un dépliant, choisir « Formulaire ».
- **Fermer le format** de composition à gauche de la fenêtre. Un écran ou page vierge s'affiche à droite. Tout autour, une zone grisée (table de montage) permet de recevoir tous les objets graphiques en attendant de les placer sur le document à mettre en page. À gauche de l'écran, une barre d'outils verticale « Objets » permet d'introduire les principaux objets (éléments) d'une mise en page (textes, images, formes...).

➔ 2. Étape 2 : Insérer un titre, une zone texte, une image...

- **Cliquer** sur l'objet choisi : zone texte, tableau, objet « clipart », trait, objet de la bibliothèque de présentation... Cette opération permet de choisir l'objet et de le compléter en fonction des besoins.
- Par exemple pour un **objet Wordart**, le clic droit ouvre une fenêtre de dialogue dans laquelle **le texte sera saisi**. Accepter en **cliquant sur OK** pour que le texte utilise le modèle choisi.
- Pour insérer du texte, entrer une **zone de texte** (cadre prévu pour recevoir du texte). En cliquant dans le cadre, les poignées de redimensionnement permettent de l'adapter à la taille voulue. Saisir le texte dans le cadre.
- Pour **insérer une image,** deux possibilités existent.

Cas n°1

- Choisir l'objet « **Cadre de l'image** ».
- Cliquer sur la commande « **Images Clipart** » et saisir un mot significatif dans la **zone** « **Rechercher** ». Cliquer sur le bouton **OK.**
- Une liste d'images s'affiche. **Choisir l'image** adaptée en cliquant dessus. Il est possible de supprimer des éléments superflus d'une image grâce à la **commande** « **Rogner** » dans la **barre d'outils image** qui s'ouvre lorsque le curseur est positionné sur l'image.

Cas n°2

- Cliquer sur l'objet « **Cadre de l'image** »
- Cliquer deux fois sur « **Image à partir d'un fichier** »
- Choisir une image dans le fichier « **Mes images** »

Dans tous les cas, enregistrer la composition.

Charte graphique

La charte graphique représente le document qui définit les règles d'utilisation de toutes les fonctions graphiques. Il contient toutes les informations concernant la police utilisée, les couleurs, la présentation des documents…

→ 1. Le contenu de la charte graphique

- **Le logo**: sa forme, ses couleurs, sa dimension, sa position dans la page, la zone d'exclusion (zone autour du logo qui est protégée), ses déclinaisons selon les couleurs de papier, les interdits (par exemple, ne pas l'agrandir sans garder les proportions).
- **Les polices de caractères**: types, taille et style de police sont déterminés et seront utilisables pour tous les documents émanant de l'organisation.
- **Les couleurs**: elles sont définies sur un nuancier.
- **Les images et illustrations**: leur type et leur proportion sont indiqués,
- **La mise en page des documents**: les marges, la disposition des éléments pour chaque document, la disposition du logo…

→ 2. L'intérêt de la charte graphique

La charte graphique permet de garantir une harmonisation des documents. Ainsi l'organisation devient facilement identifiable par ses partenaires, les usagers, voire la concurrence.

De plus, les documents deviennent le vecteur de l'image de l'organisation.

→ 3. Les étapes de création d'une charte graphique

Créer une charte graphique nécessite avant tout de comprendre l'identité de l'organisation. Pour cela, il s'agit de s'intéresser à ses activités, ses valeurs, son histoire, son positionnement dans la concurrence, ses projets et son évolution…
Pour cela, il est nécessaire de s'entretenir avec la direction afin d'identifier les objectifs futurs et de connaître les ressentis, les besoins ou également les contraintes éventuelles (comme par exemple, le respect d'une couleur dominante pour une organisation faisant partie d'un réseau).

Puis, en équipe, différentes idées peuvent émerger, par exemple, par l'utilisation d'un brainstorming ou d'une carte mentale. Quelques idées (2 ou 3) peuvent ensuite être développées par un graphiste ou par le chargé de communication, et être testées en situation réelle.
Le choix final appartient à la direction, avec ou sans concertation avec son équipe.
Tous les supports de l'organisation seront alors déclinés: le papier à en-tête, les cartes de visites, la page internet, la signalétique, l'enseigne principale, tous les documents écrits type dépliant, tract… Cela peut même concerner les vêtements de travail, les véhicules, voire les bâtiments de l'organisation.

Créer une charte graphique n'est pas chose facile, les organisations font souvent appel à un graphiste ou une société de communication, ce qui peut représenter un coût financier non négligeable.

Création d'une carte de visite

La carte de visite est un outil de communication indispensable lors d'un premier contact avec un partenaire. Elle permet de finaliser un échange et représente l'image de l'organisation. Sa réalisation peut être confiée à un service spécialisé de l'organisation. Dans les petites structures, le professionnel peut être amené à réaliser soi-même sa carte de visite.

→ 1. Conception de la carte de visite

Le contenu

Certains éléments de son contenu sont indispensables :
- le nom et/ou le logo de l'organisation ;
- le nom et la fonction de son émetteur ;
- l'adresse postale et les numéros de téléphone et fax ;
- l'adresse e-mail et l'adresse du site internet de l'organisation.

Il est inutile de compléter par d'autres informations, puisque le but est de donner les coordonnées de la personne titulaire de la carte et de l'organisation. De plus, la carte de visite a un format trop petit pour pouvoir y disposer plus d'informations, au risque de la surcharger et de la rendre illisible.

La présentation

- **Choix des couleurs et des polices de caractères**

  Les couleurs et la police de caractères doivent correspondre à l'image de l'organisation et être en accord avec les couleurs du logo. Par exemple, on peut utiliser des caractères ludiques pour une crèche ou une police plus « classique » (type Arial ou Times New Roman) pour un organisme de protection sociale (voir Charte graphique).

  Les couleurs ont toutes une connotation plus ou moins positive. Par exemple, le rouge ou l'orange sont des couleurs chaudes qui sont associées au dynamisme, à la créativité ; cela peut correspondre à l'esprit d'une association de quartier.
- **Choix de la forme et du type de papier**

  La carte doit être aérée. Le choix du format, de l'orientation et du grammage du papier sont des éléments à prendre en compte.

  La taille doit être suffisamment restreinte pour pouvoir la glisser dans la poche ou dans un porte-cartes facilement.

  Le type de papier renseigne sur la valeur professionnelle d'une organisation. Il est préférable de choisir un papier à fort grammage, glacé ou vélin…

→ 2. Création et impression de la carte de visite

Le mode d'impression doit être choisi dès le départ, afin de tenir compte de certaines contraintes, notamment la taille de la carte.

Il existe plusieurs possibilités de création et d'impression :
- **des logiciels**, type Publisher, proposent des modèles de carte de visite. L'impression peut alors se faire à l'aide d'une simple imprimante de bureau. Pour les faibles tirages, c'est la solution la moins coûteuse. Il est possible d'acheter en papeterie des feuilles préformatées avec une gamme de couleurs et des papiers spéciaux ;
- **de nombreux imprimeurs** proposent à des prix raisonnables de créer et d'imprimer les cartes. Il suffit alors de donner à l'imprimeur l'ensemble des éléments à disposer sur la carte et le choix en termes de format, couleurs, typographie... L'imprimeur peut proposer plusieurs modèles. Il vaut mieux faire appel à un imprimeur si l'on souhaite un papier particulier, un pliage ou encore une plastification ;
- **de nombreux sites Internet** proposent également ce service à des prix très concurrentiels. C'est le cas, par exemple, de Vistaprint. Un large choix de modèles est proposé. Il suffit de compléter les données et d'envoyer la commande.

Document 1 Carte de visite réalisée avec le logiciel Publisher

Source : Coralie Gravier

La couleur verte pourrait être dominante sur cette carte car elle serait cohérente avec le nom de l'association.

CARNET PROFESSIONNEL

Création d'un papier à en-tête

Le papier à en-tête est utilisé par l'organisation comme support de ses lettres, comptes rendus, notes… Il doit être représentatif des valeurs de la structure et respecter son image (voir Charte graphique).

→ 1. Conception d'un papier à en-tête

Contenu

Il doit comporter le logo, le nom de l'organisation, toutes les coordonnées de celle-ci (adresse, téléphone, télécopie, mail, site Internet), mais également les **mentions légales obligatoires**:

- **le numéro SIREN** : c'est un identifiant de neuf chiffres attribué à chaque unité légale. Les huit premiers chiffres n'ont aucune signification, excepté pour les organismes publics (communes par exemple,…) dont le numéro SIREN commence obligatoirement par 1 ou 2. Le neuvième chiffre est un chiffre de contrôle de validité du numéro;
- **le numéro SIRET** : c'est un identifiant d'établissement. Cet identifiant numérique de 14 chiffres est articulé en deux parties:
  - la première est le numéro SIREN de l'unité légale à laquelle appartient l'unité SIRET,
  - la seconde, habituellement appelée NIC (numéro interne de classement), se compose d'un numéro d'ordre à quatre chiffres attribué à l'établissement et d'un chiffre de contrôle, qui permet de vérifier la validité de l'ensemble du numéro SIRET;
- **le numéro de TVA intracommunautaire** attribué aux personnes assujetties à la TVA en effectuant des opérations de vente et prestations de service au sein de l'Union européenne.
- **le code APE (ou code NAF)**, attribué à chaque entreprise par l'INSEE, en référence à la nomenclature statistique nationale d'activité (NAF). Il permet de déterminer l'activité principale de l'entreprise ou de l'organisation.

Présentation

Il faut choisir des couleurs et des polices de caractères qui reflètent bien l'image et les valeurs de l'organisation.

Souvent, le logo et le nom de l'organisation se situent en haut de page, les coordonnées et mentions obligatoires, en pied de page mais elles peuvent être également placées sur le côté gauche du papier. Dans ce cas, il est aussi possible d'y ajouter le nom, prénom et fonction de l'émetteur.

→ 2. Réalisation et impression d'un papier à en-tête

De nombreux logiciels de PAO (publication assistée par ordinateur) tel que Publisher propose des modèles de papier à en-tête (icône « en-tête de lettre »). Il suffit alors de le compléter et de l'imprimer.

Il est possible de faire appel à un graphiste ou un imprimeur. Ce sont néanmoins des solutions coûteuses pour un document qui ne nécessite pas de techniques approfondies dans sa création.

Document 1 **Exemple de papier à en-tête**

Source : Coralie Gravier, avec le logiciel Publisher

La couleur verte peut dominer dans ce document, cela correspond à l'identité de l'association (le vert est souvent associé à l'espoir, la vie, la sérénité).

Comment faire un schéma ?

Le schéma est une représentation simplifiée plus ou moins figurative d'un objet, d'un phénomène, d'une organisation, d'un système de fonctionnement. Il permet de faciliter la compréhension, de renforcer la mémorisation et d'animer un exposé. Sa construction repose sur une méthodologie.

1. Types de schéma

Deux types de schémas existent :

- **ceux qui présentent un ensemble d'éléments ordonnés** au sein d'un processus, d'une procédure, d'une démarche ou d'une hiérarchie. C'est le cas des logigrammes ou des organigrammes (schéma type 1, exemples fiches 25 et 26) ;
- **ceux qui mettent en évidence** des relations, des liens, des échanges entre différents partenaires, objets, situations ou structures. Ce sont des schémas fonctionnels (schéma type 2, exemples fiches 28 et 32).

2. Organisation du schéma

	Schéma type 1	Schéma type 2
Éléments à relever	• Choisir les événements qui marquent le début et la fin. • Repérer le déroulement de l'action : étape par étape en fonction de la chronologie ou de l'importance des événements selon un ordre de préférence (du plus important au moins important par exemple).	• Relever l'élément central et les éléments qui sont en relation avec lui. • Indiquer le type de relation entre les éléments.
Présentation à choisir	• Linéaire, horizontale ou verticale lorsque les éléments s'enchainent chronologiquement. (schéma de procédure). • Circulaire lorsque les éléments se reproduisent toujours dans le même ordre (schéma présentant la démarche de projet ou la démarche qualité). • Pyramidale lorsque les éléments se trouvent subordonnés à celui qui suit ou qui précède (organigramme).	• L'élément central est symbolisé par une figure géométrique ou un dessin figuratif. • Les éléments qui sont en relation avec lui sont placés autour de cet élément central. • Le schéma prend la base d'une forme en étoile.
Sens de lecture	Symbolisé à la fois par l'organisation du schéma, mais aussi par : - les flèches, qui montrent le sens de lecture ; - les traits qui indiquent le lien. Un trait plein peut montrer une relation importante ; un trait en pointillé, une relation de moindre importance.	Pas de sens de lecture à priori. La lecture peut être orientée par des numéros, des couleurs, des traits ou flèches plus ou moins importants...

Les deux types de schémas peuvent être combinés, même si cela risque de compliquer la compréhension.

CARNET PROFESSIONNEL

→ 3. La construction du schéma

La construction se fait manuellement ou à l'aide d'un logiciel de traitement de texte, comme Word, qui propose d'« insérer » des « formes » ou des « symboles » par exemple.

L'utilisation de formes géométriques et/ou des couleurs permet de représenter les informations de même ordre ou de même nature. Par exemple, les acteurs d'une procédure peuvent être représentés sous forme d'ellipses.

La présence de dessins ou de symboles peut correspondre à des objets ou des personnages.

Enfin, des numéros, des mots clés ou du texte indiquent les principales étapes de la situation, comme par exemple, un numéro pour indiquer le sens de lecture.

Le schéma est complété par un titre qui précise son contenu et éventuellement, une légende qui explique l'utilisation des figures, symboles ou tracés. Souvent, un commentaire renforce la compréhension en apportant des informations complémentaires, sur le contexte par exemple.

Le schéma ne présente aucune phrase, essentiellement des mots clés qui sont choisis avec pertinence pour assurer une bonne compréhension. Attention à ne pas multiplier les différentes formes, couleurs ou autres ; cela complique la lecture et la compréhension. Un schéma étant un outil visuel, il doit être avant tout facile à lire.

Carte mentale ou schéma heuristique

La carte mentale, aussi appelée schéma heuristique, est un outil qui facilite la recherche d'idées dans le groupe ou individuellement, et qui repose sur un enchaînement d'idées ou d'images. C'est également un outil permettant de mémoriser plus facilement l'information.

→ 1. Son utilisation dans les organisations

C'est un schéma très utile dans le cas d'une recherche de causes ou solutions dans le cadre d'une démarche de projet ou qualité. Il peut être également utilisé pour simplifier un processus qui parait compliqué.

→ 2. Sa mise en œuvre

- Fixer un objectif de départ (recherche de causes, recherche de solutions, créativité sur le thème, recherche d'actions innovantes...).
- Noter le sujet principal au milieu de la feuille.
- Noter les idées au fur et à mesure.
- Pour chaque idée, le but est de développer par des sous idées, déclinées elles-mêmes en sous parties... On obtient ainsi une arborescence.
- Numéroter les idées les plus intéressantes, faire des liens entre les idées, effectuer des regroupements.

Pour chaque groupe d'idées, on peut utiliser des couleurs, des typographies différentes, des codes...

Cette méthode se réalise sur papier ou sur un tableau si on l'élabore en groupe. Les résultats d'un brainstorming peuvent tout à fait être présentés sous cette forme.

→ 3. Exemple de carte mentale

Dans le cadre d'une enquête sur les difficultés liées à l'accueil au sein de la CAF, une carte mentale peut être créée afin de recenser les causes du mauvais accueil. (Voir fiche 64).

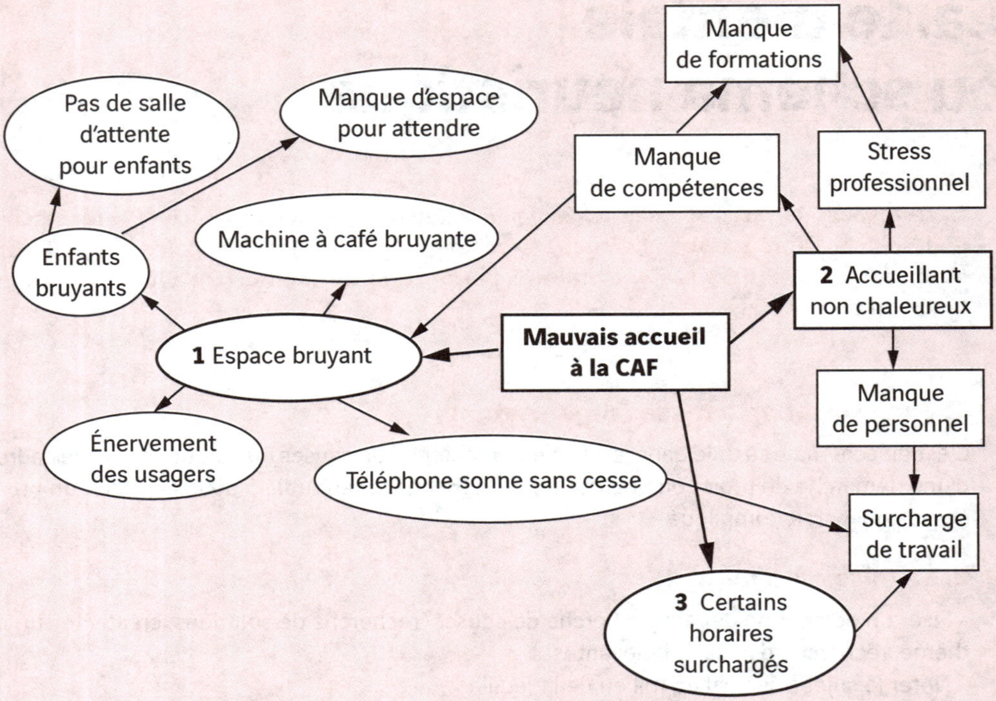

Source : Coralie Gravier

La recherche précise des causes dans ce cas-là, va permettre de réfléchir à des solutions concrètes dans le cadre d'une amélioration du service.
Cette représentation permet de prendre du recul sur un problème ou un sujet, et de l'envisager sous plusieurs angles (ici, angle humain, matériel, l'environnement, les méthodes de travail...).
Il est possible de réaliser une carte mentale par informatique, notamment en utilisant différents logiciels dont Prezzi (logiciel gratuit accessible en ligne), mind map ou mindview.
Une carte mentale permet une visualisation différente et innovante par rapport à l'utilisation d'un diaporama.

Veille documentaire avec Google Alertes

La veille documentaire consiste à obtenir des informations régulières et pertinentes sur un sujet particulier. Plusieurs moteurs de recherche (Yahoo ou Google) proposent une assistance sous la forme d'un système d'alerte documentaire.

→ 1. Étape 1 : Déterminer les champs de veille

- Avant toute recherche, il convient de définir ses besoins avec précision afin de déterminer des champs (ou mots clés) ni trop nombreux, ni trop réducteurs. Par exemple, pour une recherche sur les formalités administratives pour l'obtention du RSA, les mots clés peuvent être « Formalités + RSA ».
- Afin de déterminer si les mots clés sont pertinents, il est conseillé de les tester au moyen d'une recherche simple sur le moteur de recherche. Le champ de veille ciblé doit apparaitre au moins dans les 5 premières réponses.

→ 2. Étape 2 : Mettre en place une alerte sur Google Alertes

Accéder à Google Alertes

Cliquer sur « Plus » dans le menu principal de Google, puis sur « Encore plus », et enfin, sur « Alertes » (visible par une cloche).

Document 1 **Page de création d'une alerte**

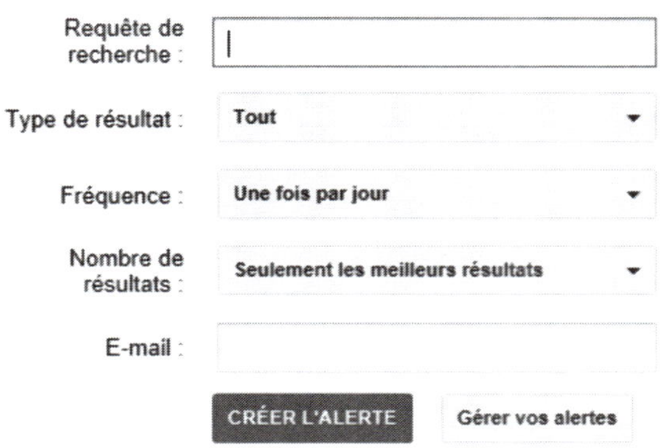

Saisir l'alerte documentaire

- Indiquer les mots clés dans l'icône « Requête de recherche ». L'association de mots se fait à la suite les uns des autres (formalités RSA).
- Laisser le champ « Type de résultats » sur « Tout » afin d'élargir la recherche à tout type de documents.
- Choisir la fréquence d'envoi et le nombre de résultats souhaités.

- Renseigner l'adresse mail destinataire de la recherche documentaire.
- Dès le remplissage des mots clés, Google propose à droite une liste de documents déjà ciblés, afin de vérifier la pertinence des mots clés.

Document 2 Résultats d'une alerte documentaire

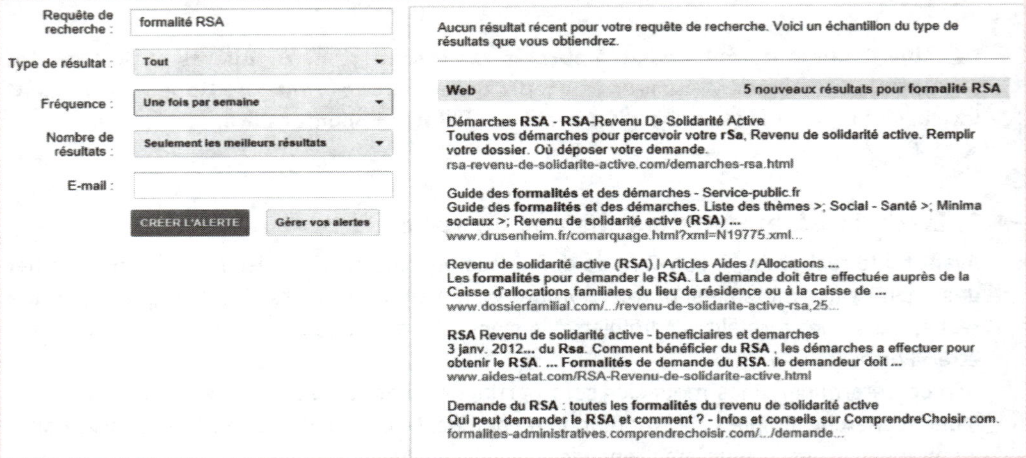
Requête de recherche : formalité RSA
Type de résultat : Tout
Fréquence : Une fois par semaine
Nombre de résultats : Seulement les meilleurs résultats
E-mail :
CRÉER L'ALERTE | Gérer vos alertes

Aucun résultat récent pour votre requête de recherche. Voici un échantillon du type de résultats que vous obtiendrez.

Web — **5 nouveaux résultats pour formalité RSA**

Démarches **RSA** - **RSA**-Revenu De Solidarité Active
Toutes vos démarches pour percevoir votre **rSa**, Revenu de solidarité active. Remplir votre dossier. Où déposer votre demande.
rsa-revenu-de-solidarite-active.com/demarches-rsa.html

Guide des **formalités** et des démarches - Service-public.fr
Guide des **formalités** et des démarches. Liste des thèmes >; Social - Santé >; Minima sociaux >; Revenu de solidarité active (**RSA**) ...
www.drusenheim.fr/comarquage.html?xml=N19775.xml...

Revenu de solidarité active (**RSA**) | Articles Aides / Allocations ...
Les **formalités** pour demander le **RSA**. La demande doit être effectuée auprès de la Caisse d'allocations familiales du lieu de résidence ou à la caisse de ...
www.dossierfamilial.com/.../revenu-de-solidarite-active-rsa,25...

RSA Revenu de solidarité active - beneficiaires et demarches
3 janv. 2012... du **Rsa**. Comment bénéficier du **RSA** , les démarches a effectuer pour obtenir le **RSA**. ... **Formalités** de demande du **RSA**. le demandeur doit ...
www.aides-etat.com/RSA-Revenu-de-solidarite-active.html

Demande du **RSA** : toutes les **formalités** du revenu de solidarité active
Qui peut demander le **RSA** et comment ? - Infos et conseils sur ComprendreChoisir.com.
formalites-administratives.comprendrechoisir.com/.../demande...

- Enregistrer l'adresse mail en cliquant sur « Gérer vos alertes ».
- Cliquer sur « Créer l'alerte ». Un mail de confirmation apparaitra dans la boite mail destinataire, il faut cliquer dessus pour confirmer la mise en place de l'alerte. Tous les documents seront donc envoyés directement sur cette boîte mail, selon la fréquence décidée. C'est au destinataire de vérifier la pertinence de chaque document, voire de réajuster les mots clés si besoin.

Comment rechercher une source de droit ?

Le site « légifrance » présente l'ensemble des sources de droit français, européen et international, ainsi qu'une traduction en plusieurs langues (http://legifrance.gouv.fr/). Un lien direct vers le site de l'administration française est également disponible (http://www.service-public.fr/).

→ 1. Présentation du site

Un sommaire, à gauche, présente l'ensemble des liens Internet, en fonction du domaine souhaité. Ce site est également un **portail sitographique** intéressant. Par exemple, une sitographie concernant les assemblées parlementaires ou encore l'Union européenne est accessible.

Document 1 **Page d'accueil du site legifrance**

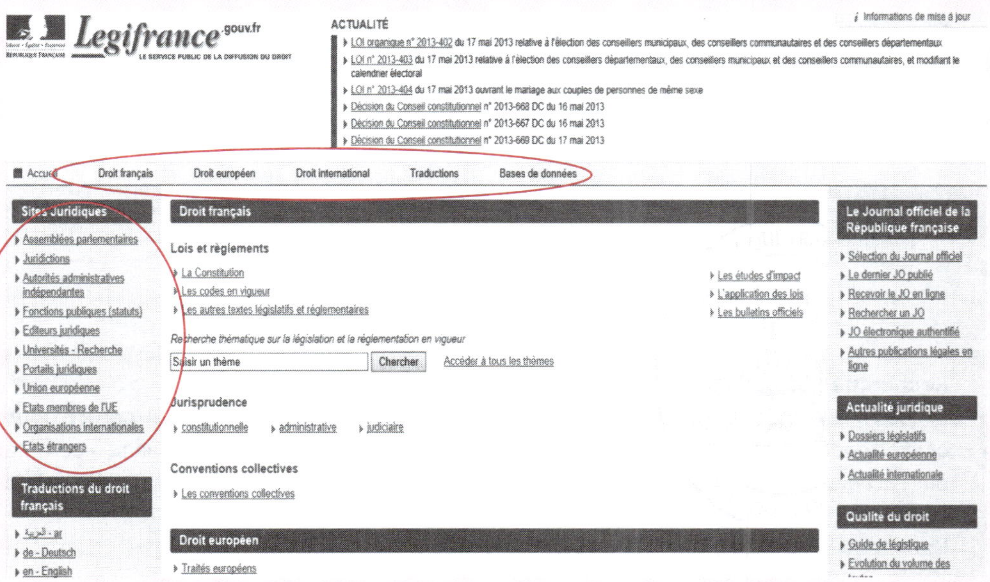

Source : http://legifrance.gouv.fr/

→ 2. Recherche d'une source de droit

La page d'accueil présente un choix entre les différentes sources de droits : français, européen et international.

La recherche dans le droit européen ou international

Ces deux pages présentent la liste complète des traités et juridictions, ainsi que l'actualité. La recherche est donc facile, puisque tous les textes sont présentés.

La recherche dans le droit français

- **Recherche par type de code et numéro d'article**
  Si l'intitulé de l'article souhaité est connu, il suffit de cliquer sur « code en vigueur » au niveau de la page accueil et de remplir le formulaire présenté en renseignant le type de code recherché et le **numéro de l'article**.
  Dans le cas contraire, la recherche par type de code (par exemple, le code de l'action sociale et des familles) permet d'obtenir le sommaire complet de celui-ci et donc de trouver plus facilement l'article souhaité (par exemple, le chapitre III sur les personnes âgées dans ce code).
- **Recherche par thèmes**
  Une **recherche par thème** est également possible. L'accès se fait par la page d'accueil en sélectionnant « Accéder à tous les thèmes ». Le plus simple est d'inscrire un mot clé ou une expression dans le cadre (minuscule ou majuscule, accentué ou non, gestion automatique du singulier - pluriel et du masculin - féminin). Le site propose une **liste de mots clés**, classés par ordre alphabétique.

Document 2 Page de recherche par thèmes du site legifrance

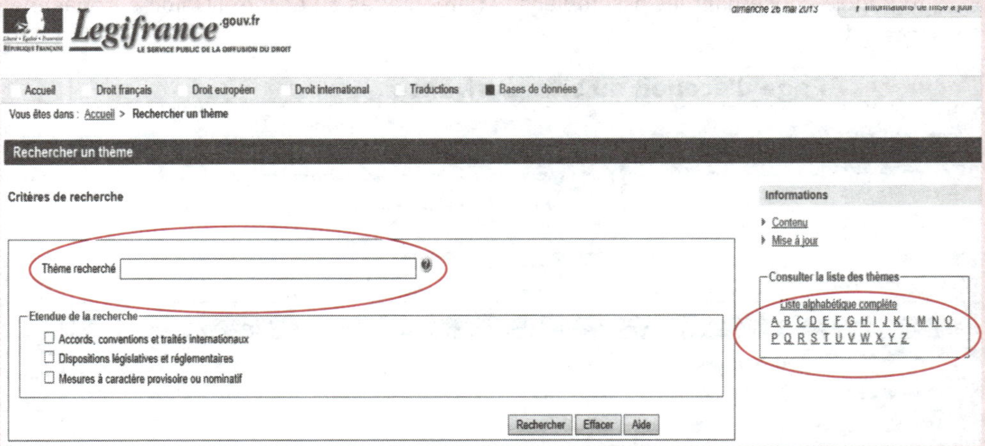

Source : http://legifrance.gouv.fr/

- **Recherche par nature du document**
  L'accès à la « base de données » permet de sélectionner les textes selon **leur nature** : Journal officiel, codes et textes, jurisprudence, etc. Chaque page renvoie à un formulaire à compléter par l'article ou le thème. Ce type de recherche n'est possible que dans le cas d'une bonne connaissance du document recherché.
  Dans tous les cas, le site propose aussi une aide à la recherche.

Rédaction d'une annonce d'emploi

L'annonce d'emploi est un document qui permet de lancer un appel à candidature pour un poste de travail vacant. Elle est rédigée par l'organisme demandeur et diffusée, soit en interne, soit à l'externe par Pôle emploi, les réseaux professionnels, les magazines spécialisés (tel que la gazette *Santé Social*) ou encore la presse grand public. Ce document doit être précis afin d'éviter les candidatures inadaptées aux besoins de l'organisation.

→ 1. Le contenu de l'annonce

Identification de l'organisation et du contexte de travail

Au minimum, la raison sociale (et/ou le logo) doit apparaître sur l'annonce. Certaines informations complémentaires peuvent présenter les valeurs, la culture de l'organisation, ses missions, son implantation géographique, son chiffre d'affaires... Le but est de séduire afin d'obtenir des candidatures intéressantes.

Il peut être aussi pertinent de développer les projets mis en place, les exigences qualités de l'organisation, les opportunités de formation ou de progression au sein de l'organisation... Ceci est important pour les annonces d'emploi de postes de haut niveau, qui sont diffusées sur un territoire large et qui impliquent une mobilité du candidat. Le poste doit donc présenter des atouts, incluant les conditions de travail et le cadre de vie agréable.

Définition du profil de poste

Le poste doit être défini : type de poste, statut, contrat, durée du contrat, missions et activités confiées, partenariat... La description doit être la plus complète possible.

Exigences de l'employeur

Doivent aussi y figurer les compétences et qualités nécessaires pour ce poste : le niveau et type de diplôme minimum exigé, l'expérience souhaitée (le type d'expérience et la durée), les compétences informatiques, les qualités nécessaires...

Par exemple, pour un poste de responsable de secteur, il peut être exigé un niveau BTS SP3S minimum, avec des qualités organisationnelles et des compétences informatiques. Le candidat devra également présenter une expérience minimum de 3 ans dans le secteur de l'aide à domicile sur un poste similaire.

Précisions sur les modalités de réponse

L'annonce doit préciser si des documents sont à envoyer, notamment le CV et la lettre de motivation. Les coordonnées de l'organisme employeur doivent être complètes : nom de la personne à contacter, adresse, téléphone, mail...

→ 2. La présentation de l'annonce

L'annonce doit être simple et claire. Le style doit être neutre, voire plus personnel lorsque l'employeur veut séduire les candidats.

Une charte graphique peut être utilisée, notamment avec le logo et des images. Néanmoins, plus l'annonce est élaborée, plus le coût d'impression sera important.

Lorsque l'annonce doit être diffusée par Pôle emploi, la présentation et le contenu sont définis par cet organisme.

Document 1 Exemple d'annonce d'emploi

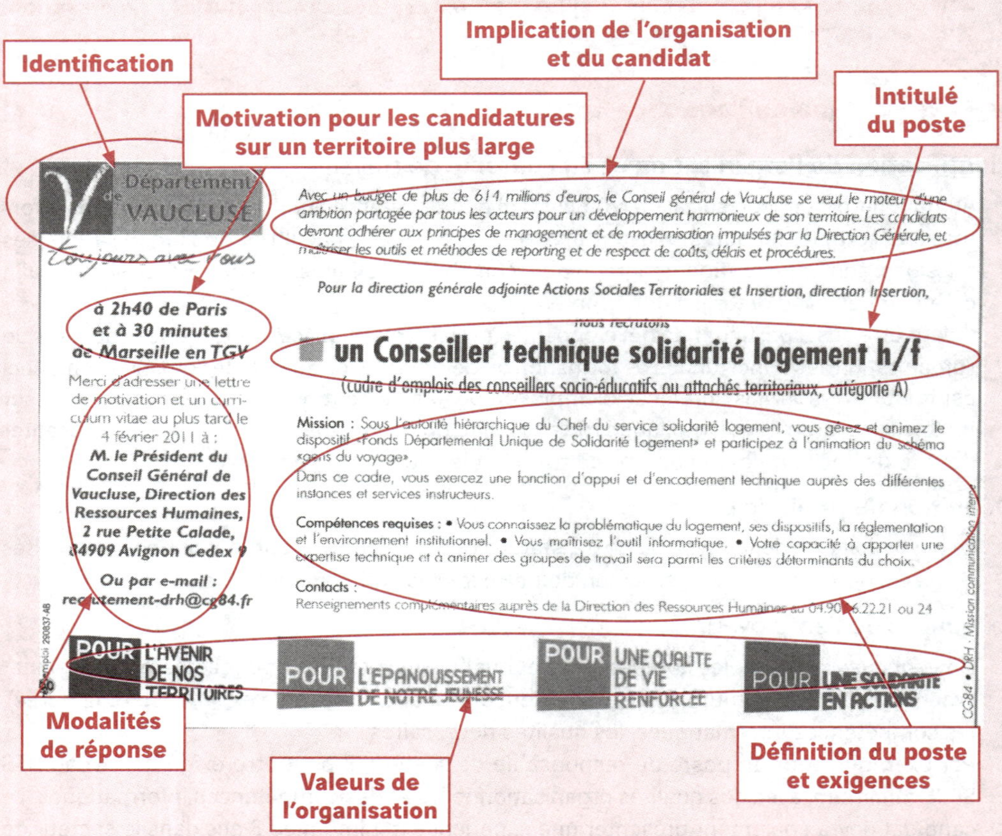

Source : d'après La gazette *Santé Social* N° 71 de février 2011, p. 60.

Réalisation d'une grille pour un entretien de recrutement

Le recrutement d'un candidat suit un processus, défini par la structure, dont l'une des étapes est l'entretien de recrutement. Cette rencontre est l'occasion d'évaluer l'adéquation du candidat pour le poste ainsi que de comprendre l'intérêt qu'il porte à l'organisation. Cet entretien doit donc être préparé à l'avance avec notamment la création d'une grille d'entretien d'embauche, qui s'appuie sur la fiche de poste.

→ 1. Le contenu de la grille

La majorité des éléments de la grille sont présents sur la fiche de poste. Cependant, certains points plus subjectifs relèvent plutôt des qualités du candidat ou du ressenti du recruteur. Par exemple, pour un poste de responsable de secteur dans une structure d'aides à domicile, l'entretien permet de déterminer la facilité de communication du candidat, sa discrétion ou encore sa rigueur dans les propos tenus. Ces éléments, relevant du langage verbal et paraverbal (gestes, mimiques, discours), ne sont pas évaluables par des documents écrits, type CV ou lettre de motivation.

→ 2. La présentation de la grille

Il n'existe pas de forme imposée. Néanmoins, le document doit être simple, facile et rapide à remplir.

La partie supérieure présente l'identification du poste et du candidat. Ensuite, la grille peut être organisée en trois parties :

- **une partie sur la formation et l'expérience** afin de mettre en adéquation les diplômes et l'expérience du candidat avec les exigences du poste à pourvoir ;
- **une partie sur les savoir-faire** comme la polyvalence, la maitrise des outils bureautiques, la maitrise de la langue, la capacité à argumenter, le sens critique… ;
- **une partie sur le savoir-être** qui est complétée suite à l'observation des réactions du candidat, de sa qualité d'écoute face à certaines questions, notamment la discrétion, l'ouverture d'esprit, le sens des valeurs… ;

Les éléments à évaluer peuvent se présenter sous forme de questions ou sous forme d'items, avec des échelles de cotation.

Document 1 Exemple de guide d'entretien d'embauche

Profil de poste : Responsable de secteur

Identification du candidat :

Nom : Prénom :

Adresse : Mail : Tel :

Possède un véhicule : ❍ Oui ❍ Non

Connaissance de l'organisation : ❍ Oui ❍ Non

Connaissance du poste : ❍ Oui ❍ Non

Connaissance du public : ❍ Oui ❍ Non

Formations et expériences :

En adéquation avec le poste ?	Oui	Non
Diplômes		
Autres formations		
Expériences professionnelles dans le domaine ou proche		

Savoir-faire :

Critères d'évaluation	TB	B	Insuffisant
Maîtrise des outils informatiques			
Maîtrise de la langue			
Aptitude à la communication			
Maîtrise de l'argumentation			
Sens critique			

Savoir-être :

Critères d'évaluation	TB	B	Insuffisant
Politesse			
Tenue vestimentaire			
Courtoisie			
Discrétion			
Respect des valeurs			
Ouverture d'esprit			

Éléments supplémentaires (centre d'intérêts, souhaits professionnels…) : ……………………

……………………………………………………………………………………

Candidat conforme au poste : ❍ Oui ❍ Non ❍ À discuter

Source : Coralie Gravier

Benchmarking

« Benchmarking » signifie « étude comparative ». Cette technique est apparue dans le domaine commercial, et consiste à étudier un produit ou un service comparativement aux leaders du marché. Elle est aussi utilisée dans le domaine sanitaire et social, où la concurrence se fait de plus en plus présente, notamment dans le secteur de l'aide à domicile ou les mutuelles.

→ 1 Intérêts du benchmarking

Cette technique consiste à analyser la concurrence, dans le but d'améliorer sa performance, et donc l'efficience au sein de l'organisation. Le but n'est pas de plagier un concurrent leader, mais de comparer son propre fonctionnement avec celui-ci afin d'en ressortir des points d'amélioration. L'organisation concurrente doit être au courant de la démarche, et peut alors donner des conseils précieux. Le concurrent peut y trouver un intérêt par la mutualisation des méthodes de travail car il peut aussi comparer son fonctionnement avec l'autre organisation (mais sur un autre sujet par exemple) ou par un partenariat dans la prise en charge des usagers. Dans le domaine sanitaire et social, l'obligation de mettre en place une démarche qualité au sein des organisations, voire une certification, pousse de plus en plus de structures à utiliser cette technique. Dans une politique de maîtrise des dépenses de santé, le but est bien d'améliorer son efficience, afin de limiter les coûts et de répondre au mieux aux besoins des usagers. Une telle démarche permet de rester compétitif sur un marché de plus en plus concurrentiel, et donc de progresser et d'être en croissance économique.
Cette technique fait donc partie de la démarche d'amélioration continue au sein des organisations, et peut même faire l'objet d'un audit.

→ 2 Différents types de benchmarking

Il existe 4 techniques :
- **Le benchmarking interne :** Il s'agit de réaliser une analyse interne, entre plusieurs services de l'organisation, afin de déterminer le meilleur fonctionnement en interne qui pourra alors être généralisé aux autres services. Cela se fait fréquemment dans le milieu hospitalier.
- **Le benchmarcking compétitif :** Cela consiste à comparer l'organisation avec une autre qui est leader sur le même marché. L'idée est d'améliorer l'organisation en appliquant les méthodes de travail efficaces du leader. Cela concerne les activités visibles par les usagers (prestations, services...). Cette technique est plus difficile à mettre en place, rares sont les concurrents qui souhaitent partager leurs informations.
- **Le benchmarking fonctionnel :** Le principe est le même que pour le précédent, sauf que l'organisation leader n'est pas un concurrent, puisque n'est pas sur le même marché. C'est une **fonction particulière** qui est étudiée, comme par exemple une méthode de travail ou de management. Même si l'organisation n'est pas sur le même marché, la comparaison se fait sur une fonction identique. Par exemple, les services qualité au sein des hôpitaux sont très performants, un directeur d'EHPAD peut donc utiliser cette technique pour comprendre comment mettre en place cette démarche au sein de sa structure.
- **Le benchmarcking horizontal :** cela consiste à rechercher dans n'importe quel secteur d'activité, tous les éléments d'une organisation (processus, activités, communication, management..), et de les comparer à sa propre organisation. L'échange d'informations est facilité par l'absence de concurrence entre les deux organisations. Cette technique a un champ

d'analyse beaucoup plus large que la précédente méthode. Elle peut être mise en place pour les deux organisations, car il s'agit plus d'un échange de «bonnes pratiques» en se comparant.

→ 3 La mise en œuvre de la technique

A Analyser le fonctionnement de son organisation

Dans le cadre des évaluations internes ou externes, des dysfonctionnements sont soulevés. Il est important d'étudier le problème précisément: ses causes et ses impacts sur l'organisation, sur les usagers, sur les partenaires... Un diagnostic complet sera donc réalisé avec des indicateurs quantitatifs et qualitatifs précis.

B Choix de la technique

Selon le dysfonctionnement identifié, il faut décider si le benchmarking peut se réaliser en interne, ou si l'étude d'une organisation extérieure est plus intéressante. Cela va dépendre du sujet à traiter essentiellement. Par exemple, si un problème majeur apparaît dans les méthodes de travail d'un service, la direction peut demander une comparaison avec un service plus performant (cas de l'hôpital).
Autre exemple, si un problème d'accueil apparaît au sein d'une CAF, il est alors plus intéressant de comparer avec une autre CAF qui a un service d'accueil performant.
Selon la technique choisie, il faut définir une méthode de recueil de données (observation, questionnaire, entretien, grille d'auto évaluation...) et un seuil de performance que l'on veut atteindre.

C Informer les organisations ou services cibles

Évidemment, la technique nécessite l'information et l'adhésion du concurrent ou du service concerné. Cette étape peut s'avérer difficile, les concurrents ne souhaitant pas forcément divulguer des méthodes de performance (sauf s'il y a un vrai échange). Au sein des services, cela s'avère plus facile, même si le personnel peut y voir un contrôle de son travail. **Dans ce cas, l'information et l'adhésion de l'ensemble du personnel dans les deux organisations est primordiale.**

D Étude et comparaison avec l'organisation ou service cibles

L'étude peut se faire par une analyse de leurs résultats, une observation des techniques mises en place, un entretien avec les salariés et la direction. Il s'agit de comprendre les **raisons** de la performance de cette organisation, sur le sujet défini.
Les outils de recueils de données doivent être précis, pour permettre une comparaison sur des points identifiés.

E Définir un plan d'action au sein de son organisation

La comparaison permet de fixer des objectifs à atteindre, et donc des actions à mettre en place afin d'améliorer le service rendu. Il ne s'agit pas de plagier les méthodes de travail identifiées chez le concurrent, mais d'adapter les méthodes selon son propre fonctionnement. Les actions peuvent (et doivent) donc être décidées en équipe, afin d'obtenir l'adhésion de tous.
Il peut être intéressant à ce stade de réaliser un tableau comparatif qui servira de base de discussion en réunion d'équipe.
Un plan d'action sera donc défini en concertation.

F Appliquer le plan d'action et assurer le suivi

Comme dans toute démarche d'amélioration continue, les actions seront mises en œuvre et évaluées régulièrement, afin d'être ajustées si nécessaire. La comparaison des indicateurs quantitatifs avant et après représente une bonne évaluation de l'efficacité de la technique du benchmarcking.

Grille MOFF ou méthode SWOT

La grille MOFF (Menaces-Opportunités-Forces-Faiblesses) ou méthode SWOT (Strenghts-Weaknesses-Opportunities-Threats) est un outil d'analyse d'une situation, d'une action ou d'un projet. Il consiste à identifier les forces et faiblesses au sein de l'organisation et les opportunités et menaces par rapport à l'extérieur.

→ 1 L'analyse de la situation

Le but de cette analyse consiste à établir des stratégies plus précises, permettant de s'appuyer sur les forces et opportunités, de diminuer les faiblesses de l'organisation, et d'éviter ou contourner les menaces extérieures.

Pour les identifier, la situation doit être abordée par rapport aux caractéristiques de l'organisation (fonctionnement, méthodes de travail, management), aux partenaires, à la concurrence...mais aussi en fonction du territoire (indicateurs quantitatifs et qualitatifs, actions ou projets déjà existants...).

Cette analyse peut être réalisée en équipe par un brain storming ou une réunion.

Il s'agit ensuite d'identifier les facteurs extérieurs qui peuvent avoir une influence sur l'action ou le projet : facteurs économiques, culturels, sociaux, politiques, concurrentiels...

→ 2 La réalisation de la grille MOFF

C'est un tableau à double entrée présentant les points positifs et négatifs d'origine interne et externe.

Ce tableau peut être complété par un questionnement :

- **Forces :** Listes des forces, que faire pour les appuyer et comment ?
- **Faiblesses :** Listes des faiblesses, que faire pour les diminuer ou y remédier et comment ?
- **Menaces :** Listes des menaces, que faire pour les contrer et comment ?
- **Opportunités :** Listes des opportunités et comment l'organisation peut-elle en tirer profit ?

	Positif (pour atteindre l'objectif)	**Négatif** (pour atteindre l'objectif)
Origine interne (organisationnelle)	Forses **S** Opportunités	Faiblesses **W** Weaknesses
Origine externe (origine = environnement)	Opportunités **O** Opportunities	Menaces **T** Threats

Exemple : cas d'une association d'aide à domicile qui souhaite mettre en place un système de téléassistance très performant avec informatisation.

	Positif	Négatif
Origine interne	**Forces :** • Répond à une demande exprimée par les bénéficiaires • Personnel motivé • Informatisation déjà existante sur les dossiers	**Faiblesses :** • Coût financier • Informations des bénéficiaires : coût de communication et déplacement au domicile (perte de temps)
Origine externe	**Opportunités :** • Élargir le marché avec la téléassistance pour les bénéficiaires • Devenir plus concurentiel • Aide financière du conseil départemental possible. • Hausse du nombre de personnes âgées en maintien à domicile sur le territoire, Plus 20 % en 5 ans.	**Menaces :** • Beaucoup de concurrents sur le territoire. • CCAS propose le service : menace ?

Utilisation simplifiée de GanttProject

Gantt Project est un logiciel gratuit disponible sur Internet, qui est utilisé dans le cadre de la démarche de projet ou démarche qualité. Il permet de planifier l'ensemble des tâches, ventiler les ressources pour chaque tâche, et suivre l'avancement du projet. C'est une aide précieuse dans l'atteinte des objectifs de coût, de délai et de qualité demandés par le commanditaire. C'est un outil qui facilite également le partage du travail entre les différents acteurs.

→ 1. Les prérequis avant l'utilisation du logiciel

Le logiciel permet de créer un planning de Gantt ainsi qu'un diagramme de ressources. Pour préparer son utilisation, il faut donc définir plusieurs points :
- les tâches du projet et leur ordonnancement ;
- la durée de chaque tâche, la date de début et de fin ;
- la dépendance qu'il peut exister entre chaque tâche ;
- les ressources nécessaires pour chaque tâche, notamment les acteurs concernés et leur rôle.

→ 2. L'utilisation du logiciel

Avant toute manipulation, il faut créer le projet et l'enregistrer. Pour cela, dans la barre de menu, cliquer sur « Projet », puis sur « Nouveau ». Renseigner les rubriques « Nom » et « Organisation », le reste est facultatif, même si la partie « Description » peut être utile à compléter. Il faut enregistrer le fichier ainsi créé.

L'écriture complète des tâches

La première étape consiste à créer toutes les tâches.

- Cliquer sur « Tâches » dans la barre de menu, puis sur « Nouvelle tâche ».
- Dans la partie gauche de l'écran qui s'affiche, il suffit d'inscrire le nom précis de la tâche. Renouveler l'opération pour toutes les tâches.
- Il est aussi possible de supprimer des tâches inutiles, en la sélectionnant et en supprimant dans la rubrique « Tâche ».

Document 1 La création des tâches

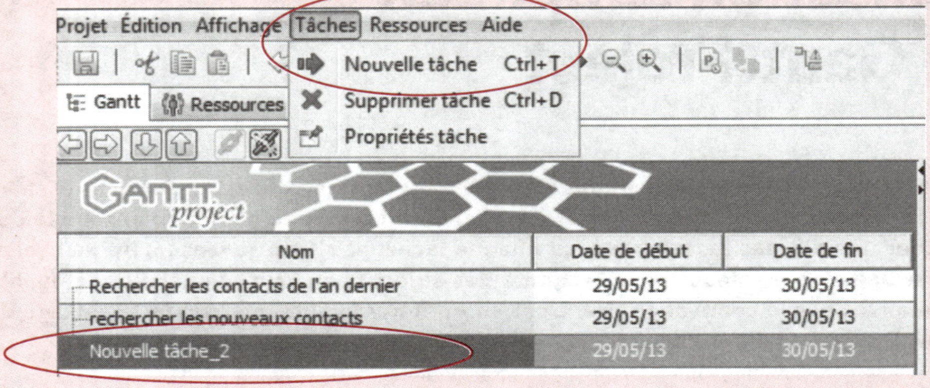

L'écriture des ressources humaines

La création de la liste du rôle des acteurs

- Pour affecter les ressources aux diverses tâches, il faut d'abord créer la liste du rôle ou de la profession de chaque acteur.
- Cliquer sur « Édition », puis choisir « Préférence », puis « Rôle » en bas à gauche. Une fenêtre s'ouvre avec un tableau, il suffit d'inscrire les rôles des différents acteurs de la démarche.

Document 2 Création de la liste des rôles

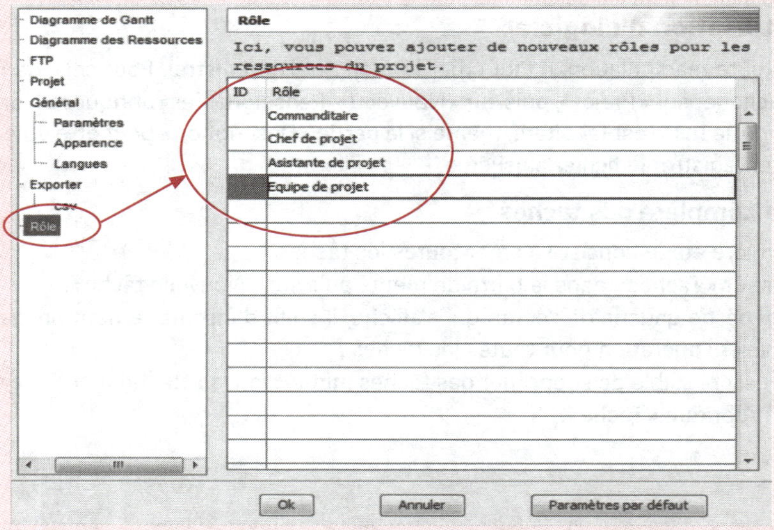

Créer la liste précise des acteurs du projet

- Cliquer sur « Ressources » dans la barre de menu, puis « Nouvelle ressource ».
- Une fenêtre s'ouvre, la remplir avec le nom de chaque acteur, et lui affecter un rôle dans le volet déroulant (c'est la liste des rôles qui a été créée avant). Les noms et fonctions des acteurs s'affichent à gauche.
- Renouveler l'opération pour tous les acteurs. Leurs dates de congés peuvent également être renseignées, ainsi que leur numéro de téléphone et leur mail.

Document 3 Création de la liste des ressources

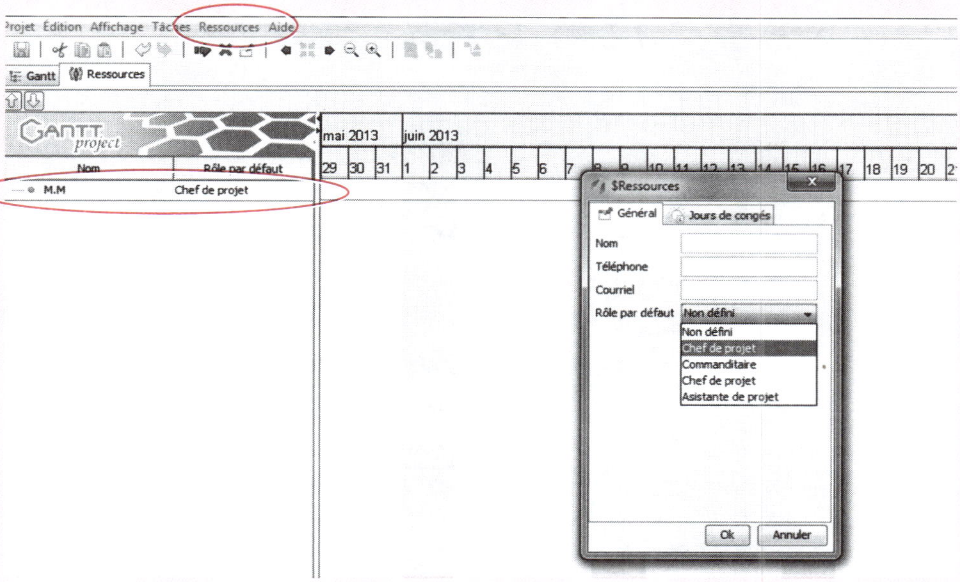

La complétude des tâches en lien avec les ressources

Maintenant, il s'agit de compléter les tâches par la durée exacte, le lien entre elles et l'affectation des ressources humaines pour chacune.

- Sélectionner la première tâche.
- Cliquer sur « Tâche » puis « Propriétés tâche ».
- Une fenêtre apparaît, vous pouvez y indiquer les dates de début et de fin (ou la durée) sous l'icône « Général », le lien entre chaque tâche en précisant la tâche qui précède, sous l'icône « Prédécesseurs », l'affectation des ressources humaines sous l'icône « Ressources ». Pour ce dernier point, vous pouvez préciser le temps de travail que doit passer chaque acteur sur cette tâche. L'icône « Note » permet de préciser la méthodologie employée, comme par exemple, les documents nécessaires, l'outil utilisé pour réaliser cette tâche...

Les règles d'affichage

Du planning de Gantt (onglet « Gantt » en dessous de la barre de menu)

Par défaut, le logiciel n'affiche que les tâches et une barre colorée bleue qui montre la durée de chaque tâche ainsi que le lien éventuel entre chacune des tâches, visualisé par des flèches. Il est possible de faire apparaitre d'autres données qui paraissent utiles sur le planning, comme par exemple les acteurs concernés par chaque tâche. Dans ce cas, dans la barre de menu :

- Choisir « Affichage », puis « Propriétés du diagramme de Gantt ».
- Dans la partie « Détails », dérouler, et choisir l'élément à faire apparaître.
- Renouveler l'opération pour afficher les dates, les types de liens... ainsi que la couleur d'affichage, sur cette même fenêtre.

Document 4 Comment faire apparaître les éléments sur le planning

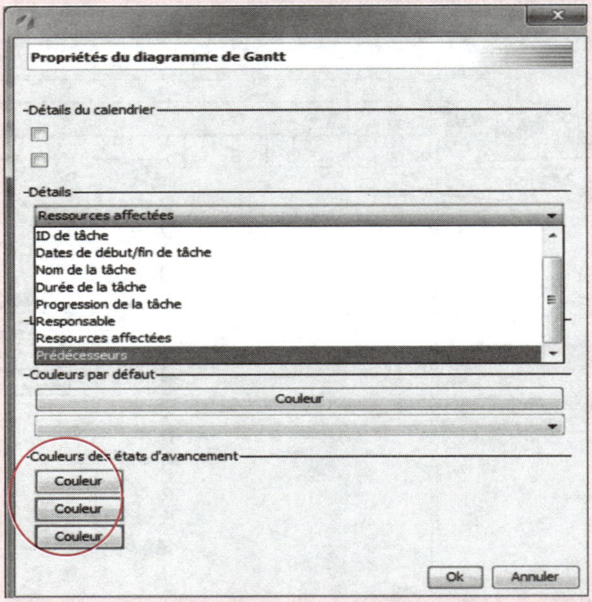

Du diagramme des ressources humaines (onglet « ressources » à côté de l'onglet « Gantt »)
Par défaut, le logiciel présente l'occupation des ressources humaines, dans le temps. Il est possible de faire apparaitre les tâches auxquelles ils sont affectés, en déroulant le signe « + » devant chaque ressource (à gauche).

Suivre l'avancement du projet

Pour chaque tâche, il est possible d'indiquer l'avancement de la tâche à un moment précis. Pour cela, sélectionner la tâche, cliquer sur « Tâche », puis « Propriétés tâche », indiquer le pourcentage d'avancement. Sur le planning de Gantt, l'avancement apparaît sous forme de trait noir dans la barre de durée.

Le logiciel présente de nombreuses autres fonctions supplémentaires, comme le coût, les notes particulières… Les couleurs peuvent également être modifiées pour mettre en valeur les tâches correspondantes à une même activité.

Réalisation d'un planning

Un planning est un outil permettant de visualiser l'ordonnancement de tâches ou d'événements. Il sert donc à établir des prévisions, suivre l'évolution d'un processus ou visualiser l'état d'une situation. Il est également très utile pour contrôler le travail effectué.

→ 1. La conception d'un planning

Choix du type de planning

Un planning représente des variables fixes ou non.

- Les plannings **statiques** permettent de visualiser des faits qui ne sont pas sujets à être modifiés. **Exemple** : un planning de répartition des enfants par atelier au sein d'un centre social.
- Les plannings **dynamiques** correspondent à des faits qui varient dans le temps. **Exemple** : l'organisation du temps de travail des aides à domicile chez les différents bénéficiaires.

Les plannings peuvent être réalisés sur de simples feuilles de papier, manuellement ou informatiquement ou bien encore être présentés sur des supports spécialisés. Ces derniers sont plutôt réservés aux plannings dynamiques.

Identification des variables

- Choisir les éléments à porter en abscisse. **Lorsque le temps est une variable, il sera obligatoirement présenté en abscisse.** Il faut alors réfléchir à l'unité de temps et la longueur du temps à représenter. Dans les emplois du temps, il sera représenté à la fois en abscisse (jour) et en ordonnée (heure).
- Choisir les éléments à porter en ordonnée.
- Choisir les éléments à visualiser à l'intérieur du tableau.
- Rechercher les éléments pouvant être représentés par une signalisation.

Réalisation de la maquette

Avant la réalisation finale sur un support papier ou spécialisé, il faut élaborer rapidement une maquette :

1. Tracer les échelles en abscisse et en ordonnée.
2. Placer les éléments dans le planning.
3. Choisir les couleurs ou une autre signalisation.
4. Inscrire le titre et la légende.

La présentation de la maquette d'un planning doit être accompagnée d'une justification des choix et d'une démonstration sur l'utilisation de ce planning.

→ 2. La réalisation du planning : choix du support

Les supports spécialisés présentent des intérêts, notamment pour les plannings dynamiques, mais leur coût est à prendre en compte.

Le planning à fiche en T

Un support métallique présente des fentes de largeur plus ou moins variables, permettant d'y glisser des fiches ayant la forme d'un T. La fiche, une fois insérée, présente une partie supérieure visible sur laquelle sont notées des informations non confidentielles et une partie inférieure non visible, servant à protéger d'autres informations. Les fiches peuvent être de couleur (signalisation possible). C'est le type de planning le plus utilisé dans les organisations sanitaires et sociales.

Il permet d'organiser, par exemple, la répartition des gardes des infirmières par semaine. Dans ce cas, chaque colonne représente une journée de la semaine, et chaque ligne un horaire ou une plage horaire, et chaque infirmière est identifiée par une fiche de couleur différente.

Document 1 **Planning Fiches T et magnétique et Fiche en T**

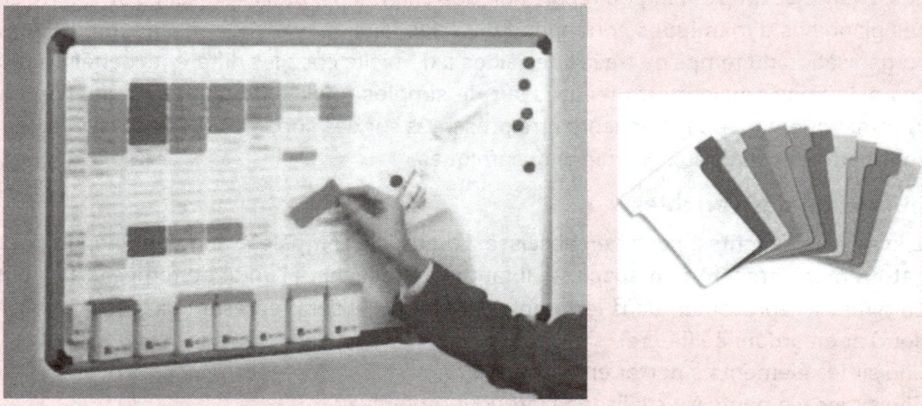

Le planning à bandes ou gouttières

Il présente des gouttières dans lequel on insère des bandes de carton, de longueur variable, correspondant à la durée ou la quantité représentée. Les variables en abscisse et ordonnée sont présentées par des fiches en T. Ce type de planning offre la possibilité de visualiser clairement la durée d'une tâche. Des annotations peuvent être inscrites sur les bandes de carton. Un fil de plomb permet de repérer une date essentielle, ou une date butoir. Par exemple, le planning de Gantt peut être un planning à bandes, présentant la chronologie des diverses tâches dans le cadre d'un projet ou d'une démarche qualité (fiche 69).

Document 2 Planning à gouttière kit de base Valrex

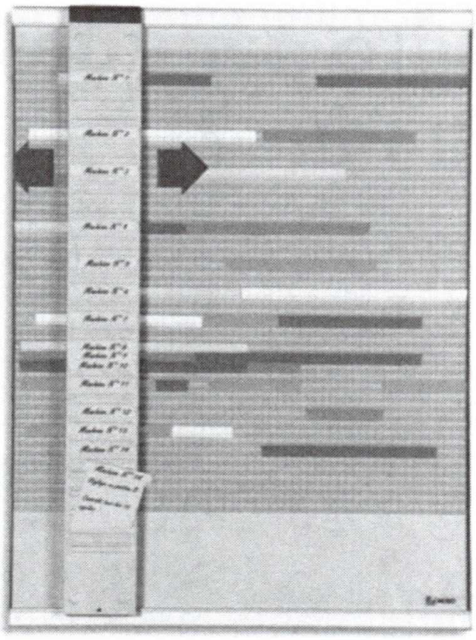

Le planning à rubans ou à fils

Les rubans ou fils, fixés d'un côté du tableau, à gauche, sont déroulables afin d'identifier une unité de temps ou une quantité variable. Ce type de tableau est utilisé pour représenter une unité de temps variable ou pour suivre une situation comme par exemple, l'évolution du stock de matériel. Il suffit alors de dérouler le fil ou le ruban à la quantité restante.

Les plannings « tableau blanc » et / ou magnétiques

Certains plannings représentant des emplois du temps sont consignés sur des tableaux blancs remplis à l'aide de marqueurs effaçables. La plupart de ces plannings sont également magnétiques, ce qui permet de mettre en évidence un événement ponctuel par exemple.

Document 3 Emploi du temps magnétique

Réalisation d'une enquête par questionnaire avec Sphinx Plus 2

Le logiciel Sphinx permet d'accomplir toutes les étapes d'une étude par questionnaire, de l'élaboration de l'outil au traitement des résultats qualitatifs et quantitatifs. L'utilisation efficace du logiciel nécessite une étape de conception théorique du questionnaire, avant la réalisation effective.

→ 1. Créer une nouvelle enquête

- Démarrer le logiciel en cliquant sur son icône.
- Dans la page qui apparaît, cliquer sur « Nouvelle enquête » et l'option « Créer un nouveau questionnaire ». Il est également possible d'ouvrir une enquête existante. Une fenêtre s'ouvre et présente le titre, les commentaires, l'organisme et la période. Lors de l'impression du questionnaire, ces champs apparaîtront en introduction.
- Il faut cliquer sur « Suivant » à chaque fois qu'une fenêtre est complétée.
- Enregistrer le fichier.

→ 2. Créer un questionnaire

- Une fenêtre permet ensuite de définir les grandes parties ou de rédiger la première question. Mieux vaut rédiger dans un premier temps les questions, puis les organiser par la suite en parties.
- Cliquer sur « Terminer ».
- Une fenêtre apparaît afin d'élaborer la première question. Dans la zone « Libellé », inscrire la question. Préciser le nom de la variable dans la zone correspondante. La définition de la variable permet d'identifier la question dans la phase de saisie.
- Il faut ensuite choisir le type de question souhaitée et inscrire les modalités de réponses dans la zone correspondante, en les séparant par un point-virgule. Pour les questions fermées multiples, il faut préciser le nombre de réponses possibles.

Document 1 La rédaction des questions

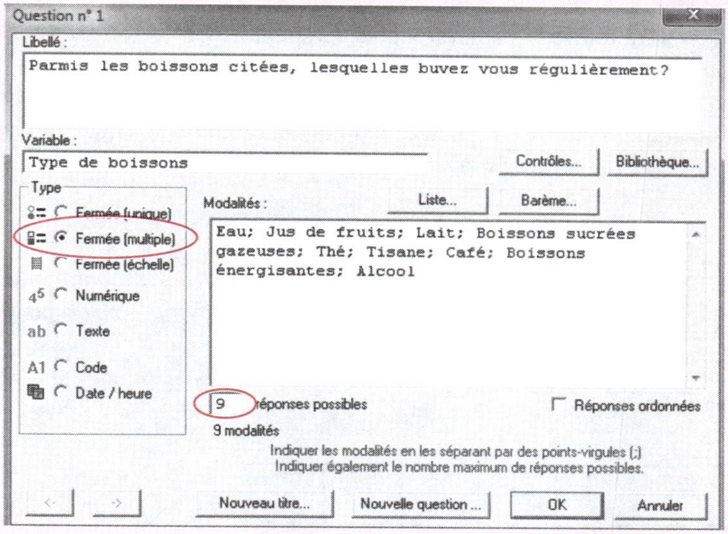

- Pour rédiger la question suivante, revenir à la fenêtre principale, cliquer sur « Rédiger » puis « Nouvelle question » ou cliquer directement sur « Nouvelle question » en bas de la fenêtre ouverte pour la première question.
- Une fois toutes les questions rédigées, le classement se fait en les déplaçant : mettre le curseur à gauche devant la question, une main-pince apparait, ce qui permet de faire glisser la question à l'endroit voulu.
- Des titres de parties peuvent également être ajoutés. Dans ce cas, sélectionner une question et faire un clic gauche dessus (ou « Organiser » puis « Insérer un titre de partie »). Le titre se place devant la question sélectionnée.
- Pour imprimer le questionnaire, cliquer sur « Fichier », « Mettre en page ». Le questionnaire apparait, avec la possibilité de changer la mise en page, en cliquant sur l'icône de ce nom en dessous du questionnaire.

→ 3. Dépouiller les questionnaires

Saisir les réponses obtenues

- En fermant le questionnaire, la fenêtre du début apparaît. Cliquer sur « Collecte des réponses », puis « Saisie rapide ». Il est possible aussi de ne pas fermer le questionnaire. Dans ce cas, la saisie débute en cliquant sur « Stade » et « Collecte des réponses ».
- La réponse des questions fermées est saisie en cliquant sur les choix de réponse proposés. Automatiquement, le logiciel passe à la question suivante. Si ce n'est pas le cas, il faut appuyer sur la touche entrée. Pour les questions ouvertes, noter directement les idées dans la case prévue sous forme de mots clés (à définir avant).
- À la fin du dépouillement d'un questionnaire, appelé « Observation » dans le logiciel, il faut renouveler le même mode opératoire pour le suivant. Le nombre total de questionnaires renseignés est indiqué en bas à gauche. En enregistrant, il est possible de compléter ces observations. Cliquer sur « Terminer » au terme du dépouillement de la totalité des questionnaires.

Traiter les réponses

Le tri à plat

Sélectionner « Traitement et analyse » puis « Dépouillement automatique ». Dans ce cas, le logiciel présente un tableau pour chaque question fermée et la liste des réponses pour les questions ouvertes. Un volet déroulant en bas à droite permet de sélectionner les questions à analyser et en bas, à gauche, de choisir la forme tableau ou graphique pour chaque question. Il faut alors choisir le type de graphique dans le volet déroulant à côté.

Document 2 Tri à plat pour chaque question

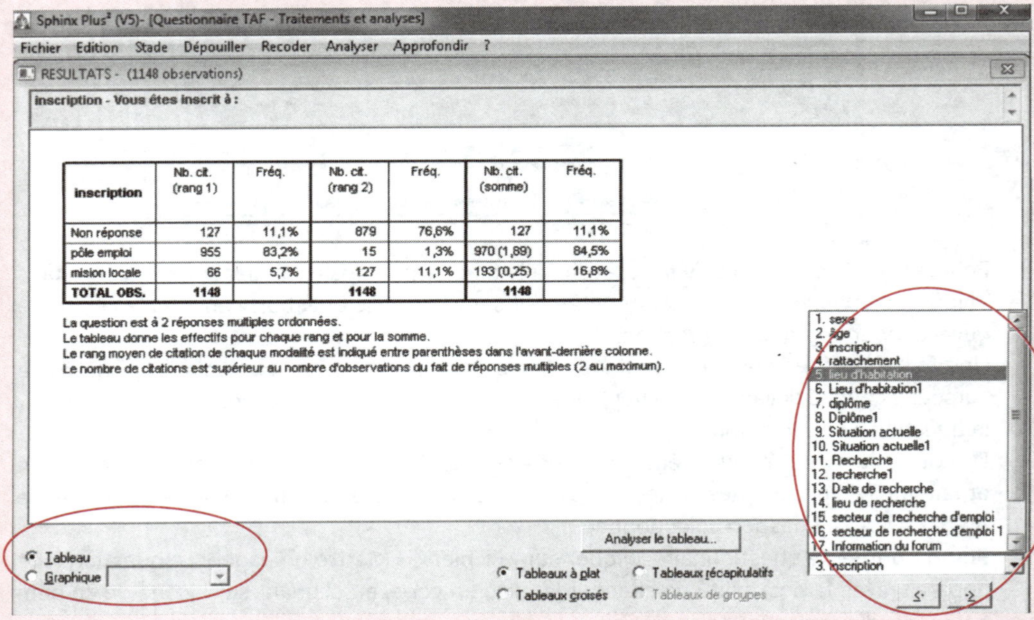

Le tri croisé

- Les résultats de deux questions peuvent être croisés. Par exemple, il est possible de visualiser la répartition d'une variable selon le sexe ou l'âge.
- Cliquer sur «Traitements et analyses», puis «Tableaux croisés-Strate». Une fenêtre apparait.
- Cliquer sur « Tableaux croisés ». La fenêtre ci-dessous permet de sélectionner les deux variables à croiser (V1 et V2).
- Une fois la sélection faite, cliquer sur « croiser V1 et V2 ». Le croisement apparaît dans le cadre principal.
- Cliquer sur «Analyser» pour obtenir le tableau (ou graphique) correspondant.

Document 3 Le tri croisé

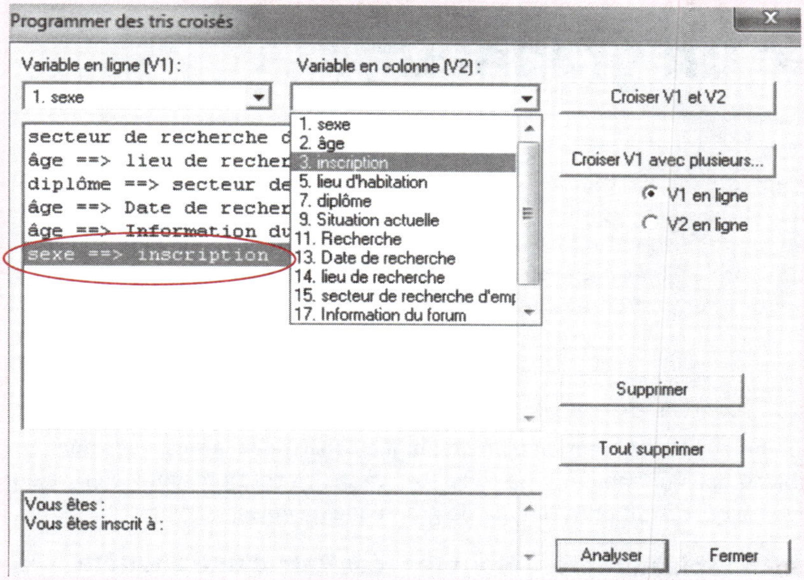

Document 4 Tableau issu d'un tri croisé

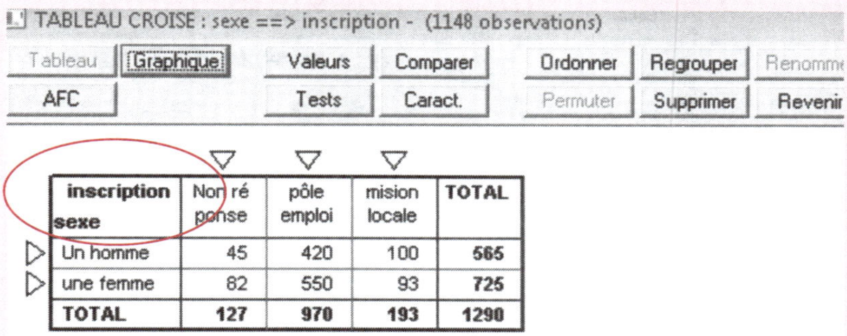

inscription / sexe	Non réponse	pôle emploi	mision locale	TOTAL
Un homme	45	420	100	**565**
une femme	82	550	93	**725**
TOTAL	**127**	**970**	**193**	**1290**

Les valeurs du tableau sont les nombres de citations de chaque couple de modalités.

Élaboration d'un rapport final

Tous les graphiques et tableaux peuvent être copiés et collés dans un fichier Word afin d'élaborer un rapport (« Édition » « Copier »).

- Ouvrir un fichier Word et « Coller ». La totalité des résultats peut être automatiquement présentée par le logiciel, en cliquant sur « Traitements et analyses » puis « Tableaux de bord ».
- Les résultats peuvent aussi être automatiquement collés sur un fichier Word, en cliquant sur « Fichier » puis « Inclure dans le rapport ». Sélectionner le traitement de texte que vous utilisez et cliquer sur OK.

Création d'un graphique avec un grapheur

Un grapheur est un logiciel de représentation graphique des données numériques, saisies grâce à un tableur associé, comme dans le logiciel Excel. La représentation graphique facilite la lecture de la répartition et/ou l'évolution des variables. Les graphiques sont utilisés pour rendre compte des résultats d'une enquête ou les indicateurs de fonctionnement d'une organisation par exemple.

→ 1. La saisie des données

L'étape préalable à la création d'un graphique consiste en la saisie des données sous forme de tableau dans un tableur type Excel. Les variables sont présentées en valeur absolue ou relative, ce qui conditionne le type de graphique à choisir.

Document 1 **Tableau représentant les résultats d'une enquête sur les causes principales d'un mauvais accueil en CAF**

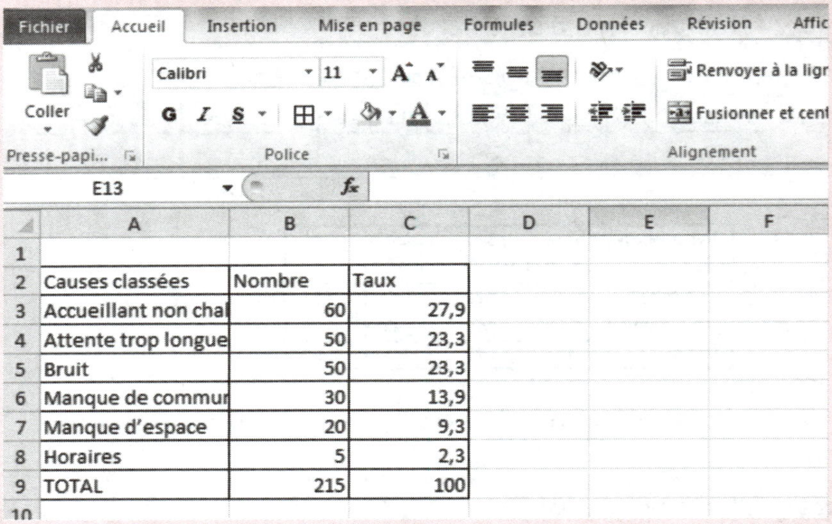

	A	B	C
2	Causes classées	Nombre	Taux
3	Accueillant non chal	60	27,9
4	Attente trop longue	50	23,3
5	Bruit	50	23,3
6	Manque de commur	30	13,9
7	Manque d'espace	20	9,3
8	Horaires	5	2,3
9	TOTAL	215	100

→ 2. Le choix du graphique

- Sélectionner le tableau (uniquement les variables que l'on souhaite représenter).
- Cliquer sur « Insertion ».
- Le choix du type de graphique dépend du type de variables à représenter :
  - **pour les variables discontinues** et exprimées en valeur absolue, il faut choisir des graphiques dits « de répartition », c'est-à-dire les graphiques à colonnes ou barres ;
  - **pour les variables relatives** dont le total des données est de 100 %, un graphique à secteur est à privilégier.
  - **pour les variables continues** montrant une évolution, il faut choisir les graphiques d'évo-

lution : ligne, aires ou nuages sur le logiciel.

Document 2 Le choix du graphique

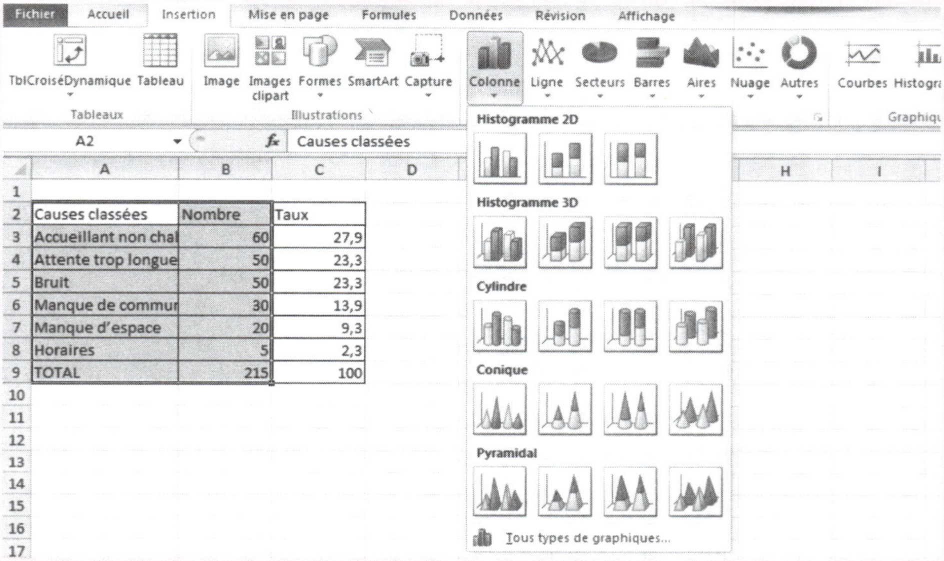

Pour chaque type de graphique, une fenêtre s'ouvre afin de choisir la forme du graphique souhaitée. Par exemple, pour un graphique à colonne, on peut choisir des formes normales, 3D, cylindriques, coniques ou encore pyramidales. Il suffit de cliquer sur le type de graphique souhaité.

→ 3. La mise en forme du graphique

Automatiquement, le logiciel propose un graphique bleu, sans présentation des données, avec un titre issu du tableau. Le graphique peut être modifié en cliquant sur « **Création** » puis « **Modifier le type de graphique** ».

- **Pour changer le titre** : cliquer sur le titre et le modifier si nécessaire.
- **Pour changer la disposition** : développer l'icône « **Création** » puis « **Dispositions du graphique** ». Il est possible de choisir de présenter les données numériques sur le graphique, voir le tableau complet en dessous. Pour afficher la légende (signification des variables), cliquer sur « **Disposition** » puis « **Légende** ».
- **Pour changer la mise en forme** : cliquer sur « **Mise en forme** ». Il est possible d'encadrer la zone de graphique en couleur ou de mettre un fond de couleur (icône « **Remplissage de forme** ») par exemple.

Un graphique s'accompagne obligatoirement de commentaires montrant les grandes tendances (valeurs extrêmes par exemple), les caractéristiques semblables, les différences, ou encore des comparaisons. L'analyse des données s'appuie sur des explications, en lien avec le contexte étudié.

NOTES

NOTES

FOUCHER
s'engage pour l'environnement
en réduisant l'empreinte carbone
de ses livres.
Celle de cet exemplaire est de :
1,3 kg éq. CO_2
Rendez-vous sur
www.editions-foucher-durable.fr

PAPIER À BASE DE
FIBRES CERTIFIÉES

Maquette intérieure : Sylvie HURET/Fiat Lux
Mise en page : IDT
Éditions Foucher - Malakoff – Août 2015 – 01 – SG/EP

Imprimé en France par Normandie Roto Impression s.a.s. - N° d'imprimeur : 1503001